Das Magazin

Zu einem tollen Urlaub gehört mehr als genüssliches Faulenzen am Strand oder Shoppen bis zum Umfallen – damit sich die Reise wirklich lohnt, muss man das Besondere seines Zieles kennen und schätzen. Das Magazin gibt Ihnen einen unterhaltsamen Überblick über soziale, kulturelle und natürliche Gegebenheiten, die den Charme dieser bezaubernden Insel ausmachen..

MADEIRISCHER ZAUBER

In warmen Meeresströmungen gelegen und daher mit mildem Klima gesegnet, gleicht Madeira einem riesigen, ganzjährig blühenden Park voller Arten, die man sonst nur aus dem tropischen Regenwald kennt.

Nach jeder Kurve bietet die Blütenpracht einen neuen unvergesslichen Anblick. Wenn Sie die dramatischen Berglandschaften mit steil abfallenden Tälern und die Meeresklippen mit einbeziehen, ist diese Insel zu jeder Jahreszeit attraktiv.

PORTUGIESISCHES VERMÄCHTNIS

Das Leben auf der portugiesischen Insel Madeira spielt sich in ihrer Hauptstadt Funchal (▶ 41ff) ab, in der fast die Hälfte der Insulaner wohnt. Das Stadtbild und die Lebensart im lebendigen Funchal, das in einer weiten Bucht vor grünen Hügeln liegt, sind portugiesisch geprägt.

Bei Machico, der ersten Siedlung der Insel, ist Madeira relativ dicht bebaut, zahlreiche kleine Orte schmiegen sich an die Küste. Dagegen wirkt das im Südwesten gelegene Ribeira Brava (▶ 118ff), mit seinen terrassierten Weinbergen und üppigen Bananenplantagen im Hinterland, als sei es der einzige Ferienort an der sonst nahezu unberührten Küste.

Der Nordwesten Madeiras ist herrlich wild und schroff mit Berglandschaften, die von tiefen Schluchten und Wasserfällen durchbrochen sind. Hier liegen die beiden

MADEIRA

Inhalt

Autor: Christopher Catling
Aktualisierung: Marc Di Duca
Redaktion: Antonia Cunningham
Design: Lesley Mitchell
Redaktion der Reihe: Karen Rigden

Übersetzung: Dr. Eva Dempewolf und Jutta Ressel M.A.
Übersetzung »Das Magazin«: Anne Pitz

© MAIRDUMONT GmbH & Co. KG, Ostfildern,
4., aktualisierte Auflage 2012

»National Geographic« ist eine eingetragene Marke der
National Geographic Society. Deutsche Ausgabe lizenziert durch
National Geographic Deutschland
(G+J/RBA GmbH & Co KG), Hamburg 2008
www.nationalgeographic.de

Unsere Autoren haben nach bestem Wissen recherchiert.
Trotzdem schleichen sich manchmal Fehler ein,
für die der Verlag keine Haftung übernehmen kann. Hinweise,
Verbesserungsvorschläge und Korrekturen
sind jederzeit willkommen. Einsendungen an:
E-Mail: spirallo@nationalgeographic.de oder
National Geographic Spirallo-Reiseführer
MAIRDUMONT GmbH & Co. KG,
Postfach 3151, D-73751 Ostfildern

Original 5th English Edition
© AA Media Limited
Kartografie: Maps in this title produced from mapping
© MAIRDUMONT/ Falk Verlag 2012
Covergestaltung und Art der Bindung
mit freundlicher Genehmigung von AA Publishing

Herausgegeben von AA Publishing, einem Unternehmen der
AA Media Limited, Fanum House,
Basing View, Basingstoke, Hampshire, RG21 4EA, UK.
Handelsregister Nr. 06112600.

Farbauszug: AA Digital Department
Druck und Bindung: Leo Paper Products, China

AO4789

hübschen Städtchen São Vicente (➤ 98ff) mit vulkanischen Höhlen und Porto Moniz (➤ 121f) mit einladenden natürlichen Meerwasserbadebecken.

Santana (➤ 108) im Nordosten der Insel ist bekannt für seine dreieckigen Bauernhäuschen, die Wahrzeichen der Insel. Im entlegenen Porto da Cruz (➤ 109) gibt es einen schwarzen Sandstrand unterhalb des Adlerfelsens. Der höchste Punkt der Insel ist der Pico Ruivo (➤ 164): Er liegt im östlichen Zentrum der Insel und bietet eine hypnotisierende Aussicht über die benachbarten Gipfel und die ganze Insel.

> »Das lebendige und quirlige Funchal liegt zwischen einer weiten Bucht und grünen Hügeln.«

BERGE, TÄLER UND STEILE KLIPPEN

Am meisten überraschen der große landschaftliche Abwechslungsreichtum Madeiras und die Vielfalt, die sich auf so kleinem Raum entwickelt hat. Jenseits der bis in die Wolken ragenden Gipfel versinkt die Landschaft im üppigen Grün des Urwalds. An den Küsten dominieren nicht etwa große Badebuchten mit goldenem Sand, sondern atemberaubend steil aufragende Felsklippen, die sich fast senkrecht aus tiefen Meeresgründen erheben. Das lebendige und quirlige Funchal liegt zwischen einer weiten Bucht und grünen Hügeln.

Links: Geschützte Bucht bei Machico; Unten: Der Eingang zu den Grotten bei São Vicente

MADEIRAS NATUR

Madeira entstand durch eine Reihe heftiger Vulkanausbrüche. Vor Jahrtausenden schoss eine Fontäne aus Magma und Gasen aus der Erdkruste empor, die nachfolgenden Ausstöße hinterließen Basaltformationen, die auf der ganzen Insel zu sehen sind.

DIE SPITZE DES VULKANS

Diese wunderschöne Insel ist nur das oberste Viertel des Vulkansystems. Unter der Wasseroberfläche fallen die Klippen bis zu 4000 m tief auf den Meeresgrund ab. Dennoch ist die Landmasse groß genug, um ein eigenes Mikroklima zu erzeugen. Feuchtwarme Luft steigt über der Insel auf, kühlt sich ab und sorgt für Regen. Die Herbst- und Winterstürme bringen sintflutartige Regenfälle, die große Geröllmengen durch die Täler zum Meer bewegen.

PFLANZENWELT

Der immergrüne Lorbeerwald, der Madeiras Bergwelt bedeckt, steht seit dem 2. Dezember 1999 auf der Liste des Weltnaturerbes der Unesco. Er stellt einen spärlichen Rest des Urwalds dar, der einst in großen Teilen Europas verbreitet war. Der im Portugiesischen als *laurissilva* bezeichnete Wald war ein Mischwald aus Lorbeer, Baumheiden und Zedern und wurde durch die Eiszeit weitgehend vernichtet. Nur auf den Kanaren, Madeira, den Azoren und in einigen subtropischen Gebieten Westafrikas hat er überlebt.

Madeiras über 15 000 ha große Lorbeerwälder sind die größten und am besten erhaltenen ihrer Art. Obwohl er auf der Insel einst weit verbreitet war, ist er heute nur noch in unwegsamen Tälern an der Nordküste zu finden. Es heißt, Kapitän Zarco hätte den Wald um 1420 brandroden lassen, um Ackerland zu gewinnen.

BLÜHENDER WALD

April – Riesenhahnenfuß *(Ranunculus cortusifolia)*. **April** – Madeira-Storchschnabel *(Geranium maderense)*, ein großer, strauchiger Storchschnabel mit dunkel geaderten rosafarbenen Blüten. **Juni und Juli** – Madeira-Fingerwurz *(Dactylorhiza foliosa)* kommt in Waldgebieten und an Straßenrändern rund um Ribeiro Frio vor. **August bis Oktober** – *folhado (Clethra arborea)*, baumförmige Scheineller mit maiglöckchenartigen Blüten

Pico da Torres

Riesige Stinklorbeerbäume *(Ocotea foetens)* wurden für den Schiffs- und Hausbau gefällt, aus Madeira-Mahagoni oder vinhático *(Persea indica)* stellte man Möbel und Zuckerkisten her. Als Philipp II. 1580 König von Portugal wurde, ließ er die letzten Baumriesen Madeiras als Nutzholz für Spanien abholzen.

EINHEIMISCHE WÄLDER

Die Wälder der Insel haben sich als extrem robust erwiesen. Die ersten Samen erreichten die Insel wahrscheinlich durch Vögel oder wurden vom Meer angetrieben und gingen rasch in der fruchtbaren Erde auf. Die Regierung fördert heute die natürliche Ausbreitung einheimischer Arten, die die Nutzwälder nach und nach ersetzen sollen.

Manche werden die Mimosen, Eukalyptusbäume und Kiefern vermissen, die von 1950 bis in die 1970er-Jahre hinein als schnell wachsende Nutzhölzer angepflanzt wurden. Die duftigen goldgelben Mimosenblüten und der frische Eukalyptusgeruch sind schon zum vertrauten Bestandteil der Inselflora geworden.

> »Die Lorbeerwälder in Madeiras Bergwelt sind Reste des Urwalds.«

Ihre Schönheit lässt sich allerdings nicht mit den wogenden Formen und dem facettenreichen Grün des Urwalds vergleichen. Und während der Eukalyptus alles andere Leben verdrängt, unterstützen die einheimischen Bäume ein artenreiches Ökosystem. Der Lorbeerwald gedeiht auf einer Höhe von 400 bis 1300 m und leistet einen wichtigen Beitrag für die Bewässerung und gegen die Erosion. Das Wasser, das von den wachsartigen Blättern abtropft, versickert in der Erde und

Unten und rechts: Madeiras Gärten sind zu jeder Jahreszeit einen Besuch wert

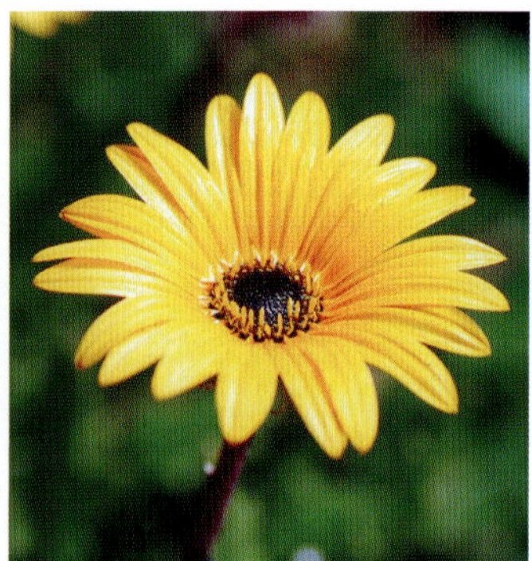

speist die Quellen und die *levadas*, mit denen die Insel bewässert wird.

Wo Waldpflanzen wachsen

In Funchal und Umgebung gibt es etliche Gelegenheiten, einige der einheimischen Pflanzen Madeiras zu bestaunen. Empfehlenswert sind der Jardim Botânico (➤ 86), der Monte Palace Tropical Garden (➤ 81) und die Jardins da Palheiro (➤ 78ff). Etwas weiter weg finden sich ausgedehnte Naturwaldgebiete um Boca da Encumeada (➤ 106) und auf dem Weg zum Risco-Wasserfall (Cascata do Risco, ➤ 126) und nach Balcões (➤ 102f).

KLEINE EINHEIMISCHE FLORAKUNDE

Laurissilva: vorwiegend immergrüner Lorbeerwald.

Loureiro (*Laurus azorica*): Azorenlorbeer, seine aromatischen Blätter sind ein unentbehrlicher Bestandteil der madeirischen Küche (➤ 37).

Barbusano (*Apollonias barbujana*): immergrüne Lorbeerbaumart.

Cedro da Madeira (*Juniperus cedrus*): Wacholderart, auch Madeirazeder, aus deren Holz das Dach der Kathedrale von Funchal gebaut wurde.

Baumheide (*Erica arborea*): Überlebender aus dem Karbon und mit dem Heidekraut verwandt, kann aber bis zu 15 m hoch werden. Mit seinen knorrigen Ästen dekorieren die Einheimischen gerne ihre Fenster.

ERKUNDUNG
der Purpur Inseln

Vor seiner »Entdeckung« war der Archipel portugiesischen und spanischen Seefahrern bereits bekannt.

Die Medici-Karte von 1351 (in der Biblioteca Medicea Laurenziana in Florenz) zeigt drei Afrika vorgelagerte Inseln, Porto Séo, Deserta und Isola de Lolegname (»bewaldete Insel«). Schon der römische Gelehrte Plinius der Ältere (23–79 n. Chr.) erwähnt sie als »Purpur-Inseln« in seiner Naturgeschichte (77 n. Chr.) im Zusammenhang mit dem roten Farbstoff, der aus dem Saft ihrer Drachenbäume gewonnen wurde. Der portugiesische Kapitän Zarco (1380–1467, ► 151) segelte häufig wegen dieses Harzes zum Archipel. Zarco und sein Patron Prinz Heinrich der Seefahrer erkannten, dass sich die Inseln hervorragend als Station für portugiesische Entdeckungsfahrten in die Neue Welt eigneten, daher beauftragte Heinrich Zarco mit der »Entdeckung« von Porto Santo (1419) und Madeira (1420). Für seine Verdienste erhielt Zarco per Dekret von 1425 das Erblehen für Madeiras Südhälfte und

Statue des Kapitäns Zarco in Funchal

Funchal. Seine See-
fahrerkollegen Tristão
Vaz Teixeira und
Bartolomeu Perestrelo
erhielten die andere
Hälfte von Madei-
ra (und Machico)
bzw. die Insel Porto
Santo. Obwohl Zarco
der Ranghöchste
war, stellte Machico
damals Funchal in
den Schatten. Erst im
frühen 16. Jh. wurde
es wegen seines
vorteilhafteren Hafens
zur Hauptstadt.
Zarco ließ sich in
Madeira nieder und
führte ein langes, und
dank der idealen Klima- und Bodenbedingungen, wohlha-
bendes Leben. Diese beiden Gegebenheiten sollten bald die
ganze Insel zu Reichtum bringen.

Prinz Heinrich der Seefahrer

IM ZEICHEN DES KREUZES

Das gleichseitige Kreuz, das heute die Flagge Madeiras
und das Staatswappen schmückt, war ursprünglich das
Symbol der Tempelritter, die Portugal im 12. und 13. Jh. bei
der Vertreibung der Mauren halfen. Als Prinz Heinrich der
Seefahrer Großmeister der Tempelritter in Portugal wurde,
begründete er die Finanzierung seiner Entdeckungsreisen
nach Afrika durch das Vermögen des Ordens damit, dass er
die Kreuzzüge fortsetzte. Neben dem gleichseitigen Kreuz
nahm er die Armillarsphäre (astronomisches Gerät der Seefahrer zur Bestimmung des Sternbilds) in sein Wappen auf.
Kapitän Zarcos Schiff, die São Lourenço (Heiliger Laurentius) segelte unter diesem Wappen nach Madeira, wie alle
anderen portugiesischen Schiffe.

TERRASSENFELDER UND LEVADAS

Das Bewässerungssystem

Auf Madeira gibt es keine geraden Flächen, außer der Start- und Landebahn des Flughafens. Die Kultivierung dieser gebirgigen Insel war für die Pioniere immer mit Gefahren verbunden und verlangte Einfallsreichtum.

Die Hauptaufgabe war die Wasserversorgung. Das feuchte Klima bringt nur im Norden der Insel ergiebige Niederschläge. Um den trockeneren und sonnigeren Süden der Insel landwirtschaftlich nutzbar zu machen, fanden die ersten Siedler eine verblüffende Lösung, um das Regenwasser umzuleiten.

TECHNISCHE MEISTERLEISTUNG

Nach dem Vorbild maurischer Bewässerungssysteme der Algarve in Südportugal legten sie ein Netzwerk schmaler Kanäle an, so genannte *levadas* (levar: befördern, tragen), die das Wasser vom Norden in den Süden transportieren. Mit einer fast unmerklichen Neigung führen diese klug konstruierten *levadas* das Wasser von Bergquellen zu den Feldern hinab,

Die Pfade entlang der Levada do Risco sind bei Wanderern beliebt (oben und rechts)

wo die Bauern es nach einem strikt festgelegten Rotationsplan abzapfen können.

Den Lauf der ersten, von Hand gegrabenen *levadas* plante man mithilfe markierter Pfosten, die als einfache, aber exakte Winkelmessgeräte dienten. An unzugänglichen Stellen mussten die Arbeiter in Körben von Bäumen oder Klippen abgehängt werden, um die Kanäle in den Fels zu hauen, und viele verloren dabei ihr Leben. Madeiras *levadas* sind heute über 1600 km vernetzt. Das Kanalsystem wird noch immer weiter ausgebaut und sogar von Elektrizitätswerken zur Stromerzeugung genutzt. Parallel zu den eigentlichen Bewässerungskanälen wurde immer auch ein Wartungspfad angelegt. Diese sind heute beliebte (wenn auch stellenweise gefahrvolle) Wanderwege. Manche sind nur 25 cm breit und führen an 30 m tiefen Schluchten entlang.

SKLAVENARBEIT

Die gefährliche Knochenarbeit der Urbarmachung Madeiras leisteten größtenteils Strafgefangene und Sklaven. Nach dem Vorbild des spanischen Kolonialismus auf den Kanaren wurden Tausende Sklavenarbeiter aus Westafrika nach Madeira verschleppt. Genaue Zahlen sind nicht belegt, aber Historiker schätzen den Anteil der Sklaven an der Inselbevölkerung im 15. und 16. Jh. auf die Hälfte bzw. über 5000. Straßennamen wie Funchals Rua das Pretas (»Straße der Afrikaner«) verraten ihre Existenz. Ihr

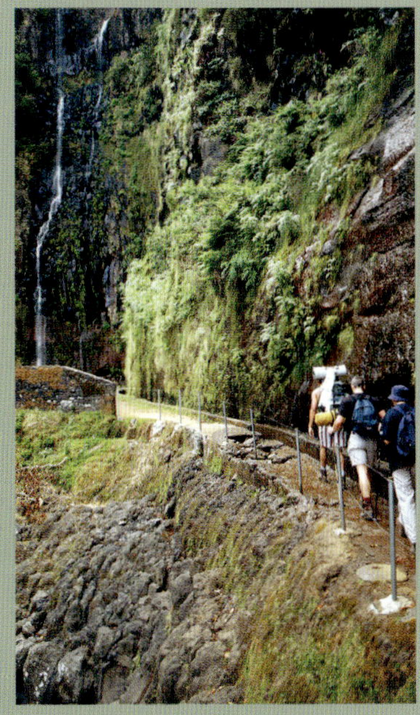

Vermächtnis ist unübersehbar: Sie legten die treppenförmigen Terrassen in den steilen Hängen (Bild rechts) an und das beeindruckende Netzwerk der *levadas* (Bild links).

Heute sind die Hänge der Insel mit Tausenden dieser schmalen Terrassen übersät, auf denen die verschiedensten Früchte und Gemüse an den waghalsigsten Stellen der Insel gedeihen. Nicht nur Kartoffeln, Karotten, Bohnen, Bananen, Ananas und Mango wachsen hier üppig, sondern auch Wein, aus dem nicht nur der bekannte Madeirawein, sondern auch neue rote und weiße Tafelweine gekeltert werden.

GÄSTEBUCH
Madeiras berühmteste Besucher

Schurken wie religiöse Fanatiker, Seefahrer wie Kaiser; an Madeiras vulkanische Küste spülte es Menschen aller Couleur. Schon Mitte des 15. Jhs., als der verkleidete König Władysław III. nach der Niederlage in der Schlacht bei Warna nach Madeira kam, wurde es unter den Herrschenden Mode, Inseln als Orte des Exils und des Rückzugs aufzusuchen.

João I. von Portugal (1358–1433) rief die jüngeren ledigen Töchter des Adels auf, ihrer patriotischen Pflicht zu folgen und ihre Familien auf Madeira zu gründen. Viele folgten seinem Aufruf und auch heute noch sind auf Madeira viele Familiennamen vertreten, die auf eine Herkunft aus der Oberschicht des Festlands hinweisen, wie z.B. Ferreira, Teixeira, Oliveras und Henriques.

Reid's bescheidener Anfang

Reid's Palace ist seit Mitte des 19. Jhs. eine Herberge für Berühmtheiten und Reiche. Dessen Gründer, der Schotte William Reid, war 1836 hergekommen und hatte ein Unternehmen aufgebaut, das wohlhabende Besucher umsorgte, welche dem nordischen Klima entfliehen und sechs Monate in einem Gutshaus mit Garten (*Quinta*) verbringen mochten.

Rechts: Das Reid's Palace Hotel ist der Inbegriff des Kolonial-Stils
Gegenüber: Karl der Erste aus Österreich war ein berühmter Gast

Reid kaufte weitere *Quintas* und verwandelte sie in Hotels. Schließlich erwarb er das auf einem Fels über Funchal gelegene Gut von Dr. Michael Grabham, das spätere Reid's Palace Hotel.

EINE BENEIDENSWERTE GÄSTELISTE

Der berühmteste aller Exilanten Madeiras war Karl I., der 1916 zum Kaiser von Österreich-Ungarn gekrönt worden war. Gegen Ende des Ersten Weltkriegs brach die Monarchie zusammen und er ging ins Exil. Ab November 1921 residierte er im Reid's Palace Hotel, bis sein Geld zur Neige ging. Nur zwei Monate nach seinem Umzug in die kleine und feuchte Quinta do Monte (► 83) starb er im April 1922 an einer Lungenentzündung. Sein Grab befindet sich in der Kirche Nossa Senhora do Monte (► 82).

Gern gesehen war auch Winston Churchill, der hier im Januar 1950 kurz residierte, bevor er zum Wahlkampf für die (später gewonnenen) Parlamentswahlen 1951 nach Hause zurückkehrte. Kapitän Scott logierte hier auf seinem Weg in die Antarktis, nach ihm König Edward VII. und George Bernard Shaw, der hier das Tangotanzen erlernte. Hier wohnten entthronte Regenten wie 1965 König Umberto von Italien oder zwei Jahre lang der von Castro gestürzte kubanische Diktator General Batista. Auf der Leinwand war Madeira 1956 in Szenen zu *Moby Dick* zu sehen, während Gregory Peck und Regisseur John Huston im Reid's Palace wohnten. Die Walszenen wurden in Caniçal (► 141ff) gedreht, einem der wenigen europäischen Orte, die damals noch vom Walfang lebten.

KULTUR UND KUNSTHANDWERK

Wenn Sie Funchal verlassen, können Sie auf dem Weg in entlegene Bergdörfer älteren Frauen begegnen, die große Ladungen Heu auf dem Rücken schleppen oder am Straßenrand Fladenbrot *(bolo de caco)* auf heißen Steinen backen.

So ist hier das Landleben. Madeiras traditionelle Alltagskultur folgt seinem täglichen Rhythmus. Ihre Lebensart bindet die Menschen in wiederkehrende Ereignisse ein, wie z. B. die inselweiten Festivals, die traditionellen Feierlichkeiten zu Ehren der Schutzheiligen, die Wein- und Kastanienernte oder historische Gedenktage. Auf diese Weise werden alte Bräuche und traditionelle Werte am Leben erhalten.

EIN LIED ANSTIMMEN UND TANZEN

Die Traditionen leben auch in der Musik und den Volkstänzen weiter. Viele Hotels veranstalten unterhaltsame Folkloreabende mit einheimischen Tänzen und Liedern. Alle Tänzer sind in den Trachten Madeiras gekleidet: Die Männer tragen eine weite Hose, ein weißes Hemd und klobige Stiefel, die Frauen eine weiße Bluse, eine rote oder manchmal auch schwarze, bestickte Stola, eine Weste und einen langen, bunt gestriften Rock.

> »Im ländlichen Madeira bleiben alte Bräuche und Werte durch traditionelle Feste lebendig«

Frauen wie Männer tragen eine *carapuca* oder Kappe mit einem gezwirbelten Zipfel. Sie tanzen zur Musik mit *rajão* oder *braguinha* (eine Mischung aus Ukulele und Mandoline), *castanholes* (Kastagnetten), Trommel, *raspadeiro* (ein gekerbter Stab, der wie ein Skiffle-Waschbrett gespielt wird) und *brinquinho*, einem Stock, an dem ringsum Stoffpuppen aufgehängt sind, die scheppern, wenn er rhythmisch auf den Boden geklopft wird. Mit jedem Tanz und jedem Lied

verbinden die Einheimischen
eine bestimmte Bedeutung, die
sie bei jeder Aufführung an die
Nachwelt weitergeben.

Der schwermütige und
teilweise dramatische *Fado*
Madeiras hat seine Wurzeln
in Portugal. Er erzählt von
unerwiderter Liebe oder Not
und kann Assoziationen an das
Schicksal der afrikanischen
Sklaven wecken. *Fado* können
Sie bei Arsenio's in der Altstadt
von Funchal hören (▶ 66).

Traditionen werden auf Madeira gepflegt

TRADITIONELLES KUNSTHANDWERK

Die Kunst der Stickerei, *bordados*, geht auf die ersten Siedler zurück
und hat sich inzwischen zur Heimindustrie entwickelt. Sie finden diese
Handarbeit in vielen Dörfern und können sie meist direkt von der Person
kaufen, die sie angefertigt hat. Neben der Stickerei sind die Korbflechtar-
beiten *(vimes)* ein verbreitetes Handwerk. Der britische Kaufmann William
Hinton erkannte die kommerziellen Möglichkeiten des Korbflechtens in
den 1850er-Jahren und begann, Hotels mit Rattanmöbeln zu beliefern.
Camacha (▶ 145f) ist das Zentrum der Korbflechtindustrie, aber erwarten
Sie keine Factory Outlets. Sie brauchen nur durch die Seiten-straßen zu
schlendern, um die Handwerker bei der Arbeit anzutreffen.

LEVADA
Wanderungen

Für Wanderer bietet Madeira einzigartige und hervorragende Gebiete mit verblüffenden Wegen durch beeindruckende Landschaften.

Es gibt nicht viele Orte in Europa, wo Sie mit dem Taxi ins Gebirge fahren, dort angekommen erst mal einen Imbiss nehmen können, um dann über fantastische Höhenwege auf die Gipfel zu steigen. In Madeira geht das. Jedes Jahr findet ein Wanderfestival (➤ 40) mit geführten Touren jedes Schwierigkeitsgrades statt.

ABWECHSLUNGSREICHES GELÄNDE

Sie können über vulkanische Küstenfelsen oder durch subtropische Bergwälder wandern, über das Hochmoor oder durch steile Schluchten. Alle Gebiete sind von *levadas* durchzogen. Entlang der Küste, besonders im Südosten an der großartigen, felsigen Halbinsel Ponta de São Lourenço, fädelt sich ein Netz von Wegen durch die Land-

Fußpfad entlang der *levadas*

schaft. Im Inneren der Insel grenzen die bizarre und karge Paúl da Serra im Westen und die kleinere waldige Region rund um Santo António da Serra an das schroffe vulkanische Kernland rund um den Pico Ruivo.

PFADE DURCHS GEBIRGE

Entlang der künstlichen Wasserwege der *levadas* (➤ 14f) führen Fußpfade in fast jeden Winkel des Zentralgebirges Madeiras. Sie wurden ab dem 15. Jh. angelegt und folgen waghalsigen Strecken durch die Berge, über steile Schluchten und Felshänge, oft auch durch Tunnel. Da sie regelmäßig von den so genannten *levadeiros* kontrolliert und

> »Eine Vielzahl von Pfaden erschließt die berauschende Landschaft«

gereinigt werden müssen, sind Wanderfreunde auf die Idee gekommen, dieselben Wege zu gehen und so in den Genuss von Landschaften und Aussichten im Hochland zu kommen, die man sonst nicht so mühelos erreicht. Da der Neigungswinkel der levadas gering ist, ist auch der parallel verlaufende Weg entsprechend leicht begehbar, selbst wenn er an einigen Stellen schmal und steil wird oder oft mit Blick auf Abhänge entlang führt.

Die beste Zeit zum Wandern ist von Juli bis Ende September. In dieser Jahreszeit regnet es selten, der Himmel ist meist klar und die Temperaturen im Gebirge sind erfrischend. Der Juni ist besonders in Küstennähe oft wolkenverhangen und die Wege können glitschig sein. Für Wanderungen mit erfahrenen Führern können Sie sich unter anderem an **Nature Meetings** (Tel. 291 524 482; www.naturemeetings.com) oder **Madeira Explorers** (Tel. 291 763 701; www.madeira-levada-walks.com) wenden.

Madeiras gut bewässerte Terrassen

Zeit für Wein

Der Madeirawein galt lange als heilsames Getränk, das die Damen des 19. Jhs. »aus medizinischen Gründen« nachmittags zum Kuchen einnahmen – während die Herrenclubs lieber Port servierten.

Schon die portugiesischen Seefahrer nahmen den Madeira im 15. Jh. wegen seines hohen Vitamin- und Mineralgehalts zur Vorbeugung gegen Skorbut mit auf Reisen. Dabei entdeckten sie, dass der Wein mit der Zeit weicher, milder und karamellisiert schmeckte.

MADEIRAWEIN AUF RUNDREISE

Bald bezahlten die Weinhändler die Kapitäne dafür, dass sie den Wein mit an Bord nahmen und nach der Reise wieder zurückbrachten. Denn nach einigen Monaten auf See bekam der Wein das gewünschte verbesserte Aroma. Die Listenpreise von Auktionen aus dem 19. Jh. belegen die hohen Preise, die der »rundgereiste Madeira« nach einer Fahrt zum Äquator und retour in London oder Bristol erzielte. Niemand wusste, ob das Aroma durch das Schaukeln oder die Wärme verbessert wurde. Spätere Laborversuche bewiesen, dass Wärme die Ursache war. Daher entwickelte man das so genannte *estufagem*-Verfahren, bei dem der Wein vor Ort durch Sonnenwärme erhitzt wurde.

EIN TOAST AUF …

Die Engländer schätzten den Madeira sehr und ihre Siedler brachten ihn sogar nach Amerika: Präsident Washington und die Delegierten, die die Amerikanische Verfassung entworfen hatten, brachten mit Madeirawein einen Toast auf deren Unterzeichnung aus. Später waren es die USA, die die gegen Mehltau und Weinläuse anfälligen alten Rebstöcke durch neue ersetzten und dadurch Madeiras Weinindustrie retteten.

Einige Kenner behaupten jedoch, dass die Madeiraweine nach den 1970er-Jahren nicht mehr dieselbe Qualität wie die älteren Jahrgänge besitzen. Schuld daran sollen die maschinellen Keltermethoden sein, bei denen der Traubensaft mit den Gerbstoffen der Kerne und Außenschalen vermischt wird. Sie würden es lieber sehen, wenn die Trauben noch wie früher mit den Füßen gestampft würden.

KOSTBARE TROPFEN

Nachdem sie mindestens 20 Jahre in Eichenfässern gereift waren, sind Spitzenweine entsprechend kostspielig. Doch die meisten Leute sind mit den preiswerteren 5, 10 oder 15 Jahre alten Weinen zufrieden. Da sie aus verschiedenen Trauben verschnitten und mit Weinbrand angereichert werden, können sie je nach

Die Weinlese ist Knochenarbeit

Unterschiedliche Traubensorten geben den Weinen ihr reichhaltiges Bukett

Hersteller geschmacklich etwas abweichen. Der Kellermeister schmeckt das Bukett ab, das einen Blandy von einem Cossart Gordon, Henriques & Henriques, Barros e Sousa oder Leacock unterscheidet.

VERSCHIEDENE MADEIRAWEINE

Die vier wichtigsten Sorten des Madeiraweins werden nach ihrer Rebsorte benannt:

Sercial ist eine aus Deutschland stammende Rebsorte. Der bernsteinfarbene trockene Wein wird gerne als Aperitif oder zu Suppen und Fisch serviert.

Verdelho ist als Tafelwein in Italien, Spanien und Portugal weit verbreitet. Der goldbraune halbtrockene Madeira passt zu jedem Hauptgericht.

Bual oder Burgund ergibt einen nussigen, halbsüßen Dessertwein, der auch zum Käse passt.

Malmsey oder Malvasia aus Kreta ist ein süßer, üppiger Dessertwein.

NICHT ANGEREICHERTER WEIN

Die traditionellen, nicht angereicherten Weine Madeiras beschränkten sich auf Seiçal und Enxurros. Jüngere Bestrebungen, eine größere Palette madeirischer weißer Qualitätsweine in so großer Menge herzustellen, dass die einheimischen Restaurants versorgt werden können, werden stark subventioniert. Im Norden der Insel liegen in der Umgebung von Ponta Delgada und Boaventura ausgedehnte Anbaugebiete mit Verdelho und Arnsburger, aus denen ein weißer Enxurros gekeltert wird. Zusätzlich stellen lokale Weinbauern überall auf der In-

Terrassen sind oftmals die Lösung für Landwirtschaft an den abschüssigen Hängen

sel, wo Wein gedeiht, ihren Hauswein her. Er wird selten in Flaschen abgefüllt, sondern im Krug serviert. Fragen Sie danach, denn er wird kaum in Weinkarten der Restaurants aufgelistet, obwohl die Qualität überraschend gut ist.

MADEIRA WINE COMPANY

Die Madeira Wine Company stellte 1994 erstmals einen madeirischen Wein aus der Verdelho-Traube her, den blassgelben, mittelschweren, aromatischen und sehr schmackhaften Atlantis Branco. Leider ist dieser Wein nicht mehr erhältlich, aber es gibt empfehlenswerte Nachfolger, wie den Casa da Vinha mit zarten Zitrusaromen und einem Hauch Passionsfrucht. Er wird im Restaurant auf dem Weingut bei Estreito da Câmara de Lobos serviert. Seiçal ist eine Mischung aus Verdelho und Arnsburger. Aus der deutschen Arnsburger Traube, die im Klima auf Madeira gut gedeiht und früh reift, wird auch der hervorragende, gefällige weiße Rocha Branca hergestellt.

Quinta do Moledo und Quinta do Moledo Reserva sind Spitzenweine, die aus der Gegend um Arco de São Jorge kommen. Der kernige Geschmack dieser Weine wird der Teilfermentierung in neuen französischen Eichenfässern zugeschrieben. Die Ernte von 2004 erbrachte nur Weißwein aus der Malvasia-Traube, den Reis da Cunha. 2005 fügten die Weinbauern Arnsburger hinzu, um der Süße der Malvasia-Traube mehr Frische zu verleihen. Im Jahr 2006 kam ein neuer madeirischer Wein auf den Markt, der Vinha da Palmeira, der von Câmara de Lobos stammt und aus Bual, Verdelho und Arnsburger besteht. Und so geht die Entwicklung weiter.

ZEIT ZUM FEIERN

Auf Madeira feiert man die Feste, wie sie kommen. Es vergeht kaum eine Woche ohne irgendeinen Anlass für eine fröhliche Feier.

Die Insel hat ihre großen Feste – Karneval, das Blumenfest und das Weißweinfest im September –, aber die Einheimischen feiern auch ohne besonderen Anlass kleinere Feste und Gäste sind durchaus willkommen. Es wird eine Bühne aufgebaut, die Straßen werden mit Blumen, Fahnen und Wimpeln geschmückt und die Leute lassen sich auf der Straße treiben. An Ständen können Sie die typischen Partyspezialitäten Madeiras probieren: gegrilltes Hühnchen, *bolo de caco* (Fladenbrot aus Mehl und Kartoffeln) mit Knoblauchbutter und *espetada* (Lorbeerspieß mit gegrilltem Rindfleisch). Der lokale Wein oder hochprozentigere einheimische Erzeugnisse und Likör werden sehr preiswert ausgeschenkt. Es duftet nach Knoblauch, Holzfeuer und Gegrilltem, eine Band spielt mal Pop und mal Volksweisen. Jung und Alt bleiben oft bis zur Morgendämmerung und genießen es, Karten zu spielen, im Mondlicht Wein zu trinken oder einfach nur das leckere Essen, die warme Nachtluft und die fröhliche Stimmung auszukosten.

EIN EINZIGER GESANG UND TANZ

An Weihnachten und Neujahr kommen die ausgewanderten Madeirer zu Tausenden aus aller Welt zurück auf die Insel. Die Feierlichkeiten beginnen ab 1. Dezember mit stimmungsvoller Festbeleuchtung. Funchal gleicht dann einem Amphitheater, das im Lichterglanz erstrahlt. Doch das ist nur das Vorspiel für das größte Ereignis: An Silvester beginnt um Punkt Mitternacht ein bombastisches Feuerwerk mit ohrenbetäubendem Lärm von

Blaskapellen sind Teil des Karnevals

Sirenen, knallenden Champagnerkorken, jubelnden Menschen und explodierenden Feuerwerkskörpern.

Feuerwerke begleiten auch den mehrtägigen Karneval Ende Februar und Anfang März. Ganze Schulen und Jugendgruppen verkleiden sich und ziehen im Korso mit Musikkapellen durch die Straßen von Funchal. Das bunte Treiben endet auf der Praça do Município, auf der die ganze Nacht getanzt wird.

Der Frühling wird mit dem Blumenfest begrüßt, bei dem eine farbenfrohe Parade mit prunkvollen Festwagen durch die in ein Blütenmeer verwandelten, zart duftenden Straßen der Hauptstadt zieht. Auf dem Largo do Município wird aus Tausenden von Blüten eine »Mauer der Hoffnung« für den Weltfrieden errichtet.

Das Weinfest im September ist eher eine kommerzielle Veranstaltung als ein Volksfest, währenddessen natürlich viele Dorfgemeinden die Gelegenheit nutzen, eine gute Ernte zu feiern. So gibt es in dieser Zeit zahlreiche private Erntedankfeiern auf der ganzen Insel.

Feier in Ribeira Brava

FEST- UND FEIERTAGE

JANUAR

1. **Neujahr**

FEBRUAR

Karneval: Auf der ganzen Insel wird in brasilianischem Stil mit Umzugswagen, Musikbands und fantasievollen Kostümen gefeiert

MÄRZ/APRIL

Faschingsdienstag und **Aschermittwoch, Ostern**

APRIL

25. Dreitägiges **Blumenfest** (Funchal)

Tag der Freiheit

MAI

1. **Tag der Arbeit**

JUNI

Einmonatiges *Atlantikfestival* Straßendarbietungen, Musik und Feuerwerk in Funchal.

Fronleichnam

10. Portugiesischer **Nationalfeiertag**

13. *Santos Populares:* Heiliger Antonius, Schutzpatron der Liebenden. Bei den Feierlichkeiten muss auch über Feuer gesprungen werden

29. **Heiliger Petrus**, Schutzheiliger der Fischer. Besonders in Câmara de Lobos and Ribeira Brava gefeiert

Oldtimer (60+) Rallye über die Insel, Datum variiert

JULI

1. Madeiras **Nationalfeiertag**

AUGUST

15. **Mariä Himmelfahrt**: inselweite Feiern, die größte in Monte

21. **Stadtgründung Funchal**

Am letzten Sonntag zieht eine Karnevalsparade von Machico zu einem riesigen Feuer am Pico de Facho

SEPTEMBER

Apfelfest (in Ponta do pargo und Camacha)

Weinfest (Estreito da Câmara de Lobos, Funchal und Porto da Cruz)

Kolumbuswoche mit Feiern auf Porto Santo

OKTOBER

5. **Tag der Republik**

NOVEMBER

1. **Allerheiligen**

Kastanienfest (Festa das Castanhas), Folkloreaufführungen und Erntedankfeier in Curral und Freirasin Curral das Freiras

DEZEMBER

1. **Unabhängigkeitstag**

8. **Maria Empfängnis**

25./26. **Weihnachten**

31. Feuerwerk in Funchal: einer der besten Feste an **Silvester**

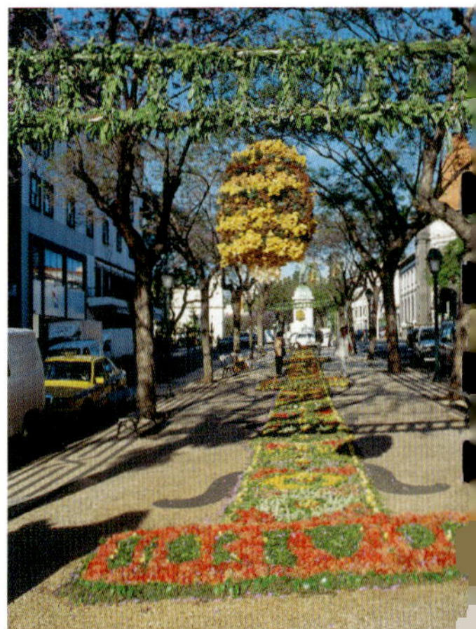

Mit dem Blumenfest wird der Frühling empfangen

Erster Überblick

Ankunft

Der Flughafen von Madeira (offizieller Name: Funchal Airport) heißt bei den Einheimischen Aeroporto de Santa Catarina. Er ist klein, übersichtlich, und Wartezeiten sind selten.

Vom Flughafen in die Stadt

Viele Urlauber werden am Flughafen von Reisebegleitern erwartet und direkt zu ihrer Unterkunft gebracht. Deshalb gibt es kaum öffentliche Verkehrsmittel; Individualreisende können jedoch aus folgenden Optionen wählen.

- **Taxis** stehen vor der Ankunftshalle und bringen Sie in 20 Minuten nach Funchal. Zu den meisten Orten auf Madeira wird ein Pauschalpreis berechnet, abhängig von Personenzahl und Gepäckmenge. Sonntags und zwischen 22 und 7 Uhr kommt ein Zuschlag dazu. Sprechen Sie den Fahrpreis vor dem Einsteigen ab.

- Ein **Flughafenbus** fährt alle 1,5 bis 2 Stunden von der Bushaltestelle vor dem Ankunfts-Terminal ab. Er ist recht preiswert (5 €) und für Flugreisende der TAP Air Portugal kostenlos. Er hält allerdings nur in der Stadtmitte und im Hotelbezirk von Funchal.

- **Öffentliche Busse** sind noch billiger als der Flughafenbus, aber Sie müssen Ihr Gepäck mit in den Fahrgastraum nehmen. Außerdem verkehren sie nicht durchgehend. Sehen Sie auf jeden Fall an den Bushaltestellen vor dem Ankunfts-Terminal auf den Fahrplan.

- Die meisten großen **Autoverleihfirmen** haben am Flughafen einen Schalter. Erkundigen Sie sich aber im Voraus – einige verlangen einen Aufpreis, wenn Sie den Wagen am Flughafen abholen oder abgeben.

Touristeninformation

Es gibt am Flughafen einen Touristeninformationsschalter für allgemeine Informationen, und man kann Ihnen hier bei der Suche nach einer Unterkunft helfen. Häufig bieten die Informationsbüros jedoch wenig mehr als Fahrpläne, Reiseführer und Kartenmaterial. Die größeren Städte auf der Insel verfügen über Fremdenverkehrsbüros. Beachten Sie, dass an Feiertagen viele Attraktionen geschlossen bleiben (► 174).

Flughafen: Santa Catarina de Baixo 9100, Santa Cruz; Tel. 291 524 933; tägl. 9.30–21.30 Uhr

Câmara de Lobos: Haus der Kultur, Rua Padre Eduardo Clemente Nunes Pereira; Tel. 291 943 470; Mo–Fr 9–12.30, 14–17 Uhr, Sa 9.30–12 Uhr

Caniço de Baixo: Rua Robert B. Powell; Tel. 291 932 919; Mo–Fr 9.30–13, 14.30–17.30 Uhr, Sa 9.30–12 Uhr

Funchal: Hauptbüro: Avenida Arriaga 16; Tel. 291 211 900; Mo–Fr 9–19 Uhr, Sa/So 9–15 Uhr
Monumental Lido Shopping Centre: Estrada Monumental 284, Funchal; Tel. 291 775 254; Mo–Fr 9–12.30, 14–17, Sa 9–12 Uhr

Machico: Forte de Nossa Senhora do Amparo; Tel. 291 962 289; Mo–Fr 9–12.30, 14–17 Uhr, Sa 9.30–12 Uhr

Porto Moniz: Vila do Porto Moniz; Tel. 291 852 5555; Mo 10–15, Di–Fr 10–15.30 Uhr, Sa 12–15 Uhr

Porto Santo: Centro Artesanato, Avenida Dr Manuel Gregório Pestana Júnior; Tel. 291 985 189; Mo–Fr 9–17.30 Uhr, Sa 10–12.30 Uhr

Ribeira Brava: Forte de São Bento; Tel. 291 951 675; Mo–Fr 10–15.30, Sa 10–12.30 Uhr

Santana: Sítio do Serrado; Tel. 291 572 992; Mo–Fr 9.30–13, 14–17.30 Uhr, Sa 9.30–12 Uhr

Unterwegs auf Madeira

In Funchal selbst bewegt man sich am besten zu Fuß, da die Stadt recht kompakt ist und das sonnige Klima und die belebten Straßen jeden Gang zum Vergnügen machen. Es gibt gute Busverbindungen auf der Insel. Wer unabhängig sein und/oder das Hinterland erkunden möchte, ist mit einem Taxi oder Mietwagen gut beraten.

Taxis

Die meisten nicht zentral gelegenen Hotels bieten einen kostenlosen Shuttlebus-Service, aber vielleicht brauchen Sie trotzdem einmal ein Taxi.

- Taxis können Sie nicht rufen, aber es gibt überall Taxistände.
- Taxis müssen ein Licht anschalten, das anzeigt, dass der Taxameter läuft. Verlangen Sie, dass der Fahrer das Taxameter einschaltet, oder handeln Sie vor Fahrtbeginn einen Festpreis aus. Im internationalen Vergleich ist Taxifahren hier billig. Eine Fahrt quer durch die Stadt kostet etwa 12 Euro. Aufrunden der Summe ist üblich, größeres Trinkgeld nicht.
- Sie können **Taxis für einen halben oder einen ganzen Tag mieten**. Lassen Sie sich von Ihrem Hotel einen Fahrer empfehlen, der gutes Englisch oder sogar Deutsch spricht und ruhig fährt (rasante Fahrweise ist auf den kurvenreichen Bergstraßen Madeiras nur etwas für Abenteuerlustige). Besprechen Sie die Route im Voraus, damit Sie nicht in den Bars, Geschäften und Restaurants landen, in denen der Fahrer Provision erhält. Die Preise bewegen sich um 50 Euro für einen halben Tag und 100 Euro für einen ganzen Tag. Das Mittagessen zahlt der Fahrer selbst, Trinkgeld ist nicht üblich (außer Sie waren ganz besonders zufrieden).

Funchal: 291 220 911 (Municipal Gardens); 291 226 400 (Mercado); 291 222 000 (Praça do Município); 291 766 620 (Hotel Madeira Palácio)
Câmara de Lobos: 291 942 407
Machico: 291 962 220

Monte: 291 782 158
Ponta do Sol: 291 972 110
Porto Moniz: 291 852 243
Ribeira Brava: 291 952 349
Santana: 291 572 540
São Vicente: 291 842 238

Busse

Das Busnetz auf Madeira ist exzellent, und für viele Einheimische sind Busse das wichtigste Verkehrsmittel, sie sind aber nicht unbedingt auf die Bedürfnisse der Touristen ausgerichtet. Beim Touristeninformationsbüro in Funchal (► 30) sind Fahrpläne erhältlich – für die Reiseplanung sind sie unentbehrlich. Zwei Busunternehmen, Horários do Funchal und Rodoeste, stellen ihre Pläne auch im Internet zum Download bereit (► unten).

- Es gibt fünf Busunternehmen, die mit ihren Linien verschiedene Teile der Insel abdecken. **Automóveis do Caniço** (rot, grau und weiß) zwischen Funchal und Caniço; **Horários do Funchal** (gelb/grau, gelb und weiß) verkehrt zwischen Funchal und den Vororten und fährt Camacha, Santo da Serra und Curral das Freiras an (www.horariosdofunchal.pt); **Rodoeste** (rot und weiß) fährt von Funchal aus in Richtung Süden, Westen und Inselmitte (www.rodoeste.pt), **SAM** (grün, creme und weiß) in die östlichen Teile der Insel; und **São Roque do Faial** (rot und weiß) verbindet Funchal via Santana mit São Vicente.
- Sämtliche Busse in Funchal fahren von Haltestellen an der Avenida do Mar ab, die sich zwischen dem Palácio de São Lourenço im Osten und der Seilbahnstation in der Altstadt befinden.
- **Fahrkarten** bekommen Sie an den Schaltern bei den Bushaltestellen. Der Fahrpreis hängt davon ab, wie viele Zonen Sie durchfahren (Pläne finden Sie

an den Fahrkartenschaltern, Haltestellen und in den Bussen selbst). Beim Einsteigen müssen Sie die Fahrkarte entwerten (Automat neben dem Fahrer). Wer in der Avenida do Mar zusteigt, muss sein Ticket im Voraus kaufen, an allen anderen Haltepunkten sind Fahrkarten beim Busfahrer erhältlich. Werfen Sie die Tickets nicht weg! Sie können sie an Ticketschaltern, z. B. auf der Avenida do Mar, mit weiteren Reisen aufladen.

- Es gibt **Tages-, Mehrtages- und Wochentickets** (gültig bis zu sieben Tage). Kinder unter 16 reisen zum halben Preis. Erfragen Sie die beste Option am Kiosk!

Auto fahren

Die Landstraßen sind häufig steil und kurvenreich – fahren Sie vorsichtig! Lassen Sie schnellere Fahrzeuge passieren, indem Sie am Straßenrand kurz anhalten.

- **Sicherheitsgurte** müssen angelegt werden.
- In Bezug auf **Alkohol** sind die Gesetze sehr strikt, und die Polizei macht häufig Stichproben. Erlaubt sind 0,5 Promille Alkohol.
- Die **Höchstgeschwindigkeit** beträgt 50 Stundenkilometer in der Stadt, 90 in bebauten Gebieten, 100 auf Landstraßen und 120 auf der Schnellstraße.
- Auf der Via Rapida und in Tunnels muss das **Abblendlicht** eingeschaltet sein.
- Aktuelle Informationen entnehmen Sie bitte www.theaa.com/motoring _advice/overseas.

Mietwagen

Alle Autovermietungsfirmen haben ihren Sitz in Funchal, manche auch eine Außenstelle am Flughafen. Als Anbieter gibt es sowohl ortsansässige als auch internationale Unternehmen.

Avis	☎ 291 524 392		**Hertz**	☎ 291 764 410
Rodavante	☎ 291 524 718		**Auto Jardim**	☎ 291 524 023
Guerin	☎ 291 764 337		**Atlas**	☎ 291 223 100
Bravacar	☎ 291 524 016		**Moinho**	☎ 291 982 141

- Wer ein Auto mieten will, muss **über 21** sein und seit einem Jahr den Führerschein haben. Außerdem brauchen Sie die üblichen Ausweispapiere.
- Erkundigen Sie sich vor dem Unterschreiben, ob im genannten Preis **Steuern und Versicherungen** enthalten sind; diese können einen günstig erscheinenden Tarif fast verdoppeln.
- Checken Sie vor dem Mieten eines Fahrzeugs die Funktionstüchtigkeit aller Bremsen, denn diese müssen auf Madeiras steilen Straßen in exzellentem Zustand sein.

Geführte Wanderungen und Busausflüge

Das Spektrum ist ausgesprochen vielfältig und reicht von »Kaffeefahrten« bis zu **Wanderungen** (▶21), **Tauchexkursionen** und **Walbeobachtungstouren** (▶143).

- Wenn Sie nichts gegen Reisegruppen haben, sind **Busausflüge** ein preiswerter und bequemer Weg, die Insel kennen zu lernen. Wer keine großen Gruppen mag, findet in **Minibus-Touren** (bis zu acht Personen) eine Alternative. Die besten Anbieter sind **Blandy's** im Zentrum von Funchal (Avenida Zarco 1, Tel. 291 200 660) und **Windsor Travel** (Estrada Monumental 252, Tel. 291 700 600).
- Ganztägige Jeep-Safaris bietet **Terras d'Aventura** (Tel. 291 708 990; 60 Euro pro Person). **HeliAtlantis** (Tel. 291 232 882) bietet 15-minütige **Hubschrauberrundflüge** für etwa 80 Euro pro Person an (bei vier Personen).

Eintrittspreise
Die in diesem Führer genannten Eintrittspreise sind in folgende Kategorien unterteilt:
Preiswert: unter 2 Euro **Mittel:** 2–5 Euro **Teuer:** über 5 Euro

Übernachten

Wo Sie am besten absteigen, hängt von Ihren Urlaubsvorstellungen ab: Cocktails und Verwöhntwerden am Pool im Hotelbezirk, funktionale Unterkunft in der Stadtmitte oder ländliche Atmosphäre im Inselinneren.

Hotels

■ Urlauber, die nicht vorhaben, sich weit vom Pool zu entfernen, werden sich auf den Klippen im Westen von Funchal wohl fühlen. Die **Hotels** des Hotelbezirks bieten eine weitgehend unabhängige Welt attraktiver Grünanlagen mit Swimmingpools, Tennisplätzen, Einkaufsmöglichkeiten, Leseräumen, Restaurants, üppigen Frühstücksbuffets und Abendunterhaltung. Von den teuersten Häusern aus ist die Stadt in der Regel bequem zu Fuß zu erreichen. Weiter entfernt gelegene locken häufig mit Extras wie einem Shuttlebus-Service.

■ Im Zentrum gibt es eine Reihe ausgezeichneter **kleiner Stadthotels** mit preiswerten, zweckmäßig möblierten Zimmern für Leute, die ihre Zeit mit Museumsbesuchen, Wandern oder Erkundungstouren verbringen wollen. Wenn Sie einen Wagen mieten, sollten Sie jedoch unbedingt ein Hotel mit Garage wählen.

■ Auch außerhalb von Funchal schießen ständig neue gute Hotels aus dem Boden. Viele davon sind in wunderschönen umgebauten *quintas* (Herrenhäusern) wie der Quinta Bela de São Tiago (► 34) gelegen und atmen eine exklusive Landhausstimmung. Doch es gibt auch preiswertere Alternativen. Kleine Hotels nennen sich gewöhnlich *estalagem* oder *residencial*. Empfehlenswerte Beispiele sind: Residencial Gordon und Residential Santa Clara (► 34).

■ Man kann auch **Villen** und sowohl ländliche als auch städtische **Apartments** mieten; Angebote findet man unter www.madeiraapartments.com.

Buchung und Preisvorteile

Flächendeckende Anbieter sind selten; recht gut sind aber www.madeira-island.com/hotels (Links zu ca. 40 Hotels, Online-Buchung) und www.madeira-web.com (Last-Minute-Angebote). **Preisnachlässe** sind außerhalb der Saison möglich, insbesondere im November, Januar und Februar. Weihnachten und Silvester sind extrem teuer, und viele Hotels kann man um diese Zeit nur für einen Zeitraum von 14 Tagen oder mehr buchen, Karten für (kostspielige) Veranstaltungen an Weihnachten und Silvester inklusive. Auf jeden Fall empfiehlt sich eine frühzeitige Reservierung, denn zu den Feiertagen sowie in der Ferien- und Urlaubszeit ist Madeira in aller Regel voll. Im August kommen viele portugiesische Familien auf die Insel, die recht angenehme Temperaturen bietet.

Unterkunft

Die folgenden ausgewählten Hotels sind nach ihrer Lage in alphabetischer Reihenfolge aufgelistet. Nähere Informationen zu Übernachtungsmöglichkeiten auf Porto Santo ► 153.

Preiskategorien
Für ein Doppelzimmer, gewöhnlich inklusive Frühstück, gelten folgende Preise:
€ unter 90 Euro   €€ 90–150 Euro   €€€ über 150 Euro

Funchal

Quinta Bela de São Tiago €€
Diese bezaubernde *quinta* aus dem Jahr 1894 wurde stilvoll zu einem kleinen Hotel (34 Zimmer) erweitert. Fünf Minuten vom Stadtzentrum entfernt, liegen die meisten Zimmer in einem Seitenflügel und überblicken die Dächer der Altstadt. Im Haupthaus befinden sich ein elegantes Restaurant und ein Wintergarten, in dem das Frühstücksbuffet serviert wird. Es gibt einen Garten mit Pool sowie ein Fitnesscenter mit Sauna, Trainingsraum und türkischem Bad.
✚ 186 C3 ✉ Rua Bela de São Tiago 70, 9060–400 ☎ 291 204 500;
www.quintabelasaotiago.com

Quinta Jardins do Lago €€
Dieses charmante Hotel auf einem der Hügel über Funchal wurde 1750 erbaut und war einst das Zuhause einer madeirischen Familie. Es bietet alle Annehmlichkeiten eines erstklassigen Hotels – farbenfrohe, gepflegte Gärten, viel Platz, Ruhe, ein hervorragendes Restaurant und Luxus wohin man schaut. Alle Zimmer verfügen über große Balkone mit Blick auf den Garten. Zu den Freizeiteinrichtungen zählen ein großer Süßwasserpool, ein gut ausgestatteter Fitnessraum, eine Sauna, ein türkisches Bad, ein Tennisplatz und Tischtennisplatten.
✚ 186 bei B3
✉ Rua Dr João Lemos Gomes 29, 9000-158 ☎ 291 750 100; www.jardins-lago.com

Quintinha São João €€
Ein kleines, abgeschiedenes Hotel mit 43 Zimmern direkt über dem Stadtzentrum. Geboten werden Luxus ohne Tamtam und Qualität zu einem günstigen Preis. Das Hotel verfügt über eine Bar, ein Restaurant und einen Außenpool sowie Liegen auf dem Dach mit Blick auf das Meer und die Berge. Es gibt eine Sauna, einen Fitnessraum und ein Spielzimmer mit Snookertisch und Tischtennis. Ab und an spielt ein Gastpianist.
✚ 186 bei B3
✉ Rua de Levada de São João 4, 9000-191 ☎ 291 740 920; www.quintinhasaojoao.com

Reid's Palace €€€
Seit das Reid's Palace 1891 zahlenden Gästen seine Pforten öffnete, hat es viele Berühmtheiten beherbergt. Ob Sie dazugehören, merken Sie, wenn man Sie bittet, Ihre Unterschrift neben die von Winston Churchill oder Grace Kelly ins Goldene Buch des Hotels zu setzen. Das Reid's Palace bietet Zimmer mit grandioser Aussicht, perfektem Service und eine clubartige Atmosphäre sowie einen Pool in gepflegten Gartenanlagen. Außerhalb der Saison ist dieser Luxus sogar für Normalsterbliche erschwinglich. Vergessen Sie aber nicht, Abendkleidung für das Dinner einzupacken.
✚ 186 bei A1 ✉ Estrada Monumental 139, 9000–098 Funchal
☎ 291 717 171; www.reidspalace.com

Residencial Gordon €
Im Residencial Gordon scheinen die Uhren in den 1950er-Jahren stehen geblieben zu sein, doch gerade das macht den Charme des Hotels aus. Wer des Englischen mächtig ist, kann in der Bibliothek der benachbarten Igreja Inglesa Lesestoff ausleihen und beim Kaffee nach dem sonntäglichen Gottesdienst den neuesten Stadtklatsch erfahren.
✚ 186 A2 ✉ Rua do Quebra Costas 34, 9000–034 ☎ 291 742 366

Residencial Santa Clara €
Dieses kleine Hotel bietet ein ausgezeichnetes Preis-Leistungs-Verhältnis und damit auch Urlaubern mit kleinem Geldbeutel Gelegenheit, das Leben in einem historischen madeirischen Haus mit herrlichen Stuckdecken und antikem Mobiliar kennen zu lernen. Der Aufstieg zu dem Hotel (hinter der Quinta das Cruzes gelegen) stört die meisten Gäste nicht, da viele ohnehin zum Wandern kommen. ✚ 186 A3
✉ Calçada do Pico 16-B, 9000–206 ☎ 291 742 194

Savoy Resort €€€
Natürlich kann man immer noch im Savoy selbst absteigen, das sich

wegen seiner zentralen Lage und der altmodischen Höflichkeit des Personals großer Beliebtheit erfreut. Gegen einen Aufpreis kann man aber auch ins Royal Savoy direkt am Meer ziehen; zur Ausstattung dort gehören afrikanische und asiatische Kunst, Antiquitäten, außerdem gibt es moderne Restaurants und luxuriöse Wellness-Anlagen. (Gäste des Savoy haben ebenfalls Zutritt, müssen aber einen kleinen Fußweg in Kauf nehmen.)

✚ 186 bei A1
✉ Avenida do Infante, 9004–542
☎ 291 213 000; www.savoyresort.com

The Vine €€€

Dieses angesagte Hotel ist Teil des Dolce Vita Shoppingcenters und bietet alles, was das Herz an ultra-coolen Bleiben begehrt. Die 79 Räume sind innovativ und minimalistisch gestaltet, mit Wasserfall-Duschen, flippigen Farben und gedämpftem Licht; die Hälfte mit grandiosem Blick über Funchal. Auf die Kultur Madeiras verweisen die Kieselböden; der Pool auf dem Dach ist beheizt; das Wellness-Center ist der beste Ort der Stadt, um sich die Verausgabungen der Tanzabende wegmassieren zu lassen.

✚ 186 B1 ✉ Rua dos Aranhas 27
☎ 291 009 000; www.hotelthevine.com

Windsor €

Sehr gutes Preis-Leistungs-Verhältnis mitten im Herzen der Stadt und bei Geschäftsreisenden wie Urlaubern gleichermaßen beliebt. Hinter der postmodernen Fassade verbirgt sich ein überraschend schlichtes Interieur. Es gibt einen winzigen Pool auf dem Dach, Parkmöglichkeiten und eine Bar. Das Hotel gehört zu einer Kette, die mehrere Häuser in derselben Straße hat. Ist das Windsor belegt, erkundigen Sie sich nach einem Zimmer im Hotel do Centro oder im Residencial Greco.

✚ 186 C3
✉ Rua das Hortas 4-C, 9050–024 ☎ 291 233 081; www.hotelwindsorgroup.pt

Die Umgebung von Funchal

Casa Velha do Palheiro €€€

Der Graf von Carvalhal war der reichste Mann Madeiras und besaß neben riesigen Landgütern und diversen Stadthäusern auch diese reizvolle Villa. Heute finden hier zahlende Gäste eine luxuriöse Unterkunft in entspannter Landhausatmosphäre. Geboten werden Tennisplätze, Pool, ein Golfplatz, freier Zutritt zu den Gärten von Palheiro (▶78ff) und eines der besten Restaurants der Insel.

✚ 182 B1 ✉ Palheiro Golfe, São Gonçalo, 9060–049 Funchal ☎ 291 790 350; www.casa-velha.com

Choupana Hills Resort €€€

Der von balinesischer Architektur inspirierte Komplex aus schönen hölzernen Bungalows befindet sich zwischen Pools und Wasserläufen in den Hügeln nordöstlich von Funchal. Wellness-Anlagen und ein Restaurant gehören dazu (▶90).

✚ 182 B2 ✉ Travessa do Largo da Choupana, 9060–348 Funchal ☎ 291 206 020; www.choupanahills.com

Quinta do Monte €€€

Diese restaurierte *quinta* ist ein schönes Beispiel für die eleganten Häuser der wohlhabenden Weinexporteure, die dem kühleren Monte den Vorzug vor der heißen Stadt gaben. Gäste können den herrlichen großen Park, Bibliothek, Leseraum und das voll ausgestattete Atelier benutzen oder ausgerüstet mit einem Picknickkorb des berühmten Hotelrestaurants die Umgebung erkunden.

✚ 182 B2 ✉ Caminho do Monte 192, 9050–288 Funchal ☎ 291 780 100; www.quintadomontemadeira.com

Das zentrale Bergland

Cabanas S. Jorge Village €

Rund zwölf Kilometer westlich von Santana liegt dieser Komplex ideal zur Erkundung der Nordküste Madeiras. Sie haben die Wahl zwischen komfortablen Rundhütten inmitten blumengeschmückter Gärten oder konventionelleren Räumen mit Veranden, die die Klippen und das Meer überblicken. Ein Pool, ein Billiardraum und ein 120-Plätze-Restaurant mit Bar werden ebenfalls geboten.

182 B4 ⊠ Sítio da Beira da Quinta, 9230-160 Santana ☎ 291 576 356; www.cabanasvillage.com

Quinta do Furão €€€

Die schönste Zeit in diesem luxuriösen Hotel am Rand von Santana ist während der Weinlese im September, wenn die Gäste zum Mitmachen eingeladen sind. Mit 43 geräumigen Zimmern, internationaler Küche und exzellenter Weinkarte zielt das Hotel auf eine betuchte Klientel. Auf der sonnigen Terrasse und am Pool gibt es Barservice. Zweimal wöchentlich organisiert das Hotel geführte Wanderungen.

182 B4

⊠ Achado do Gramacho, 9230 Santana ☎ 291 570 100; www.quintadofurao.com

Residencial Encumeada €€

Dieses schlichte Hotel auf der Südseite der Boca da Encumeada bietet eine spektakuläre Aussicht über die Hangterrassen und das üppige Grün des Tals von Ribeira Brava. Gleich in der Nähe beginnen mehrere gute Wanderwege, von denen viele den Encumeada-Pass queren und in Richtung zentrales Bergland führen.

181 E3

⊠ Feiteiras Serra d'Água, 9350 Ribeira Brava ☎ 291 951 282; www.residencialencumeada.com

Der Westen Madeiras

Jardim do Atlântico €€€

Dieses Hotel liegt unweit von Jardim do Mar an der Südwestküste und spricht mit Fitnesscenter, Bäderlandschaft und Restaurant vor allem gesundheitsbewusste Naturliebhaber an. Wer schon fit ist, kann surfen, Rad fahren und wandern.

180 B3

⊠ Lombo da Rocha, Prazeres, 9370–605 Calheta ☎ 291 820 220; www.jardimatlantico.com

Quinta do Alto de São João €€

Das Herrenhaus aus dem 19. Jahrhundert liegt auf einem Hügel 4 Kilometer nördlich von Ponta do Sol. Die Umgebung besteht aus Gärten, einer Obstwiese mit Bienenstöcken und einem Bauernhof. Die Zimmer haben Balkons, sodass man Meerblick und Sonnenuntergang genießen kann. Mit Pool und Sauna.

181 D2

⊠ Lomba de São João, 9360 Ponta do Sol ☎ 291 974 188; www.madeiramanorhotel.com

Residencial Orca €

Das Rauschen der Brandung wiegt Sie in den Schlaf in diesem direkt an der Küste gelegenen Hotel in Porto Moniz. Die Zimmer sind schlicht, aber preiswert; das Restaurant serviert frischen Fisch und traditionelle madeirische Küche.

180 C5 ⊠ Sítio das Poças, 9270 Porto Moniz ☎ 291 850 000

Der Osten Madeiras

Estalagem Serra Golf €€

Dieses Hotel liegt in einem Waldstück am südlichen Rand von Santo António da Serra nur 800 Meter vom Santo-da-Serra-Golfclub entfernt. Nichtgolfer können im Hallenbad trainieren oder auf schönen Wanderwegen das Inselinnere erkunden.

182 C3 ⊠ Casais Próximos, Santo da Serra, 9100 Santa Cruz ☎ 291 550 500; www. serragolf.com

Inn and Art €€

Dieses freundliche kleine Hotel auf den Klippen von Caniço ist Gasthaus und Galerie in einem. Es hat komfortable Räume sowie eine belebte Bar und ein Restaurant mit Frühstücksbuffet und guten Abendgerichten sowie vegetarischer Kost. Zum Hotel gehören auch separate Häuser und Apartments. Wer eine Woche bleibt und im Voraus zahlt, bekommt Preisnachlass, und ein Mietwagen ist im Preis auch enthalten.

182 C1 ⊠ Rua Robert Baden Powell R 61/62, 9125-036 Caniço de Baixo ☎ 291 938 200; www.innart.com

Essen und Trinken

Die meisten Restaurants auf der Insel servieren traditionelle madeirische Küche, das heißt, die Speisekarten gleichen sich weithin. In kleinen Cafés kann man sehr gut und preiswert essen. Kenner meinen gar, je einfacher die Umgebung und je simpler das Ambiente des Restaurants, desto besser die Küche.

Madeirische Spezialitäten

- *Espada* (Degenfisch), ein weißer grätenfreier Fisch von delikatem Geschmack, findet sich auf fast jeder Speisekarte. Jedes Lokal hat seine eigene Zubereitungsart, doch gewöhnlich bekommt man ihn frittiert, gedünstet oder flambiert, häufig mit *milho frito* (gebratener Maispolenta) oder gebratenen Bananen.
- **Fangfrisch gegrillter Fisch und Meeresfrüchte** sind wichtige Bestandteile der madeirischen Küche. Sie haben die Wahl zwischen Napfschnecken (in Knoblauchbutter), Sardinen, Thunfisch, Brasse, Riesengarnelen, Hummer, Tintenfisch und mehr. *Caldeirada* (eine schmackhafte Fischsuppe) und *cataplana* (reichhaltiger Auflauf mit Fisch, Knoblauch und Tomaten) sind ebenfalls zu empfehlen. Besucher vom portugiesischen Festland essen gern Stockfisch – hier mit Rührei, Kräutern und Kartoffeln als *bacalhau à brás* zubereitet.
- *Espetada*, eine weitere madeirische Spezialität, besteht aus mit Knoblauch und Kräutern marinierten Rindfleischwürfeln, die auf einem Lorbeerspieß über einem Holzfeuer gegrillt werden. Diese aromatischen Fleischspieße sind traditioneller Bestandteil einer jeden madeirischen Feier. Wenn Sie Glück haben, serviert das Restaurant als Beilage *bolo de caco*, ein leckeres Fladenbrot aus Weizen- und Kartoffelmehl, das ofenfrisch und mit reichlich Knoblauchbutter bestrichen auf den Tisch kommt.
- In einigen entlegenen Teilen der Insel können Sie am Straßenrand gebackenen *bolo de caco* (Fladenbrot) kaufen.
- **Vegetarier** kommen auf Madeira etwas kurz. Da die Küche sehr auf Fisch und Fleisch ausgerichtet ist, findet man auf den meisten Speisekarten kaum vegetarische Gerichte.
- Auch **Nachspeisen** sind nicht die Stärke der madeirischen Küche. In vielen Restaurants beschränkt sich die Auswahl auf frisches Obst, Eis und *pudim flan* (Crème caramel) oder *pudim mavacuja* (Passionsfruchtpudding).

In Restaurants essen

- Essen zu gehen, ist auf Madeira keine sehr förmliche Angelegenheit, und eine **Reservierung** ist nur in den allerbesten Restaurants nötig. Schauen Sie bei den anderen einfach auf gut Glück vorbei, und warten Sie notfalls an der Bar darauf, dass ein Tisch frei wird.
- Bei den meisten Hotels ist das **Frühstück** im Übernachtungspreis inbegriffen und häufig ein üppiges Buffet. Wer mit den Einheimischen frühstücken will: In den Bars gibt es ab etwa 8 Uhr Kaffee und süßes Gebäck.
- Die Restaurants öffnen gegen 11 Uhr und schließen, wenn der letzte Gast das Lokal verlässt, was manchmal in die frühen Morgenstunden fällt. Die meisten Portugiesen essen zwischen 13 und 15 Uhr zu **Mittag**. **Abends** herrscht der größte Andrang zwischen 19.30 und 21.30 Uhr. Wer gern später diniert, kann auch nach 21.30 Uhr kommen; bis 23 Uhr, am Wochenende auch später, herrscht fast immer reger Betrieb. **Restaurants im Inselinneren** sind deutlich ruhiger als die in den Touristengebieten, und die Menschen essen dort früher zu Abend: Nach 22 Uhr werden Sie kaum noch etwas Warmes bekommen.
- Seit Januar 2008 ist das Rauchen in Bars und Restaurants verboten. Wer sich nicht an diese Vorschrift hält, muss mit einer Geldstrafe von bis zu 750 € rechnen.

Speisekarte und Preise

■ **Mehrsprachige Speisekarten** sind in madeirischen Restaurants Standard, und die meisten Ober sprechen gut Englisch.

■ Die delikatesten Gerichte findet man häufig auf der **Tageskarte**, die immer etwas Besonderes offeriert.

■ In altmodischen Restaurants gibt es mitunter ein sehr preiswertes *menu do dia* (Tagesmenü), das gewöhnlich aus Suppe, Brathähnchen oder Fisch und Eis besteht. Günstige Alternativen stehen oft unten auf der Speisekarte bei den Eintöpfen und Aufläufen. Solche Gerichte sind meist eine komplette Mahlzeit; bei weniger Appetit kann man oft eine *meia-dose* (halbe Portion) bestellen.

■ **Die Preise** sind üblicherweise inklusive Steuer, lediglich bestimmte Fische oder Meeresfrüchte werden nach Gewicht berechnet. Erkundigen Sie sich in diesem Fall beim Ober, welche Menge gewöhnlich serviert wird, und lassen Sie sich die Kosten kalkulieren. Für zum Aperitif servierte Appetithappen wird eine geringe Pauschale berechnet.

■ Üblich ist **Barzahlung**, obwohl viele Restaurants Kreditkarten akzeptieren. **Trinkgeld** wird nicht erwartet. Zufriedene Gäste runden den Betrag meist aber auf volle fünf oder zehn Euro auf.

Getränke

Wein fließt auf Madeira reichlich, und praktisch alle Gaststätten und Bars bieten günstige, lokale Weine an. Die Madeirer trinken ausschließlich in Bars; Sie werden nie jemanden auf der Straße trinken sehen, und selten werden Leute, die etwas zu tief ins Glas geschaut haben, aggressiv oder gar gewalttätig (zuweilen sind um den Markt in Funchal herum allerdings Leute anzutreffen, die dem Alkohol zu sehr gefrönt haben, vor allem an Freitagabenden und Sonntagmorgen).

■ **Bars** können ihre **Öffnungszeiten** selbst bestimmen. Im Sommer öffnen die meisten um 8 Uhr (für Kaffee und Gebäck) und schließen erst in den frühen Morgenstunden, da portugiesische Besucher gern nach dem Abendessen auf einen Drink oder ein Eis vorbeikommen und dann lange sitzen bleiben. In den Cafés an der Uferpromenade von Funchal herrscht manchmal um Mitternacht mehr Betrieb als tagsüber.

■ **Kinder und Jugendliche** unter 16 dürfen keinen Alkohol kaufen, ihn jedoch konsumieren, wenn die Eltern dabei sind.

■ Wer typisch madeirisch speisen will, trinkt einen trockenen Sercial als Aperitif (► 24) und beschließt das Mahl mit einer *bica* (einem Espresso) und einem Glas *aguardente* (Zuckerrohrschnaps).

■ Zum Essen selbst haben Sie die Wahl zwischen dem leichten, auf der Insel gebrauten »Coral«-Bier und verschiedenen **Bieren** und **Weinen** vom portugiesischen Festland. *Vinho verde*, ein leicht moussierender Weißwein – »grün« heißt er, weil er jung getrunken wird – passt gut zu Fischgerichten, während zu Fleisch gern ein reifer Roter aus den Regionen Alentejo, Barraida, Dão, Douro, Ribatejo oder Palmela getrunken wird.

Top-Tipps für ...

... **Kaffeetrinken:** Penha d'Aguia in Funchal (► 69)
... **Fischessen:** Vila do Peixe (► 91)
... **ein Spitzenrestaurant:** Xôpana (► 90)
... **ein romantisches Essen:** Casa Portuguesa (► 66)
... **ein preiswertes Essen:** Arco Velho in Funchal (► 66)
... **madeirische Küche:** Venda da Donna Maria in Funchal (► 69)

Preiskategorien
Die Preise gelten pro Person für ein Essen, ohne Getränke und Service
€ unter 20 Euro   €€ 20–40 Euro   €€€ über 40 Euro

Einkaufen

Die Insellage Madeiras bedeutet hohe Importkosten, Sie werden also kaum Geschäfte finden, die mit Sonderpreisen hausieren. Was es hier aber sehr wohl gibt, sind Ladenarkaden und kleine Märkte mit traditionellem Kunsthandwerk. Die meisten Geschäfte liegen in Funchal. Für einen Bummel empfehlen sich die Straßen und Gassen nördlich und südlich der Kathedrale. Hier kaufen auch die Einheimischen, das heißt, die Preise sind angemessen. Neben den Läden mit Straßenfront existieren auch mehrere labyrinthartige Arkaden mit jeder Menge Boutiquen, die Gutes besonders günstig anbieten.

Öffnungszeiten

Die Geschäfte haben gewöhnlich geöffnet: Mo–Fr 10–13 und 15 oder 16–19 Uhr, Sa 10–13 Uhr. Einige Bäckereien haben auch So vormittags geöffnet, Supermärkte und Shopping Center täglich von 10–22 Uhr. Banken Mo–Fr 8.30–14.45 Uhr.

Kreditkarten und Geldautomaten

Kredit- und Debitkarten mit Chip und PIN werden jetzt auf Madeira häufig verwendet. Geldautomaten gibt es ebenso viele wie anderswo in Westeuropa.

Zeitungen, Zeitschriften und Bücher

An den größeren Kiosken und in vielen Hotels sind die meisten großen deutschen Tageszeitungen und Zeitschriften erhältlich. Buchhandlungen führen portugiesische und englischsprachige Literatur, teilweise sind auch deutsche Bücher erhältlich.

Mitbringsel und Souvenirs

Die beliebtesten Souvenirs sind Madeirawein und Schnittblumen, die wichtigsten typischen Kunsthandwerkszweige Stickerei und Korbflechterei.

- Die großen Weingüter haben in Funchal Verkaufsräume für **Madeirawein** (► 70), in denen Sie auch probieren können. Achten Sie beim Kauf auf Ursprungs- und Qualitätssiegel des staatlichen Weininstituts. Nähere Informationen zu Madeirawein ► 24. Wer nicht unbedingt Spitzenklassenweine sucht, sollte Preisvergleiche anstellen; in großen Supermärkten bekommt man Standardweine oft erheblich günstiger als im Fachhandel.
- Der schönste Flecken zum Kauf von **Blumen** ist der **Mercado dos Lavradores** in Funchal (► 51). Wenn Sie die Pracht mit nach Hause nehmen wollen, kann es sich jedoch lohnen, in ein Blumengeschäft zu gehen, in dem man Ihnen Ihr Mitbringsel reisefest verpackt. Die meisten Hotels haben Blumenläden; einer befindet sich am Flughafen.
- Madeirabesucher, die hier erworbene Orchideen daheim weiter kultivieren möchten, werden bei **Boa Vista Orchids** und **Jardim Orquídea** (► 92) fündig.
- Madeirische **Stickkunst** hatte ihren Höhepunkt im 19. Jahrhundert, und viele Familien verdienen noch immer damit ihren Lebensunterhalt. In Funchal gibt es mehrere »Fabriken«, in denen Sie mehr über die Kunst erfahren und exquisite Kleidung und Bettwäsche kaufen können (► 71). Handbestickte Produkte tragen ein Etikett mit Hologramm, das sie von maschinengestickten Importen unterscheidet. Achten Sie darauf, Originalprodukte aus Madeira zu kaufen, keine Importe aus dem Fernen Osten.
- Zentrum der **Korbwaren**-Industrie ist Camacha (► 145). Hier finden Sie alles, von kleinen Körben bis hin zu kompletten Möbelgarnituren. Wegen des Transports brauchen Sie sich keine Gedanken zu machen – die Firmen liefern seit langem in alle Welt.

Ausgehen

Auf Madeira gibt es praktisch kein Nachtleben, was viele Touristen als ausgesprochen wohltuend empfinden. In den meisten größeren Hotels findet man jedoch eine Diskothek sowie wöchentliche Tanz- und Kabarettveranstaltungen. Hinweise auf Veranstaltungen finden Sie in jeder Ausgabe der an neueren Kiosks um Funchal verkauften englischsprachigen Zeitung *The Brit*, auf Postern und Flyern, oder auch im Tourismusbüro auf der Avenida Arriaga.

Aktivitäten im Freien

- Die Wanderwege und *levadas* machen Madeira zu einem Mekka für **Wanderfreunde**, und zahlreiche Unternehmen haben sich auf geführte Touren spezialisiert (►21). Das jährlich im Januar stattfindende Wanderfestival ist eine hervorragende Gelegenheit, mehr über diese beliebte Freizeitbeschäftigung auf der Insel zu erfahren (www.madeiraislandswalkingfestival.com).
- Einige **Bootstouren** vor der Südküste (►87, Kasten) konzentrieren sich darauf, Besuchern die Vielfalt der Fauna des seit 1986 bestehenden Meeresschutzgebiets zu zeigen.
- **Sportfischen** (►87, Kasten) ist in dem Schutzgebiet ebenfalls möglich, wobei allerdings die meisten Fische nicht getötet, sondern wieder ins Meer entlassen werden.
- Dank verstärkter Bemühungen, die Küstengewässer sauber zu halten, herrschen bei Caniço de Baixo ideale Voraussetzungen für **Taucher** (►148), insbesondere vor Porto Santo.
- Vor Jardim do Mar entdecken **Surfer** die grandiosen Wellen Madeiras (►132).

Tanz, Musik und Theater

- **Folkloregruppen** treten regelmäßig in Hotels und Restaurants in Funchal sowie bei Dorffesten auf. Für Musik sorgt die viersaitige *braguinha*, die als Urahnin der Ukulele gilt. Sie wird von einer Reihe von Schlaginstrumenten begleitet, darunter ein *raspadeira* genannter eingekerbter Holzstab und der *brinquinho*, eine mit Glocken und Kastagnetten bestückte große Rassel. Die madeirischen Volkslieder und -tänze greifen die gleichförmigen, aber rhythmischen Bewegungen bäuerlicher Arbeiten auf. Ein Tanz imitiert die Träger, die schwere Schläuche voll Wein, Zuckerrohrbündel oder Körbe voller Trauben schleppen. Ein anderer erinnert an das barfüßige Stampfen der Trauben.
- Auf Madeira können Sie auch **Fado** hören, jenen schmachtenden Gesang, der den Weg aus Lissabon hierher fand (das Wort *fado* bedeutet »Schicksal«) und häufig mit dem andalusischen Flamenco verglichen wird. Beide basieren auf innigem Miteinander von Stimme und Gitarre, und überraschende Melodien verraten das maurische Erbe. Die besten Interpreten halten das Publikum mit melancholischen Liebesgeschichten in Atem – aber damit endet die Verwandtschaft auch schon. Der Fado ist nämlich weit sanfter als der Flamenco, viel eher dem Schicksal ergeben als eine heißblütige Auflehnung gegen dasselbe. Echten Fado hört man in: Arsénio's (►66) oder Marcelino Pão e Vinho (►72) gleich um die Ecke.
- Konzerte (häufig von Studenten und Lehrern des Konservatoriums von Funchal), Vorträge, Filme und Ausstellungen in den größten Kulturstätten der Stadt – dem **Teatro Municipal** (►72) und der **Quinta das Cruzes** (►46ff) – sind an der Avenida Arriaga vor dem Touristeninformationsbüro angeschlagen. Reservierungen sind nicht nötig – in aller Regel bekommt man das Ticket problemlos an der Abendkasse.

Funchal

Erste Orientierung

Zwischen sattgrünen Bergen und blauem Meer gelegen, genießt Funchal, die Hauptstadt der Insel, fast das ganze Jahr über Sonnenschein. Viele Besucher nutzen die Stadt, die mit eleganten Geschäften, barocken Kirchen, stimmungsvollen Straßencafés und einem belebten Markt aufwartet, als Ausgangsbasis für Wanderungen und Ausflüge.

Im Herzen von Funchal liegen die Kathedrale und das Gebäude des Regionalparlaments. Von hier verläuft die Avenida Arriaga nach Westen, ein schönes Beispiel für *calçateros*, die dekorative Pflasterung aus hellem Kalkstein und dunklem Basalt. Jacarandas spenden Schatten (und blühen im Frühjahr leuchtend blau). Die Straße wird zur Avenida do Infante und führt weiter zum Hotelbezirk.

Etwas südlich der Kathedrale liegt die Uferstraße, die heute offiziell Avenida das Comunidades Madeirenses heißt, von den Einheimischen aber nach wie vor Avenida do Mar genannt wird. Folgt man ihr in Richtung Osten, gelangt man in die belebte Altstadt; einst ein Slum, heute aber inoffizielle Restaurantzone.

Drei Flüsse kreuzen in den von Bougainvilleen überwucherten Kanälen die Hauptverkehrsadern der Stadt. Meist nur Rinnsale, schwellen sie bei Regen dennoch schnell zu schlammigen Strömen an.

Vorhergehende Seite:
Eine farbenfrohe Auswahl an Obst und Gemüse auf dem Markt von Funchal
Links: Funchal, Hafen und Stadt

★ Nicht verpassen!

1 Quinta das Cruzes ➤ 46
2 Casa Museu Frederico de Freitas ➤ 49
3 Altstadt (Zona Velha) ➤ 51
4 Museu de Arte Sacra ➤ 54
5 Adegas de São Francisco ➤ 57

Nach Lust und Laune!

6 Museu Universo de Memória ➤ 60
7 Fortaleza do Pico ➤ 60
8 Convento de Santa Clara ➤ 60
9 Museu Municipal e Aquário ➤ 60
10 Museu do Instituto do Vinho da Madeira ➤ 61

11 Igreja do Colégio ➤ 61
12 Museu Henrique e Francisco Franco ➤ 62
13 IBTAM ➤ 63
14 Museu de Electricidade Casa da Luz ➤ 63
15 Núcleo Museológico "A Cidade do Açúcar" ➤ 64
16 Kathedrale (Sé) ➤ 64
17 Museu Photographia Vicentes ➤ 65
18 Parque de Santa Catarina ➤ 65
19 Quinta Vigia ➤ 65

Teilnahme am jährlichen Blumenfestival

An einem Tag

Wenn Sie sich nicht sicher sind, wo Sie Ihre Reise beginnen möchten, empfiehlt diese Route einen praktischen eintägigen Besuch von Funchal mit den wichtigsten Sehenswürdigkeiten. Sie können dazu die Karte auf der vorangegangenen Seite verwenden. Weitere Informationen finden Sie unter den Haupteinträgen (➤ 46ff).

9 Uhr

Frühaufsteher können einige der Kirchen Funchals besuchen, die häufig nur während der Gottesdienste zugänglich sind. **São Pedro** (➤ 64) ist ein guter Einstieg: Das Hauptschiff wartet mit einer blütenge- schmückten Decke auf, und die Seitenkapelle zieren ver- goldete Schnitzarbeiten.

10 Uhr

Von São Pedro geht es recht steil die Calçada de Santa Clara hinauf zur **1 Quinta das Cruzes** (➤ 46ff). Erkunden Sie dort zuerst den zauberhaften Garten, bevor Sie die elegante Villa und das Museum besuchen.

11 Uhr

Noch etwas weiter talwärts beantwortet das **2 Casa Museu Frederico de Freitas** (➤ 49f) all Ihre Fragen über *azulejos*. Zu dem Museum gehört ein Café mit idyllischer Aussicht über den Klostergarten.

12 Uhr

Da die meisten Museen jetzt schließen, ist es Zeit für ein Mittagessen. In der Rua da Carreira am Fuße der Calçada de Santa Clara gibt es reichlich Auswahl, u.a. The Pátio (Nr. 43). An der Westseite der Praça do Município laden schattige Tische mit Blick über den hübschen Platz zum Verweilen ein. Wem der Sinn mehr nach einem Picknick steht, der wende sich am Ende des Platzes nach rechts und spaziere über die Rua 5 de Outubro zur **3 Altstadt** (oben und rechts, ➤ 51ff), in der der **Mercado dos Lavradores** (➤ 51) eine leckere Auswahl bietet. Die Tour führt weiter durch die Rua Dom Carlos I zu der Grünanlage rund um die Seilbahnstation. Wenn Sie Zeit haben, werfen Sie einen Blick in die **Fortaleza de São Tiago** (➤ 52).

14 Uhr

Besuchen Sie das **Madeira Story Centre** (➤ 51) gegenüber der Kabelbahn, um in heller, moderner Atmosphäre mehr über die Geschichte von Madeira zu erfahren. Das angrenzende Café ist praktisch für einen schnellen Kaffee oder einen kleinen Snack.

15.15 Uhr

Bummeln Sie ein paar Straßen westwärts zur **16 Kathedrale** (➤ 64). Sobald Ihre Augen sich an das Dämmerlicht angepasst haben, können Sie die herrliche Decke mit Perlmuttintarsien bewundern. Danach links durch die Avenida Arriaga zu den **5 Adegas de São Francisco** (➤ 57ff), in denen um 15.30 und 16.30 Uhr die Nachmittagsführung beginnt. Sie erfahren, wie Madeirawein hergestellt wird, und können denselben auch probieren.

17.30 Uhr

Machen Sie einen Schaufensterbummel, oder ruhen Sie sich in Ihrem Hotel etwas aus, bevor Sie zum Abendessen in die Altstadt oder in eines der Fischlokale am Hafen gehen.

❶ Quinta das Cruzes

Beginnen Sie Ihren Funchalbesuch dort, wo sich Kapitän Zarco nach der Kolonialisierung Madeiras zur Ruhe setzte. Die heutige Villa, im 18. Jahrhundert von der Familie Lomelino umgebaut, ist ein Paradebeispiel für die Kunst und Architektur der Insel.

Nehmen Sie sich, bevor Sie das Museum erkunden, erst etwas Zeit für die wunderschönen Orchideen und tropischen Pflanzen der ausgedehnten **Gartenanlage** mit dem so genannten **archäologischen Park**. Halb überwuchert, finden sich in diesem faszinierenden subtropischen Paradies nämlich die kostbarsten Reste abgerissener Kirchen und Häuser, die aus Funchal zusammengetragen wurden, darunter Denkmäler früher Siedler, Kreuze und Brunnenköpfe, Wasserspeier und Wappen.

Unweit des Seiteneingangs zur Quinta das Cruzes befinden sich zwei wuchtige Fenstereinrahmungen aus madeirischem Basalt. Sie gelten als Madeiras schönste erhaltene Beispiele des üppigen manuelinischen Stils, der im frühen 16. Jahrhundert zur Regierungszeit Manuels I. in voller Blüte stand. Verschlungene Taue und afrikanische Löwen sind typisch für diesen von der Seefahrertradition geprägten Stil. Typisch madeirische Elemente sind die Weinblätter und der Winzer, der einen Schlauch Wein auf dem Kopf trägt.

Einen kurzen Besuch verdient auch die kleine **Kapelle** (1692) mit einer Pietà des portugiesischen Malers Bento

Die vornehme Quinta das Cruzes wurde im 18. Jahrhundert für die wohlhabende Familie Lomelino umgebaut

Coelho da Silveira (1618–1708). Rechter Hand ruht, von Steinlöwen getragen, der genuesische Kaufmann Urbano Lomelino (gest. 1518), einer der ersten Ausländer, die sich auf der Insel niederließen.

Bunte Sammlung

Nachfahren der Familie Lomelino verwandelten die Quinta das Cruzes in ein geräumiges, elegantes Herrenhaus und statteten dieses mit Chippendalemöbeln, prachtvollen Textilien, Keramiken und kostbaren Einlegearbeiten aus den portugiesischen Kolonien in Indien und China aus. Die Repräsentationsräume atmen Behaglichkeit und Wohlstand, sehen aber irgendwie alle gleich aus.

Abwechslungsreicher sind die Sammlungen der darunter liegenden Etage. Ursprünglich befanden sich im Erdgeschoss Lagerräume und Küche, heute beherbergt es herrliche Silberarbeiten, Funde aus einem im 18. Jahrhundert havarierten Schiff, satirische Stiche und französisches Porzellan. Ebenfalls ausgestellt sind Möbelstücke aus ehemaligen Zuckertransportkisten. Dies wird verständlicher, wenn man weiß, dass der kostbare Zucker einst in Truhen aus massivem *vinhático*, Madeira-Mahagoni, verladen wurde. Als der Zuckermarkt zusammenbrach, nahm man die Kisten auseinander und fertigte aus den Brettern mit der schönen Patina Schränke und Kommoden, die die vornehmsten Wohnhäuser zu zieren vermochten.

Kunstvolle manuelinische Steinmetzarbeit im Garten der Quinta das Cruzes

---

MADEIRISCHE VILLEN

Quinta Auf dem portugiesischen Festland ist eine *quinta* immer ein Landgut, auf Madeira dagegen meist nur ein größeres Haus oder eine Villa mit eigenem Garten und Kapelle. Viele *quintas* in Funchal wurden zu Restaurants, Hotels, Museen oder öffentlichen Gebäuden umfunktioniert (z. B. die Câmara Municipal ► 158–159).

Casinha de prazer In vielen Gärten von *quintas* gibt es eine *casinha de prazer* (Gartenhäuschen oder Pavillon), die gewöhnlich am Rand des Grundstücks in Straßennähe lag. Hier nahmen die Damen des Hauses ihren Tee ein und plauderten mit Freundinnen.

Torre avista-navios Solche »Schiffsichtungstürme« findet man ausschließlich bei *quintas* in Funchal. Der Turm, der aus der Mitte des Gebäudes ragt, bot Kaufleuten die Möglichkeit, nach ankommenden Schonern oder – in weniger friedlichen Zeiten – Piraten oder Invasoren Ausschau zu halten.

KLEINE PAUSE

Der beste Ort, um sich für weitere Besichtigungen zu stärken, ist das Kulturzentrum **Universo de Memória** (► 60) direkt gegenüber der Quinta. Auf der hübschen, schattigen Gartenterrasse können Sie sich bei Kaffee, einem Imbiss oder Cocktails entspannen – je nach Tageszeit. Wenn Sie bergab und immer geradeaus gehen, stoßen Sie auf das malerische Café am Ende des Jardim de São Francisco (► 156), das ebenfalls in einem schattigen Garten zu Kaffee, Kuchen und Snacks einlädt.

✚ 186 A3 ✉ Calçada do Pico 1
☎ 291 740 670;
www. museuquintadascruzes.com
🕔 Di–So 10–12.30, 14–17.30 Uhr
✋ mittel

Links: Stein-Monument aus der Zeit der ersten Siedler auf Madeira

Unten:
Aus Indien importierte Seidendecke

QUINTA DAS CRUZES: INSIDER-INFO

Top-Tipp: In der Quinta das Cruzes werden häufig Konzerte abgehalten. Erkundigen Sie sich, ob internationale Interpreten oder Mitglieder des Konservatoriums von Funchal während Ihres Urlaubs hier spielen. Die Karten sind preiswert.

Geheimtipp: In einem Nebenraum der Eingangshalle befinden sich ein herrlicher indischer Seidenquilt mit Schmetterlingsmotiven und die Elfenbeinschnitzerei eines überraschend ernst dreinblickenden Jesuskinds. Beachten Sie in der Schatzkammer im Untergeschoss die zauberhaften Babyrasseln (18. Jh.) aus Silber und die rosafarbenen Korallen.

2 Casa Museu Frederico de Freitas

Hier bekommen Sie zwei Museen zum Preis von einem: Neben dem herrschaftlichen Haus (19. Jh.) des Herzogs von Calçada, das ein Museum für angewandte Kunst beherbergt, steht ein attraktiver Glas-und-Stahl-Bau, der die Geschichte der *azulejos* dokumentiert. Den Grundstock des Museums bilden die Sammlungen des Anwalts Frederico de Freitas.

Ausstellungsstücke im Fliesenmuseum

Der **neue Flügel**, dessen Glaswände einen zauberhaften Blick auf die umliegenden Gärten und Dachlandschaften erlauben, wird den wunderschönen alten Fliesen der Insel voll gerecht. Viele der seltensten und kostbarsten Stücke stammen aus den beiden Santa-Clara-Klöstern (eines neben dem Museum, das andere musste in den 1960er-Jahren dem Flughafen weichen).

Im Museum sieht man zuerst eine Sammlung zu den muslimischen Ursprüngen der Fliesenherstellung und persische Fliesen aus dem 13. Jahrhundert, die mit Kreuzen und Sternen geschmückt sind. Die Fliesen hießen auf Arabisch *al zulecha* (gebrannter Ton); daraus leitete sich das portugiesische Wort *azulejo* ab. Der Brauch, Gebäude mit Fliesen zu schmücken, kam vom spanischen Sevilla nach Portugal. Die ältesten Beispiele auf Madeira – am Turm der Kathedrale (1514) und im Chor des Convento de Santa Clara (ebenfalls frühes 16. Jh.) – sind spanischen Ursprungs.

Im 17. Jahrhundert dann wurden auch auf Madeira Fliesen hergestellt. Die meisten erhielten geometrische Muster, aber einige zeigen auch Girlanden, Maiskolben und Kamelienblüten sowie Putti, Greife und Meerjungfrauen. Diese Fliesen widerstanden dem feucht-

warmen Klima besser als Fresken oder Wandmalereien und wurden daher zur Ausschmückung barocker Kirchen verwendet. Viele wirken geradezu wie Wandteppiche. Später, im 17. Jahrhundert, wurden im Rahmen des Zuckerhandels viele Fliesen aus den Niederlanden importiert. Die hier gezeigten Beispiele mit Tulpen, Schäferszenen und Windmühlen stammen vorwiegend aus Privathäusern. Im 19. Jahrhundert verlagerte sich die Produktion erneut: Das Museum endet mit einer schönen Auswahl von Jugendstilfliesen mit Disteln, Iris, Katzen und Heuschrecken aus britischen Werkstätten.

Das so genannte Sonnenzimmer, ein heller, luftiger Raum in der Casa de Calçada

Casa de Calçada

Auf der gegenüberliegenden Seite des wunderschön gepflasterten Hofes steht die Casa de Calçada, deren schwere alte Möbel und Sakralkunstwerke an ein portugiesisches Antiquitätengeschäft erinnern. Wer sich etwas Zeit nimmt, findet freilich jede Menge Kostbarkeiten: eine Lalique-Vase hier, eine zarte altchinesische Schale dort. Man gelangt zu der Vermutung, dass Frederico de Freitas und seine Gemahlin, die in den 1940er-Jahren zu sammeln begannen, die meiste Zeit in dem hübschen **Sonnenzimmer** verbrachten, einem wintergartenähnlichen Raum mit Glasdach und vielen Farnen, den man durch Jugendstiltüren betritt.

Im angrenzenden **Teezimmer** wartet eine riesige Sammlung von Teekannen, im daran anschließenden **Krugzimmer** jede Menge Krüge – von deutschen Steingutmaßkrügen bis hin zu zarten Glaskunstwerken. Der **Park** ist ein reines Vergnügen. Besuchen Sie die kleine *casinha de prazer* (➤ 47).

KLEINE PAUSE

Ein Café mit Außenterrasse gibt es im **Universo de Memória** (➤ 60) gegenüber vom Museum Quinta das Cruzes, oben auf dem Hügel.

✚ 186 B3 ✉ Calçada de Santa Clara 7 ☎ 291 220 570 ✪ Di–Sa 10–12.30, 14–17.30 Uhr ✋ mittel

---

CASA MUSEU FREDERICO DE FREITAS: INSIDER-INFO

Top-Tipp: Durch die Glaswände des neuen Flügels mit der Sammlung der *azulejos* hat man einen **wunderschönen Blick** auf den Kreuzgang und die Gärten des benachbarten Convento de Santa Clara (➤ 60).

Geheimtipp: In der gut bestückten Bibliothek, dem letzten Raum der Casa de Calçada, stehen zauberhafte **Jugendstilfigurinen** halb nackter Tänzerinnen.

3 Altstadt (Zona Velha)

Auf dem Gebiet der heutigen Altstadt von Funchal lag die erste Siedlung Madeiras. Sie ist der farbenfrohste Teil der Stadt, mit belebten Märkten, auf denen Händler lautstark Waren anpreisen und Landfrauen ihre Produkte feilbieten und einen Tag in der Hauptstadt genießen.

Im Herzen der Altstadt liegt in einem auffälligen Art-déco-Gebäude der **Mercado dos Lavradores**. Exotische Früchte und Gemüse verlocken hier zum Kauf. Im marmorverkleideten Untergeschoss wird frischer Fisch angeboten

Die andere Seite

Auch in den Straßen rund um den Markt geht es mitunter hoch her; allerdings sind die Bemühungen der Stadtverwaltung unübersehbar, dieses Viertel in eine andere Richtung zu entwickeln. Ein erstes sichtbares Zeichen dafür ist das ultramoderne Glas-und-Stahl-Gebäude für den Seilbahnbetreiber **Teleféricos da Madeiras**; in den Gondeln dieser Bahn schweben Besucher lautlos hoch über den Dächern der Stadt hinauf bis nach Monte (▶ 81ff). Gegenüber befindet sich das 2005 eröffnete **Madeira Story Center**, das mittels unzähliger interaktiver Schaustücke die Geschichte der Insel zum Leben erweckt. Die zentralen Ausstellungsräume liegen im 1. Stock. Dort wird die Geschichte Madeiras am Beispiel wichtiger Persönlichkeiten präsentiert, die einen Bezug zu Madeira hatten. Dazu zählt zum Beispiel der griechische Geograf Ptolemäus, der die Insel als Erster beschrieben hat. Erinnert wird aber auch an den Piloten von Aquila Airways, der zwischen 1949 und 1958 wohlhabende Besucher von Southampton aus nach Madeira brachte. Die Exponate im Erdgeschoss erinnern an den vulkanischen Ursprung der Insel; der Garten auf dem Dach wird für Wechselausstellungen genutzt und schmückt

Schmale, hohe Häuser säumen die Straßen der Altstadt von Funchal

sich mit Exemplaren der hiesigen Vegetation, u. a. mit Zuckerrohr, Bananen und dem Madeirischen Natterkopf.

Hier konzentriert sich das Nachtleben von Funchal, doch
auch tagsüber wird einiges geboten. Zum Beispiel die **Capela
do Corpo Santo**. Diese Kapelle wurde 1559 von einheimischen
Seefahrern gestiftet, die eine Zunft gründeten, um mittello-
sen Matrosen und Fischern unter die Arme zu greifen, und in
Funchal, Câmara de Lobos, Calheta, Ponta do Sol und Santa
Cruz Gotteshäuser errichteten. Einer der Altäre ist dem heiligen
Laurentius geweiht und erinnert an die *São Lourenço*, das Schiff,
mit dem Zarco Madeira entdeckte. Das östliche Ende des Bezirks
bildet die **Fortaleza de São Tiago**, die zwischen 1614 und
1637 entstand, als englische und französische Piraten die Insel
bedrohten. Von der Festung genießt man einen wunderschönen
Panoramablick über die ganze Bucht von Funchal – allerdings
muss man erst einmal durch das Labyrinth von Gängen, Türmen
und Tunneln zum Aussichtspunkt finden. Einige Räume illustrie-
ren die Geschichte des Forts, in anderen stellen zeitgenössische
Künstler aus Madeira und Portugal ihre Arbeiten aus.
Gleich östlich des Forts liegt der **Complexo Balnear da Barreirinha**, eine kleine Badeanlage mit Zugang zum Meer. Hoch
darüber thront die **Igreja de Santa Maria Maior**. Der ursprüngliche Bau fiel einer Sturmflut zum Opfer; die heutige Kirche mit
ihrer eleganten Barockfassade stammt aus
dem Jahr 1803.

KLEINE PAUSE

Quasi jedes zweite Haus in diesem Viertel
beherbergt eine Bar, ein Café oder ein
Restaurant. Die Speisekarten gleichen sich
weitgehend; ein bisschen aus der Reihe
fällt das **Embaixador Madeirense** (Rua dos
Barreiros 10, Tel. 291 224 655), in dem es
Crêpes oder Schwertfisch mit Honig und
Paprika gibt.

**Kleines Bild:
Die Capela do
Corpo Santo,
ein barockes
Juwel**

**Unten: Mercado
dos Lavradores**

**Rechts:
Fortaleza São
Tiago**

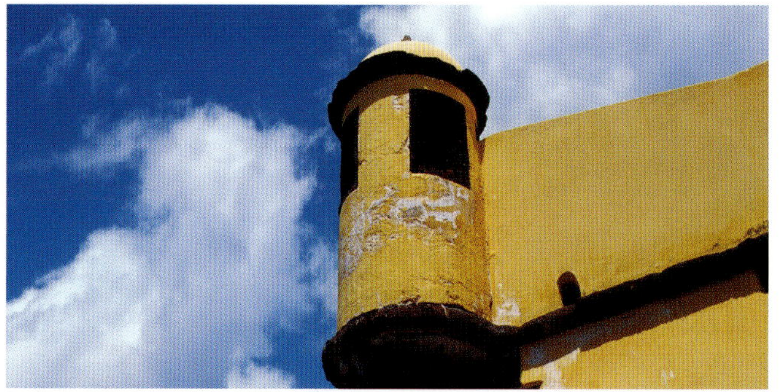

FUNCHALS ÄLTESTE STRASSE

Die Rua de Santa Maria, 1430 parallel zur Küste angelegt, ist die älteste Straße Madeiras. Allerdings ist der Straßenverlauf das einzige, was gleich geblieben ist, denn die Häuser wurden ausnahmslos ersetzt. Auf älteren Stadtplänen heißt sie Rua dos Caixeros, was vermuten lässt, dass hier die Werkstätten von Zimmerleuten lagen, die auf *caixeros* (Holztruhen für die Verschiffung von Zucker) spezialisiert waren. Funchal dehnte sich rasch westwärts entlang der Rua da Alfândega aus. 1477 entstand das Zollamt, 1493–1514 die Kathedrale, und 1513 begannen die Arbeiten am Palácio de São Lourenço.

ALTSTADT: INSIDER-INFO

Top-Tipp: Fußballfreunde finden in der Rua Dom Carlos I 13 den Sitz des CS Marítimo; das ist einer der beiden Clubs von der Insel Madeira, die in der ersten portugiesischen Liga spielen (➤ 92). Tickets für Fußballspiele können hier oder in dem kleinen Museum des Clubs erworben werden, das 2012 nebenan eröffnen soll.

Muss nicht sein! Der Mercado dos Lavradores ist der einzige Ort auf der Insel, an dem Sie über den Tisch gezogen werden können. Die Betreiber der oberen Marktstände ködern Touristen mit Gratis-Kostproben der Früchte, die meist nicht von der Insel stammen, und ziehen ihnen mit hohen Preisen das Geld aus der Tasche.

Mercado dos Lavradores
✚ 186 D2 ✉ Rua Brigadeiro Oudinot
◉ Mo–Do 7–16 Uhr, Fr 7–20 Uhr,
Sa 7–15 Uhr; feiertags geschl.
✋ frei

Madeira Story Centre
✚ 186 D2 ✉ Rua Dom Carlos I 27–29
☎ 291 000 770 ◉ tägl. 10–18 Uhr, www.
storycentre.com ✋ teuer

Capela do Corpo Santo
✚ 186 E2 ✉ Rua Dom Carlos I
◉ tägl. 10–14, 15–17 Uhr, abhängig von den
Gottesdiensten; feiertags geschl. ✋ frei

Fortaleza de São Tiago
(Museu de Arte Contemporânea)
✚ 186 E1 ✉ Fortaleza de São Tiago
☎ 291 213 340 ◉ Mo–Sa 10–12.30, 14–17.30
Uhr; feiertags geschl. ✋ mittel; wenn Sie im
Restaurant essen, ist der Eintritt ins Museum frei

Complexo Balnear da Barreirinha
✚ 186 bei E1 ✉ Largo Socorro
☎ 291 231 150 ◉ tägl. 10–20 Uhr ✋ mittel

Santa Maria Maior
✚ 186 bei E1 ✉ Largo Socorro
◉ tägl. 7–12, 17–19 Uhr, abhängig von den
Gottesdiensten ✋ frei

4 Museu de Arte Sacra

Madeira mag im 15. Jahrhundert am Ende der bekannten Welt gelegen haben – kulturell stand die Insel aber gewiss nicht im Abseits. Der florierende Zuckerhandel mit Antwerpen führte zum Erwerb diverser flämischer Kunstwerke, die madeirische Kaufleute um ihres Seelenheils willen den Kirchen stifteten. Diese Schätze können Sie heute im ehemaligen Bischofspalast bewundern.

Highlight ist das herrliche silberne **Prozessionskreuz**, ein Geschenk Manuels I. zur Einweihung der Kathedrale von Funchal 1514. Das in Lissabon gefertigte Kreuz zeigt die Leidensgeschichte Christi; nur 10 Zentimeter groß sind die Bildfelder, doch voller Leben und Dramatik, und in den kraftvollen Posen der Soldaten zeigt sich die Begeisterung der Renaissance für die Anatomie des menschlichen Körpers.

Die angrenzenden Räume präsentieren Silber und kunstvoll bestickte Messgewänder, dahinter folgen Beispiele der herrlichen Schnitzarbeiten, denen die Kirchen Madeiras viel von ihrem Glanz verdanken. Ein **Abendmahlrelief** aus der Kathedrale mit Judas, der, den Geldsack in der Hand, den übrigen Aposteln trotzig den Rücken kehrt, macht deutlich, wie viel diese barocke Arbeit aus dem 18. Jahrhundert mit Drehorgeln und Karussellbemalung gemein hat.

Schätze aus dem 16. Jh.

Als nächstes führt einen der Rundgang zu den Gemälden und Skulpturen (Mitte 16. Jh.) aus dem Convento de Santa Clara (➤ 60) und weiter durch zwei Säle mit manieristischen Werken aus derselben Epoche. Hier haben die Künstler Licht und Schatten, Anatomie, Mimik und Gestik verzerrt, um den Ausdruck religiöser Verzückung künstlich zu überhöhen.

Rechts: Gerard Davids ergreifende *Kreuzabnahme* **Unten:** Flämische Gemälde aus dem 15. und 16. Jahrhundert werden ausgestellt

Flämische Kostbarkeiten

Die Sammlung grandioser flämischer Arbeiten im darüber liegenden Geschoss zählt zu den besten ihrer Art in Europa und ist in ihrem exakten Realismus und der feierlichen Strenge der dargestellten Figuren unübertroffen. Künstler des Mittelalters und der Frührenaissance haben an den kostbaren Mineralpigmenten nicht gespart, und seit die Gemälde von den jahrhundertealten Rußschichten befreit wurden, erkennt man wieder die ursprüngliche Kraft der Farben. Das leuchtend rote Tuch, das Johannes in dem Gemälde von Dieric Bouts (gest. 1475) trägt, ist nur ein Beispiel. Auf demselben Bild besticht die Detailsorgfalt, mit der etwa das Gras dargestellt ist, auf dem der barfüßige Apostel steht.

Flämische Künstler malten, was sie kannten, und so ist das Jerusalem im Hintergrund der *Kreuzabnahme* (von Gerard David und seiner Schule, 1518–27) eine Stadt mit niederländischen Giebelhäusern und der Tempel eine gotische Kirche. Auf dem Triptychon der Heiligen Petrus, Paulus und Andreas (von Joost van Cleve, um 1520) stehen eine Mühle und im Hintergrund eine befestigte Stadt. Van Cleves *Mariä Verkündigung* zeigt die werdende Muttergottes beim Lesen, die Füße auf einem Orientteppich und neben sich eine Delfter Vase mit Lilien (Symbol der Reinheit) und Akeleien.

Auf verschiedenen Bildern findet man Porträts der wohlhabenden Mäzene, die sie in Auftrag gaben. Sie werden gezeigt, wie sie ihren jeweiligen Lieblingsheiligen um Erlösung

ZUCKER UND KUNST

Ab 1472 durfte Madeira Zucker direkt nach Europa liefern, nicht mehr ausschließlich via Lissabon. Allein 1498 wurden auf der Insel 1700 Tonnen Zucker produziert, wovon ein Drittel nach Antwerpen ging. Manche (fertigen) Gemälde dürften als Bezahlung gedient haben, doch viele enthalten auch Porträts ihrer Stifter und müssen somit Auftragsarbeiten gewesen sein.

anflehen. Die Knienden rechts und links der Mitteltafel des Triptychons *Die Heiligen Philipp und Johannes* (von Pieter Coecke van Aelst, 16. Jh.) etwa wurden als Simão Gonçalves de Câmara (Zarcos Enkelsohn) und seine Gemahlin Isabel Silva identifiziert. Und der Mann in dem Gemälde *Die heilige Anna und der heilige Joachim an der Goldenen Pforte* ist der auf Madeira als Henrique Alemão (Heinrich der Deutsche) bekannte polnische König Ladislaus III., der im 15. Jahrhundert nach Madeira ins Exil ging. Die weibliche Figur soll seine Gattin Eanes sein. Der Künstler ist nicht bekannt – madeirische Kunsthistoriker nennen ihn einfach den Meister der *Machico-Anbetung*, eine Anspielung auf das ganz in der Nähe hängende wunderschöne Gemälde, auf dem das Jesuskind einen König segnet, der in Purpur und Hermelin gewandet zu seinen Füßen kniet. Durchaus denkbar, dass auf diesem Bild ebenfalls Mitglieder der obersten Kaufmannsschicht Madeiras oder des portugiesischen Adels porträtiert sind.

Die meisterhafte Machico-Anbetung (Künstler unbekannt) zeigt Kaufleute und Grundbesitzer, die zu den ersten Siedlern auf Madeira zählten

KLEINE PAUSE

Das **Café do Museu** in der Loggia an der Rückseite des Museums, mit Blick auf die Praça do Município, serviert kleine Köstlichkeiten: z. B. frisch zubereitete Salate und Pastagerichte. Auch Vegetarier kommen hier auf ihre Kosten, denn es findet sich immer mindestens ein fleischloses Gericht auf der Karte.

✚ 186 C2
✉ Rua do Bispo 21
☎ 291 228 900;
www.museuartesacrafunchal.org
🕒 Di–Sa 10–12.30, 14.30–18 Uhr, So 10–13 Uhr
✋ mittel

MUSEU DE ARTE SACRA: INSIDER-INFO

Top-Tipp: Die wahren **Schätze** des Museums befinden sich im **Obergeschoss**. Planen Sie Ihren Besuch so, dass Ihnen dafür genug Zeit bleibt.

Außerdem: Werfen Sie auch einen Blick auf die Architektur des Museumsgebäudes. Die schöne **Steintreppe** und die **gepflasterte Eingangshalle** entstanden 1750 und sind typisch für die Patrizierhäuser dieser Zeit. Die hübsche **Renaissancearkade** und der **Balkon** zur Praça do Município (jetzt Museumscafé) sind deutlich älter; sie datieren aus der Zeit um 1600 und gelten als das Werk des Baumeisters Jerónimo Jorge, der nach Madeira kam, um die Errichtung der Befestigungsanlagen der Stadt zu überwachen.

5 Adegas de São Francisco

Ein britischer Lebemann hat einmal gesagt, Wein sei der gelungenste Versuch des Menschen, Vergängliches unsterblich zu machen. Einen wunderbaren Einblick, wie diese magische Verwandlung vonstatten geht, gibt die einstündige Führung durch die Adegas de São Francisco, in der gewöhnlicher Traubenmost zu edlem nektarartigem Wein wird.

Wein aus Trauben, die vor 150 Jahren geerntet wurden

Die Kellerei liegt in den erhaltenen Teilen eines Mönchsklosters aus dem 16. Jahrhundert, das die Familie Blandy im 19. Jahrhundert erwerben konnte und zum Standort ihres Weingeschäfts machte. Die glyzinenberankten malerischen Holzgebäude, die über Kieselwege miteinander verbunden sind, bilden das angemessene Ambiente für einen Ort mit über 150-jähriger Madeiraweingeschichte.

Führungen

Die Führungen beginnen im **Jahrgangsraum**, dessen Wände vom Boden bis zur Decke von schwarzen Flaschen verdeckt sind, die keine auffälligen Etiketten tragen – nur aufschablonierte Abfülldaten aus den Jahren zwischen 1840 und 1980. Nach einem kurzen Video über die Geschichte des Weinguts und die verschiedenen Stadien der Herstellung von Madeirawein geht es eine Treppe hinauf zu den Weinen der heutigen Generation, die in riesigen Eichenholzfässern reifen. Auch die Räume bestehen aus massiven Schiffsbohlen. Nur sie sind stark genug, das Gewicht dieser 9000-Liter-Riesen zu tragen.

Der Besucher erfährt, wie konstante Wärme durch Sonneneinstrahlung und Heizrohre den mit Brandy versetzten Wein in jene Madeiraweine verwandelt, die erst verschnitten und abgefüllt werden dürfen, wenn sie mindestens 20 Jahre lang in Eichenholz gelagert haben. Einige der edlen Tropfen, die in den Fässern reifen, gehen auf das Jahr 1908 zurück. Das lange Warten wird mit einem wundervollen Bukett belohnt. Schon zwischen den Fässern steigt Ihnen die Mischung aus Eichenholz, Karamell und Brandy in die Nase, die den kräftigen Geschmack und Duft des fertigen Produkts erahnen lässt.

Bevor es jedoch zur Weinprobe geht, erklärt der Führer noch altes Winzergerät wie Weinpressen und die modernen Herstellungsverfahren, bei denen Mechanisierung gleichbleibende Qualität garantieren soll. Es folgen Räume mit in Leder gebundenen Hauptbüchern aus dem 18. Jahrhundert und in Vitrinen ausgestellten Briefen von Weinkennern wie Winston Churchill (1874–1965).

Die Führung endet mit einer Weinprobe in der **Max Romer Bar**, die ihren Namen den hübschen Fresken des deutschen Malers Max Romer (1878–1960) verdankt, der den Raum 1922 ausschmückte. Sie zeigen die Verarbeitungsschritte von der Traubenlese über Pressung und Fermentierung bis hin zur Abfüllung vor der sonnigen grünen Landschaft Madeiras.

Teile des Gutes Adegas stammen noch aus dem 16. Jahrhundert.

MIT DEM ALTER KOMMT DIE MILDE

Madeirawein ist auch deshalb einzigartig, weil ihm der Kontakt mit Luft nicht schadet und er viele Jahrzehnte lang im Geschmack gleich bleibt. Aus havarierten Schiffen geborgene jahrhundertealte Weine erwiesen sich als durchaus genießbar (der derzeit älteste im Handel befindliche datiert aus dem Jahr 1823). 1950 erhielt der britische Premierminister Sir Winston Churchill eine Flasche 1793er »Napoleon« zum Geschenk, so genannt, weil er Napoleon gehört hatte. Auf die Frage, was er von dem Wein halte, antwortete Churchill, er sei so bezaubernd und vielschichtig wie Marie Antoinette, die bei der Lese dieser Trauben noch am Leben war.

KLEINE PAUSE

Neben der Weinkellerei liegt der erholsam friedliche und baumbeschattete **Jardim de São Francisco** mit einem Frei-luftcafé, in dem Sie sich bei leckeren Snacks stärken können.

✚ 186 B2   ✉ Avenida Arriaga 28   ☎ 291 740 100
🕓 Verkaufsraum, Weinprobierstube und Hauptgebäude: Mo–Fr 9.30–18.30 Uhr, Sa 10–13 Uhr; Führungen: Mo–Fr 10.30, 14.30, 15.30 und 16.30 Uhr, Sa 11 Uhr
🍴 in der Max Romer Bar (auch Weinprobe) wird Madeira gläserweise verkauft (€–€€€ je nach Jahrgang)
✋ Führungen mittel, ansonsten frei

Der Wein reift in riesigen Eichenfässern

ADEGAS DE SÃO FRANCISCO: INSIDER-INFO

Top-Tipp: Vielen auf Madeira verkauften Weinen fehlt die Schwere und das Bukett des echten Madeira. Um sicherzugehen, dass Sie ein Original erwerben, achten Sie auf das **Siegel des staatlichen Weininstituts** (Instituto do Vinho da Madeira), das auf jeder Flasche echten Madeiraweins zu finden ist.

Geheimtipp: Geht man vom Haupthof am Shop vorbei nach rechts, gelangt man in eine **versteckte Gasse**, die die Rua da Carreira mit der Avenida Arriaga verbindet. Sie ist ein Relikt der allerersten Siedlung auf Madeira und lag jahrhundertelang verborgen. Erst 1999 wurde sie im Rahmen der Bauarbeiten am Einkaufszentrum **Arcadas de São Francisco** (▶ 70) wiederentdeckt.

Nach Lust und Laune!

❻ Museu Universo de Memória

Die 14 Räume des oft übersehenen Museums gegenüber der Quinta das Cruzes sind bis unter die elegant hohen Decken voll mit Antiquitäten und Nippes aus der Sammlung des Journalisten und einstigen Leiters des Fremdenverkehrsamtes João Carlos Abreu. Mit dem Casa Museu Frederico de Freitas kann die Sammlung in Umfang und Wert nicht mithalten, doch ein Besuch der thematisch gestalteten Räume dieses charmanten Gutshauses lohnt sich. Vom ruhigen Teeraum am Ende des Ganges geht es in den schattigen kieselgepflasterten Garten.

✚ 186 A3 ✉ Calçada do Pico 2/4 ☎ 291 225 122 ◉ Di–Sa 10–17 Uhr ✋ preiswert

❼ Fortaleza do Pico

Der Aufstieg zu dieser Festung ist mühsam, aber lohnend. Sie wurde zwischen 1622 und 1640 zur Überwachung des Hafens errichtet und liegt so hoch, dass man fast in die Schornsteine der Häuser von Funchal schauen kann. Sie zählt zu den besterhaltensten Festungen Portugals, wurde die letzten 60 Jahre aber von der Marine genutzt (daher die vielen für Besucher gesperrten Bereiche). Mindestens genauso schön ist freilich der Blick in Richtung Monte (➤ 81ff). Die Festung hat wenige Gäste, vermutlich weil der Eingang schwer zu finden ist: vom Convento de Santa Clara die Calçada do Pico steil hinauf bis fast ganz oben, dann nach links in die unscheinbare Rua do Castelo, an deren Ende der (einzige) Eingang zur Festung liegt.

✚ 186 A3 ✉ Rua do Castelo ◉ Mo–Sa 9–18 Uhr ✋ frei

❽ Convento de Santa Clara

Azulejos, vergoldete Schnitzarbeiten, Gemälde und Fresken schmücken den Convento de Santa Clara (15. Jh.). Läuten Sie die Glocke neben der Pforte, dann zeigen die Klosterschwestern Ihnen die Schätze des Klosters. Die meisten sprechen nur gebrochen

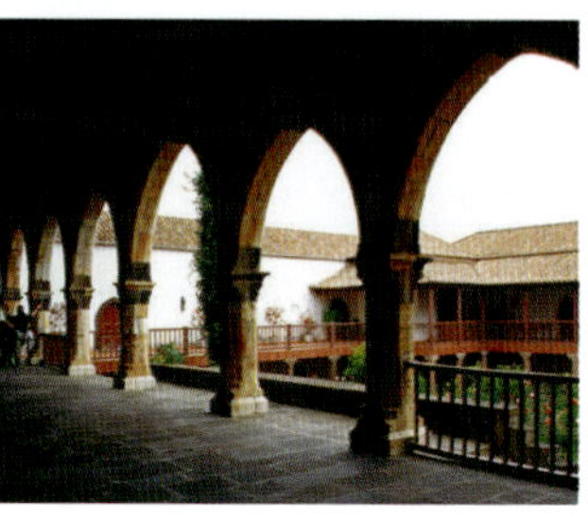

Convento de Santa Clara

Englisch oder Französisch, verkaufen aber Führer, in denen Sie alles Wichtige nachlesen können.

Highlight der Tour ist der untere Chor, eine Privatkapelle der Nonnen, mit traumhaft schön geschnitztem Gestühl.

Neben dem Kloster steht die Kirche Santa Clara mit einem aufwändigen gotischen Grabmal, das häufig für das Zarcos gehalten wird, in Wahrheit aber die Überreste von Martim Mendes de Vasconcelos (gest. 1493), einer seiner Schwiegersöhne, birgt. Der Entdecker Madeiras, João Gancalves Zarco, ruht in Wirklichkeit zusammen mit seiner Frau und seinem Sohn vor dem Hochaltar; wegen des heutigen Holzbodens ist das Grab nicht mehr sichtbar. Heute ist das Kloster etwas verwahrlost und wohl nur einen Besuch wert, wenn Sie sich besonders für religiöse Gebäude interessieren.

✚ 186 A3 ✉ Calçada de Santa Clara ☎ 291 742 602 ◉ Mo–Sa 10–12, 15–17 Uhr ✋ mittel

❾ Museu Municipal e Aquário

In diesem kleinen Museum mit Aquarium gefällt es auch Kindern. Das Aquarium im Erdgeschoss beherbergt interessante Vertreter der regionalen Meeresfauna, während eine Treppe höher ausgestopfte Haie, Thunfische und Sonnenfische die Besucher aus toten Augen anstarren. Gezeigt werden auch eine faszinierende 3D-Karte der Insel und Wandkarten jeder einzelnen Insel des Archipels.

Im Grunde ist schon das elegante Gebäude (18. Jh.) einen Besuch wert (beachten Sie vor allem das herrliche Treppenhaus). Es war das Stadthaus des Grafen von Carvalhal, der sich später jenes noch prächtigere errichten ließ, das heute als Câmara Municipal (Rathaus) dient (➤ 158).

✚ 186 B3　✉ Rua da Mouraria 31
☎ 291 229 761　🌐 Di–Fr 10–18, Sa/So und feiertags 12–18 Uhr　✋ mittel

🔟 Museu do Instituto do Vinho da Madeira

Das ehemalige Wohnhaus beherbergt heute das staatliche Weininstitut, dessen Mitarbeiter die Weinherstellung auf der Insel überwachen, alle Arbeitsgänge kontrollieren und letztlich entscheiden, welche Flaschen das Gütesiegel erhalten. Das kleine Museum im Untergeschoss (erreichbar über die Rückseite des Gebäudes; wegen Renovierung geschlossen, soll 2012 wieder eröffnen) enthält alte Fotografien sowie historisches Winzergerät. Fast alle Utensilien, die Sie hier sehen, sind inzwischen überholt, doch der Wein reift noch immer in Eichenfässern, die für das charakteristische Aroma des Madeiraweins einfach unverzichtbar sind.

✚ 186 C3　✉ Rua 5 de Outubro 78
☎ 291 204 600　🌐 Mo–Fr 9.30–18 Uhr
✋ frei

⓫ Igreja do Colégio

Die Kollegiumskirche ist ein Meisterwerk der Fliesenkunst und der flämischen Malerei des 17. Jahrhunderts. Das vergoldete Schnitzwerk der Seitenaltäre wird von Reben dominiert, was damit zusammenhängen mag, dass die Jesuiten, die dieses Gotteshaus erbauten, riesige Weingüter besaßen und bis zu ihrer Vertreibung 1760 (als englische Kaufleute das Geschäft übernahmen) die Weinindustrie Madeiras beherrschten. Die Dekoration beschränkt sich nicht auf die Hauptkirche; in der Sakristei (links vom Altar) sieht man niederländische Fliesenbilder mit Jagdszenen. Von der Decke des Hauptschiffs (in 2006 restauriert) blicken Himmelsbewohner wie Theaterbesucher aus ihren Logen auf uns Sterbliche

Die Igreja do Colégio ist für herrlichen Fliesenschmuck und flämische Malerei berühmt

herab. In mehreren Seitenkapellen befinden sich Grabmäler von Stiftern.

✚ 186 B3 ✉ Praça do Município
◷ normalerweise tägl. 9–12.30, 16–17.30 Uhr ✋ frei

🔟 Museu Henrique e Francisco Franco

Dieses Museum gibt einen guten Überblick über das Lebenswerk von Francisco Franco (1855–1955), dessen Monumentalskulpturen man überall in Funchal begegnet, und seines jüngeren Bruders Henrique Franco (1883–1961), der als Maler arbeitete. Auf Madeira geboren, studierten beide in Paris, wo sie in denselben Kreisen wie Picasso, Modigliani und Degas verkehrten. Die hier gezeigten Arbeiten umfassen mehrere Schaffensperioden – von Henrique Francos liebenswerten Porträts bis hin zu Francisco Francos Entwürfen für öffentliche Denkmäler, die in den Parks von Funchal besichtigt werden können.

Henrique Franco bildete auf seinen Gemälden häufig die tropische Vegetation seiner Heimat Madeira ab

✚ 186 D3 ✉ Rua de João de Deus 13
☎ 291 230 633 ◷ Di–Sa 10–12.30, 14–18 Uhr ✋ mitttel

🔢 IBTAM

Die Nachfrage nach madeirischen Stickarbeiten erreichte ihren Höhepunkt im 19. Jahrhundert, als betuliche Hausfrauen ihr Heim

Der Bildteppich *Allegorie Madeiras* im IBTAM besteht aus über sieben Millionen Stickstichen

mit jeder Menge Nadelmalereien und Spitzen schmückten. Auch wenn dies heute längst nicht mehr modern ist, bildet Stickerei noch immer einen wichtigen Erwerbszweig der Insel, und das IBTAM (Instituto de Bordado, Tapeçaria e Artesanato da Madeira) unterrichtet diese Künste und überwacht den Standard. Die mit zarten Lochstickereien verzierten Kleidchen und Unterröcke im Museum des Instituts vermitteln einen Einblick in eine längst vergangene Welt. Neben Unterwäschen, Teewärmern und Brautschals zeigt das Museum auch die Tischwäsche, die 1957 anlässlich des Portugal-Besuchs von Königin Elizabeth II. aufgelegt wurde. Der Rundgang endet mit einem Film über traditionelle Industriezweige der Insel, die Arbeit des IBTAM und madeirisches Kunsthandwerk.

186 D3 Rua do Visconde do Anadia 44 291 223 141 Mo–Fr 10–12.30, 14–17.30 Uhr; preiswert

14 Museu de Electricidade Casa da Luz

Lassen Sie sich nicht von dem technischen Namen dieses Museums abschrecken, das in einem Kraftwerk aus den 1950er-Jahren untergebracht ist. Es dokumentiert die spannende Geschichte, die entlegenen Gemeinden Madeiras mit Strom zu versorgen – ein wahrhaft heldenhaftes Unterfangen, das die Anlage neuer *levadas* (➤ 14f) und Stauseen ebenso erforderte wie den Bau von Kraftwerken. Die gebirgige Landschaft Madeiras mag der Gewinnung von Strom durch Wasserkraft entgegenkommen, doch diesen zu den Siedlungen zu bringen ist eine andere Frage.

Das Museum erzählt von der Ausbreitung der Elektrizität über die Stadt Funchal (1897 ging hier die erste Straßenbeleuchtung an) hinaus zu den unwegsamsten Teilen im Landesinneren, wohin elektrisches Licht, Fernsehen, Waschmaschinen und Kühlschränke erst in den 1980er-Jahren gelangten. Die Exponate im Obergeschoss beleuchten die Energiewirtschaft im Allgemeinen.

186 D2 Rua Casa da Luz 2 291 211 480 Do–Sa 10–12.30, 14–18 Uhr mittel Café (€)

15 Núcleo Museológico »A Cidade do Açúcar«

Das Zuckermuseum entstand rund um die Fundamente der Villa des

Zuckerbarons João Esmeraldo, der aus dem heutigen Belgien einwanderte. Vitrinen mit Traubenkernen, Walnussschalen und einem Eberzahn scheinen auf den ersten Blick wenig interessant, verwandeln sich jedoch mit ein wenig Phantasie in die Reste eines Festmahls, das Esmeraldo für Christoph Kolumbus ausrichtete. Dieser lernte Esmeraldo kennen, als er 1478/79 als Zuckereinkäufer auf Madeira und Porto Santo lebte. Später besuchte Kolumbus, der inzwischen Amerika entdeckt hatte, seinen alten Freund auf der Fahrt nach Trinidad 1498. Im 15. Jahrhundert lebten auf Madeira viele Leute wie Kolumbus und Esmeraldo, die des Zuckers wegen gekommen waren und damit ein Vermögen gemacht hatten. Exponate zeigen, welche Bedeutung der Zuckerhandel für die Wirtschaft Madeiras und Portugals (durch die Besteuerung) besaß. Eine Tatsache, die sich auch darin zeigt, dass Zuckerrohr eine zentrale Rolle auf dem Wappen der Insel spielt.

Leider wurde das Museum während der Überschwemmungen im Februar 2010 stark beschädigt; eine Wiedereröffnung steht noch nicht fest.

✚ 186 C2 ✉ Praça do Colombo ☎ 291 236 910 ◉ Genaueres erfragen ✋ mittel

⑯ Kathedrale (Sé)

Die Kathedrale von Funchal wurde vorwiegend vom portugiesischen König Manuel I. (Regierungszeit 1495– 1521) finanziert. Zu ihrer Einweihung stiftete der Regent darüber hinaus Taufbecken (links vom Eingang), Kanzel und ein Prozessionskreuz (jetzt im Museu de Arte Sacra, ➤ 54ff). Die herrliche Decke besteht aus Madeira-Zeder,

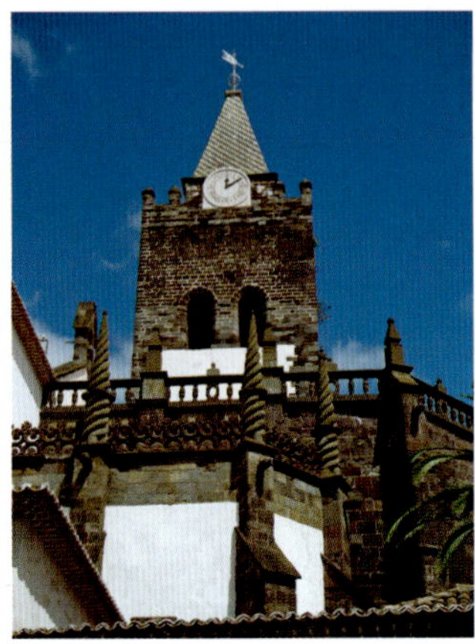

Die Kathedrale von Funchal

wobei das Holz mit Einlegearbeiten aus Perlmutt und weißem Ton zu kunstvollen geometrischen Mustern verflochten wurde.

Den Altar schmücken zwölf portugiesische Gemälde (frühes 16. Jh.), darunter *Szenen aus dem Leben Mariä* und *Leidensgeschichte Christi*. Der Baldachin, der das Wappen Manuels I. trägt, und das Chorgestühl mit Heiligen- und Apostelfiguren im Gewand von Kaufleuten aus dem 16. Jahrhundert sind Arbeiten des flämischen Bildhauers Olivier de Gand, der Anfang des 16. Jahrhunderts in Portugal wirkte.

Weitere Bezüge zu Flandern stellt eine Grabplatte aus Messing (auf Madeira praktisch unbekannt, aber in den Niederlanden verbreitet) im nördlichen Seitenschiff her. Sie zeigt den Kaufmann Pedro de Brito Oliveira Pestana und seine Gemahlin Catarina de Bettencourt in vollem Ornat.

MADEIRAS ERSTE KATHEDRALE

Die im 16. Jahrhundert errichtete Kirche **São Pedro** (in der Rua de São Pedro) diente als erste Kathedrale der Insel. Eine schlichte Platte in der rechten Seitenkapelle markiert das Grab von João de Mourarolim, dem Gründer der Kapelle (gest. 1661). Reich vergoldete Schnitzarbeiten umrahmen hier Szenen aus dem Leben Jesu, aber auch idyllische ländliche Darstellungen von Engeln. Es gibt keine offiziellen Öffnungszeiten, aber in aller Regel kann man die Kirche zwischen 8 und 12 sowie zwischen 17 und 19 Uhr besuchen.

Am besten besuchen Sie die Sé kurz vor 11 Uhr an einem Sonntagmorgen, wenn die Turmglocken über dem Stadtzentrum läuten, das sonst dämmerige Kirchenschiff beleuchtet wird und sich Einheimische und Besucher zur Messe versammeln, die auf Portugiesisch und Englisch gelesen wird.

✚ 186 C2　✉ Largo da Sé　☎ 291 228 155　🕐 tägl. 9–12.15, 16–18 Uhr　✋ frei

🔟 Museu Photographia Vicentes

In diesem wunderbaren alten Museum können Sie durch Alben blättern, die Funchal im 19. Jh. zeigen, und historische Kameras aus der Gründungszeit des Studio Vicentes im Jahr 1865 bestaunen (weniger als drei Jahrzehnte nach der Erfindung der Fotografie). Portugals ältestes Fotostudio wurde von Vicente Gomes da Silva gegründet, der sich der Dokumentation des traditionellen Insellebens widmete und die Reichen und Berühmten porträtierte, die sich hier erholten. Mehr als 800.000 Bilder birgt diese Sammlung, von denen nur ein Bruchteil gezeigt werden kann.

✚ 186 B2　✉ Rua da Carreira 43　☎ 291 225 050　🕐 Mo–Fr 10–12.30, 14–17 Uhr　✋ mittel　🍴 Café (€)

🔟 Parque de Santa Catarina

Dieser mit Skulpturen und exotischen Bäumen und Blumen bestückte hübsche Park verbindet das Zentrum von Funchal mit dem Hotelbezirk. Er liegt hoch über dem Hafen und beginnt gleich hinter dem Standbild Heinrichs des Seefahrers, der über einen viel befahrenen Kreisverkehr auf einen Springbrunnen mit Bronzeglobus blickt. Auf einer erhöht gelegenen Terrasse steht die kleine Capela de Santa Catarina, die Reste des ältesten Gotteshauses der Stadt beinhaltet, das die Gemahlin des Inselentdeckers João Zarco 1425 errichten ließ. Schlendern Sie an sonnenbadenden Madeirern und Eidechsen vorbei zu einem Denkmal für Christoph Kolumbus sowie zur Statue *Semeador,* dem musku-

Oben: Der *Sämann*, eine Bronzestatue aus dem frühen 20. Jahrhundert, im Parque de Santa Catarina

lösen *Sämann* (1919) des madeirischen Bildhauers Francisco Franco (▶ 62).

✚ 186 A1　✉ Avenida do Infante　✋ frei　🍴 Café (€)

🔟 Quinta Vigia

Als offizieller Amtssitz und Gästehaus des Präsidenten der madeirischen Regionalregierung ist die Quinta Vigia nicht öffentlich zugänglich (nicht vom Sicherheitsdienst am Eingang abschrecken lassen!) und kann nicht besichtigt werden. Sofern nicht gerade ein Empfang stattfindet, dürfen Besucher jedoch in den hübschen Garten, der mit sprechenden Papageien (Ihre Kinder werden begeistert sein), wunderschön blühenden Bäumen und einem Oldtimer aus den 1930er-Jahren aufwartet – letzterer steht in einer Garage mit Glasfront. Auch wenn das Innere der Quinta Vigia verschlossen bleibt, kann die Kapelle aus dem 17. Jahrhundert häufig besichtigt werden. Sie ist mit Szenen aus dem Leben Jesu ausgemalt und birgt kostbare blauweiße Fliesenbilder, die die *Wunder des heiligen Dominikus* zeigen.

✚ 186 A1　✉ Avenida do Infante　🕐 keine regulären Öffnungszeiten; wenn die Tore offen sind, können Sie hineingehen　✋ frei

Wohin zum...
Essen und Trinken?

Preise
Die Preise gelten pro Person für ein Essen, ohne Getränke und Service
€ unter 20 €   €€ 20–40 €   €€€ über 40 €

A Bica €–€€

In diesem schnörkellosen Lokal gegenüber dem Markt sitzen Sie mit Händlern, ansässigen Büroangestellten und einzelnen Touristen am Tisch und essen großzügige Portionen Degenfisch, Steak und preiswerte Mittagsmenüs.
✚ 186 D2 ✉ Rua do Hospital Velho 17 ☎ 291 221 346 ⏰ Mo–Sa 11–23 Uhr

Arco Velho €

Das Arco Velho ist eines von mehreren ähnlichen Straßenlokalen in der Altstadt. Es sticht jedoch insofern heraus, als viele Einheimische zum Essen herkommen. Niemand hat etwas dagegen, wenn Sie sich nur ein Bier bestellen. Die Hauptgerichte sind reichlich bemessen, und unter den billigsten findet man einige der besten (wie gegrillte Sardinen)..
✚ 186 D2 ✉ Rua Dom Carlos I 42 ☎ 291 225 683 ⏰ tägl. 11–23 Uhr

Armazém do Sal €€

Ein neues Restaurant in einem alten Salzlagerhaus. Hier können Sie bei Kerzenschein unter alten Balken zu Abend essen oder im Freien eine wunderbare Thunfisch *Carpaccio, Linguadio en Papillote* – eine köstliche Seezunge – oder eines der hervorragenden Gerichte auf der Speisekarte genießen. Sehr stimmungsvoll. Hervorragender Weinkeller.
✚ 186 C2 ✉ Rua da Alfândega 135 ☎ 291 241 285 ⏰ Mo–Fr 11–14, Sa 19–2 Uhr

Arsénio's €€

Dieses Lokal verdankt seine Bekanntheit zum einen dem Besitzer, der gleich beim Eingang am Grill köstliche Fischspießchen zubereitet, zum anderen den fast allabendlichen Fado-Darbietungen. Eine winzige Terrasse mit ein paar Tischen bietet Einblick in die »Küche«. Die Tische im eher dunklen, fensterlosen Innenraum stehen nach Tradition der Fado-Häuser eng beieinander. Zwischen 20 und 22 Uhr treten ein Gitarrist und eine Sängerin auf und präsentieren schmachtende Klänge.
✚ 186 D2 ✉ Rua de Santa Maria 171 ☎ 291 224 007 ⏰ tägl. 12–23 Uhr

Beerhouse €€

Das Bierhaus, ein zeltförmiges Gebäude am Westende der Marina, ist berühmt für sein selbst gebrautes Bier und die hervorragende Meeresfrüchtekarte, auf der in der Regel auch ein Fang des Tages zu finden ist. Hier können Sie *çorda* probieren, ein typisch madeirisches Gericht auf der Basis einer Brotsuppe, die mit Krabben und Hummer verfeinert wird.
✚ 186 B1 ✉ São Lazaro ☎ 291 229 011 ⏰ tägl. 10–24 Uhr

Casa Portuguesa €€

Das Restaurant in einem hübschen Stadthaus mit weißen Wänden und weiß-blauen Kacheln ist eleganter als die meisten Lokale der Umgebung. Auf der Speisekarte stehen Fisch und Meeresfrüchte vom Grill, aber auch andere portugiesische Gerichte, darunter *caldeirada* (ein Fischgericht mit Knoblauch) oder diverse Arten von Steaks. Das Angebot für Vegetarier ist allerdings weniger reichhaltig und beschränkt sich oft auf Crêpes mit Gemüse und Pilzen.
✚ 186 E2 ✉ Travessa das Torres 30 ☎ 291 228 446 ⏰ tägl. 19–23 Uhr

Casa Velha €€€

Versteckt in einer Gasse hinter dem Hotel Savoy liegt das romantische Casa Velha inmitten eines üppigen grünen Gartens in den oberen Räumen eines alten Hauses. Blütenduft zieht durch die Spitzenvorhänge herauf, und Kolonialstilventilatoren sorgen für eine Luftbewegung, während Sie am Tisch zubereitete Langusten mit Brandy und Petersilie oder Hummer in Sahne-Madeira-Sauce speisen. Im Erdgeschoss gibt es in einer holzgetäfelten Bar Cocktails und kleinere Mahlzeiten.
✠ 186 bei A1 ✉ Rua Imperatriz Dona Amélia 69 ☎ 291 205 600 ◉ tägl. 12–15, 17–23 Uhr

Fim do Século €–€€

Das »Jahrhundertende« ist für ein Mittag- oder Abendessen einer der besten Orte der aufstrebenden Rua da Carreira. Serviert werden in diesem kühlen, mit Steinen und Fliesen ausgekleideten Lokal und draußen an den Straßentischen hauptsächlich Madeira-Klassiker. Hier gibt es nicht nur freundliches Personal, sondern von der Terrasse aus auch viel zu beobachten.
✠ 186 B2 ✉ Rua da Carreira 144 ☎ 291 224 476 ◉ tägl. 10–24 Uhr

Il Gallo d'Oro €€€

Das zum luxuriösen Cliff Bay Hotel gehörige Restaurant zeigt zwar stolz seinen Michelin-Stern, die eher standardmäßige Ausstattung macht jedoch keinen überragenden Eindruck. Doch geboten werden ausschließlich Gourmet-Gerichte der mediterranen Kost zu fürstlichen Preisen. Die Küchenchefs verwenden regionale Zutaten, vor allem frisch gefangenen Fisch. Die Weinkarte ist beeindruckend, der Service erstklassig. Wer immer auch hier gegessen hat, schwärmt von diesem Lokal; viele kommen trotz der teuren Speisen mehrfach her. Zu beachten ist, dass Männer zum Abendessen gern in Jackett und Krawatte gesehen werden.
✠ 186 bei A1 ✉ Estrada Monumental 147 ☎ 291 707 700 ◉ tägl. 8–10.30, 17–22 Uhr

Gavião Novo €€

Wer eine Schwäche für Fisch hat, kann in diesem schicken Lokal nichts Verkehrtes bestellen. Die ausgezeichnete Tageskarte richtet sich danach, was den örtlichen Fischern ins Netz gegangen ist. Auch wenn Sie den Namen des Fisches noch nie gehört haben – gegrillt und mit Olivenöl und Zitrone serviert, schmeckt er hier sehr delikat.
✠ 186 D2 ✉ Rua de Santa Maria 131 ☎ 291 229 238 ◉ tägl. 12–14, 18–23 Uhr

Golden Gate €€

Der Dichter Ferreira de Castro nannte das alteingesessene Café einmal »Ecke der Welt«, weil man von hier aus ganz Funchal vorbeispazieren sieht. Das Lokal ist auch heute noch ideal, um Leute zu beobachten und die Atmosphäre der Stadt auf sich wirken zu lassen – mit Blick auf die Kathedrale, den Prachtbau der Bank von Portugal und den Gouverneurspalast. Sie können hier auf ein Bier oder einen Imbiss vorbeischauen, es gibt aber auch komplette Gerichte vom Grill oder vegetarisches Essen.
✠ 186 B2 ✉ Avenida Arriaga 27–29 ☎ 291 234 383 ◉ Mo–Sa 8–23, So 10–23 Uhr

Jardins do Infante €€

Diese neue Cocktailbar mit (Grill-) Restaurant ist in einem der großartigen Gebäude an der Avenida do Infante untergebracht. Vegetarier werden hier wirklich ernst genommen, und die Küche legt Wert auf hohe Qualität. Probieren sollten Sie hier unbedingt den Barsch oder den »Fischeintopf«. Wie viele andere Etablissements der geschäftigen Avenida do Infante bietet auch dieses an warmen Tagen Terrassenplätze.
✠ 186 A1 ✉ Avenida do Infante 56 ☎ 291 226 083 ◉ tägl. 11–23 Uhr

Londres €€

Das schlichte, funktionale Ambiente dieses Restaurants gibt keinen Hinweis darauf, dass es bei den Einheimischen ungemein beliebt ist. Der Grund sind wohl die freundlichen und überraschend vielsprachigen Bedienungen, die jeden Besucher wie einen Stammgast behandeln. Gern beschreibt man Ihnen die Gerichte und hilft bei der Auswahl. Serviert wird authentische portugiesische Küche. Das stets frische Fischgericht des Tages ist immer eine gute Empfehlung.

✚ 186 B2 ✉ Rua da Carreira 64A
☎ 291 235 329 ◉ tägl. 11.45–15.45, 18–22.30 Uhr

Mar Azul €€

Eins der besten Restaurants auf der Landseite des Hafens. Die Auswahl an Fischgerichten ist groß – von einfachen gegrillten Tintenfischstückchen bis hin zu Hummer. Von den vorderen Tischen können Sie wunderschön das bunte Treiben der Folkloregruppen auf der Promenade beobachten.

✚ 186 B1 ✉ Cais da Cidade Marina
☎ 291 230 079 ◉ tägl. 10–24 Uhr

O Almirante €€

Direkt vor dem Markt befindet sich das O Almirante, das den frischesten Fisch serviert: perfekt über Holzkohle gegrillt, mit knuspriger Haut und saftigem Fleisch. Die Räume wurden komplett modernisiert. Meist herrscht geschäftiges Treiben. Wem das zu laut ist, der stelle sich einen Stuhl hinaus an den riesigen Basaltbrunnen.

✚ 186 D2 ✉ Largo do Poço 1
☎ 291 224 252 ◉ tägl. 19–1 Uhr

O Jango €€

Es ist ein Wunder, wie viele Menschen in diese ehemalige Fischerhütte in der Altstadt passen. Die Atmosphäre ist persönlich, aber es wird nicht wirklich zu eng. Zufriedene Gäste lassen sich Platten mit *cataplana* (Fischkasserolle) oder gegrilltem Fisch schmecken, den der Restaurantbesitzer persönlich empfiehlt.

✚ 186 D2 ✉ Rua de Santa Maria 166
☎ 291 221 280; www.ojango.net
◉ tägl. 11–23 Uhr

O Tapassol €€

So beliebt, dass Sie frühzeitig erscheinen oder aber wahrscheinlich Schlange stehen müssen. Das O Tapassol ist ein einfaches, schmuckloses Lokal, dessen exzellente Küche durch Mundpropaganda bekannt wurde. Am schönsten speist man auf der kleinen Dachterrasse mit Blick über die belebte Altstadt. Den Gästen gefällt es in dem stets vollen Restaurant, in dem man mit Knoblauchbrot die Sauce so herzhafter Gerichte wie Wildkaninchengulasch oder zarter Tintenfisch in Tomaten auftunkt.

✚ 186 D2 ✉ Rua Dom Carlos I 62
☎ 291 225 023
◉ tägl. 11–4 Uhr

Portão €€

Hinter der Capela do Corpo Santo stehen die baumbeschatteten Tische dieses für die Altstadt recht ruhigen Restaurants, das eine sehr abwechslungsreiche Speisekarte bietet – von Hummer in Champagnersauce bis zu Fettuccine mit Lachs. Für Vegetarier gibt es leckeres Grillgemüse, und wer authentische madeirische Küche probieren will, wählt das Jägergulasch mit Kaninchen in Weißwein und Knoblauch oder das portugiesische Kabeljaugericht *bacalhau à brás* (Stockfisch mit Zwiebeln, Kartoffeln, Oliven und Ei).

✚ 186 E1 ✉ Portao de São Tiago 1
☎ 291 221 125
◉ Do–So 12–15, 16–23 Uhr

Quinta do Palmeira €€€

Seit langem eines der besten Restaurants von Funchal mit überraschend vielseitiger Speisekarte. Die *Quinta* aus dem 18. Jahrhundert bietet das perfekte Ambiente, gehörte sie doch einst dem Kapitän, dem der Schutz der Bucht von Funchal oblag. Antike Möbel und Blumenarrangements umrahmen die Tische, an denen Fleisch und Fisch vom Grill sowie hervorragende vegetarische Alternativen angeboten werden.

✛ 186 A1 ✉ Avenida do Infante 17–19
☎ 291 221 814 ◷ tägl. 11–23 Uhr

Riso €€

Eine wunderbare Entdeckung! Hier gibt es Reis, Reis und nochmals Reis – der perfekte Ort für Risotto (neun Variationen), Reis aus Portugal und aus der ganzen Welt. Sogar in Desserts findet sich Reis – von reichhaltiger Eiscreme mit schwarzem Thai-Reis, Kokosnussmilch und Mango bis zu Tiramisu mit Puffreis. Die Lage auf einer Terrasse über dem Meer direkt hinter dem Fort in der Altstadt ist einfach wunderbar.

✛ 186 D2 ✉ Rua de Santa Maria 274
☎ 291 280 360 ◷ tägl. 12.30–14.30, 19–22.30 Uhr

Venda da Donna Maria €€

Venda da Donna Maria ist der beste Beweis dafür, dass auch ein Neuling sofort an die Spitze findet. Dieses sagenhafte Zona-Velha-Lokal beschwört eindrucksvoll die Atmosphäre eines einfachen madeirischen Haushalts herauf: Teller und Möbel, die nicht zusammen gehören, karierte Tischdecken und eine Karte mit einfachen, authentischen Gerichten aus saisonalen Zutaten. Die traditionelle Brotsuppe (Açorda), Grillfischplatte, Hühnchen in Bier und eine Auswahl vegetarischer Speisen sind bei Einheimischen sehr beliebt. Ein gutes Zeichen!

✛ 186 D2 ✉ Rua de Santa Maria 51
☎ 291 621 225 ◷ So–Do 11–23, Fr–Sa 11–24 Uhr

Villa Cipriani €€€

Das italienische Restaurant befindet sich in einer hoch auf den Klippen gelegenen Villa ein wenig westlich vom Reid's Palace Hotel, zu dem es auch gehört. Der ideale Ort für einen romantischen Abschied von Madeira mit herausragendem Service. Exquisite Speisen (darunter selbst gemachte Pasta, ein hervorragendes Risotto und köstliche Fisch- und Fleischgerichte) sowie ein herrlicher Blick über die Hafenlichter von Funchal sind garantiert. Elegante Kleidung ist erforderlich.

✛ 186 bei A1 ✉ Estrada Monumental 139
☎ 291 717 171 ◷ tägl. 19–22.00 Uhr

Alua €

Das Alua ist eines der vielen Cafés, für das Funchal berühmt ist, doch kaum eines ist wie dieses seit 1845 geöffnet! Auf dem Stadtplan ist es nicht verzeichnet, die Preise für die köstlichen Kuchen und Kaffees sind dementsprechend moderat. Englisch wird hier wenig gesprochen; wer die Landessprache nicht beherrscht, zeige einfach auf die gewünschten Speisen im gläsernen Tresen.

✛ 186 B2 ✉ Rua da Carreira 70
◷ tägl. 7–21 Uhr

Penha d'Águia €

Dieses ist das Hauptlokal der beliebtesten Café-Kette in Funchal; ein idealer Ort für einen kurzen Kaffee, einen vollendeten Koffein- und-Kuchen-Stopp oder ein leichtes Mittagessen. Zweigstellen befinden sich in der Rua dos Murcas und den Galerias S. Francisco.

✛ 186 C2 ✉ Rua de João Gago 6–8
☎ 291 228 119 ◷ Mo–Fr 8–19, Sa/So 8–13.30 Uhr

Vagrant €

Die *Vagrant* ist eine umgebaute Yacht, die mittlerweile freilich fest in Beton verankert und allgemein als »Beatles' Boat« bekannt ist, weil die vier Pilzköpfe das Schiff 1966 erwarben und 1972 an den Sänger Donovan verkauften. Während Sie auf Deck oder im verglasten Rumpf Kaffee und Kuchen oder ein Eis genießen, sorgen John Lennon oder Paul McCartney für die passende musikalische Untermalung. Das Ganze mag kitschig sein, aber es macht Spaß (auch Kindern), und man hat einen wunderschönen Blick über den Hafen.

✛ 186 B1 ✉ Avenida do Mar
☎ 291 23 572 ◷ tägl. 10–23 Uhr

Wohin zum…
Einkaufen?

SOUVENIRS

Am besten beginnen Sie Ihre Suche in der **Casa do Turista** (Tel: 291 224 907; 186 B1), an der Rua do Conselheiro José Silvestre Ribeiro 2, zwischen dem Hafen und dem Teatro Municipal. Trotz seines Namens ist dieses Geschäft in einem eleganten alten Haus untergebracht (der ehemaligen Residenz des deutschen Konsuls), und wunderschöne Stuckarbeiten, Leuchter, Antiquitäten und Landkarten bilden die stilvolle Kulisse zu dem ausgestellten Kunsthandwerk. Prächtige Blumenarrangements schmücken die Räume, und im Speisezimmer kommen madeirische Spitzen und portugiesisches Porzellan perfekt zur Geltung. Das interessante und vielseitige Angebot reicht von Kerzenhaltern aus Messing über Silberrahmen bis hin zu Pinheiro-Besteck, *azulejos* und mit Delphinen bestickten T-Shirts.

Souvenirs bester Qualität erhalten Sie im **Patrício & Gouveia** (Tel: 291 222 928) in der Rua Visconde de Anadia 34. Angeboten werden vor allem die nebenan hergestellten Stickereien sowie viele andere typische kunsthandwerkliche Arbeiten und Weine. Im Erdgeschoss des schon etwas heruntergekommenen Marina Shopping Centre auf der Avenida Arriaga befindet sich die kleine, aber feine **Filatelia Numismatica**, ein Sammlerparadies voll alter Postkarten, Münzen und Briefmarken.

BOUTIQUEN UND MODE

Zwei der hübschesten Einkaufszentren von Funchal liegen an der Avenida Arriaga einander gegenüber. Bummeln Sie auf der Südseite der Straße nahe dem Teatro Municipal und dessen Café vorbei, gelangen Sie zu den rund 20 schicken Boutiquen der **Galerias São Lourenço** (186 B1). Hier gibt es Statussymbole wie Designerhandys und Calvin-Klein-Sonnenbrillen, aber auch Kinderspielzeug bei **Casablanca** (Laden L06), eine große Auswahl an Büchern und Führern über Madeira im **Julber** (Laden L12) und Kleidung bei **Dorothy Perkins** (Laden L22–24)

Auf der anderen Straßenseite liegen rechts vom Jardim de São Francisco die **Arcadas de São Francisco** (186 B2) mit Modegeschäften wie **Mezka** und **Giovanni Galli**. Hüte, Schmuck und Accessoires finden Sie hier bei **Parfois**, Orchideen im **Tulipa**.

Von hier aus gesehen bergauf liegt die **Rua da Carreira** (186 B2), eine Kopfsteinpflasterstraße, die zur Fußgängerzone erklärt wurde. Neben schönen alten Häusern mit Balkonen findet man dort eine angenehme Mischung traditioneller Läden und moderner Boutiquen. Am westlichen Ende beginnt die **Rua da** Mouraria (186 B2), eine Straße, die sich mittlerweile zu einer Art Antiquitätenmeile entwickelt hat – gute Beispiele sind die Läden O **Solar Das**, **Aires** oder **Ouo Vadis** (Nr. 34–38) und **São Pedro** am oberen Ende der Straße (Nr. 71–73).

MADEIRAWEINE

Wenn Sie sich für Madeirawein interessieren, wird man Sie in den alten Kellereien Funchals gern willkommen heißen. Die **Madeira Wine Company** in der Avenida Arriaga 22 (Tel. 291 740 110; www.madeirawinecompany. com) ist die bekannteste und bietet Führungen und Weinproben. Sie ist die Hauptvertriebsstelle für so altehrwürdige Namen wie Blandy (seit 1811), Cossart Gordon (1745), Leacock (1760) und Miles (1878).

An der Rua dos Ferreiros (186 C3, die von der Praça do Município an neben der Universität verläuft, liegen versteckt hinter alten Portalen zwei Kellereien. Der Eingangsbogen zu **D'Oliveiras** (Nr. 107, Tel. 291

220 784) trägt die Jahreszahl 1619 und das Stadtwappen, drinnen halten sich meist Kreuzfahrtpassagiere auf, die hier ihren Landgang verbringen, während bei **Artur de Barros e Sousa** (Nr. 109, Tel. 291 220 622) Dickens'sche Atmosphäre herrscht. Der freundliche Eigentümer freut sich, wenn er mit Touristen durch das alte dreistöckige Weingut mit seinen staubigen Fässern reifenden Madeiras klettern kann, bevor er eine große Auswahl zur Verkostung anbietet; natürlich ohne Kaufzwang.

Henriques & Henriques (gegründet 1850) liegt außerhalb der Stadt im Herzen der Weinbergregion an der Estrada Santa Clara 10, Câmara de Lobos (Tel. 291 941 551). Ihre Weine können Sie aber bei **Garrafeira do Mercado** (Tel. 291 230 479) im Mercado dos Lavradores (Geschäfte 20, 21, Tel. 291 230 479; ▶ 51) probieren und kaufen.

KAUFHÄUSER/SUPERMÄRKTE

Machen Sie sich nicht die Mühe, einen Bus zu nehmen (es sei denn, Sie wollen unbedingt), und fahren Sie mit dem Taxi zum **Madeira Shopping** (182 A1) außerhalb der Stadt. In diesem riesigen Einkaufszentrum bekommen Sie alles – von rosa Elefanten bis zu einer neuen Kamera. Eine etwas kleinere Version, mit 75 Geschäften ist das **Dolce Vita** in der Avenida do Infante (186 A1). Etwas zentraler in der Rua Dr. Fernão de Ornelas (186 C2/D2) liegt im Untergeschoss des Anadia-Einkaufszentrums der Supermarkt **Pingo Doce**, der eine große Auswahl an CDs und DVDs sowie Lebensmitteln führt. Dazu gehört auch ein preiswertes Café.

TRADITIONELLE ERZEUGNISSE

Traditionelle Handwerksprodukte und Kleidungsstücke eignen sich hervorragend als Mitbringsel. Lederstiefel, wie sie heute die Folkloretanzgruppen tragen und die Levadeiros (die Wärter der Bewässerungskanäle), waren früher das übliche Schuhwerk auf Madeira. Zu kaufen gibt es sie in einem winzigen **Schusterladen** rechts vom Mercado dos Lavradores (▶ 51). Beide Geschäfte bieten auch elegante, aber preiswerte handgefertigte Sandalen. In der **Rua dos Murças** (186 C2) ist die ganze Straße **Stickereiwaren** und Andenken gewidmet. Der **Bazar Oliveiras** (Nr. 2–6 und 22, Tel: 291 229 340) lässt mit seinen Spitzenservietten und -tischtüchern eine längst vergangene Ära wieder aufleben. **Bazar Turista** (Nr. 14, Tel: 291 222 218) ist ein kleineres Geschäft derselben Art. Das freundliche Verkaufspersonal in der **Fábrica de Bordados** (Nr. 22, 1. Etage) zeigt exquisite Blusen und Kinderkleidung und erklärt das Besondere madeirischer Stickereien. Gleich nebenan offeriert **Pele Leather** (Nr. 26, tel: 291 223 619) eine große Auswahl an Lederwaren.

In der Rua dos Murças kommen aber auch die Freunde erlesener Süßwaren auf ihre Kosten: Hier liegt mit der **Penha d'Águia** (Nr. 29) eine typische *pastelaria*, die die madeirischen Spezialitäten bolo de mel (mit Zuckerrohrsirup hergestellter Honigkuchen) und *amêndoa torrão* (Mandelpastete) verkauft.

Wer nicht vorhat, die Korbflechter-Gemeinde von Camacha zu besuchen, kann deren Korbwaren auch preisgünstig im Outlet **Vimescope** (Tel.: 291 237 713) in der Rua Carreira (No 102) erstehen.

OUTDOOR AUSRÜSTUNG

Wollen Sie Ihre Ausrüstung erweitern oder ersetzen? Dann ab zum **O Bordão** (Tel.: 291 281 265, www. obordao.com) in der Rua Carreira (No 171). Geboten wird ein großes Spektrum an Gegenständen, von Schuhen über Rucksäcke bis hin zu Zeltstangen; das Personal spricht Englisch. Einen weiteren Ableger gibt es in Caniço. Ansonsten wird Outdoor-Equipment nur in zwei kleinen **Columbia**-Zweigstellen im Dolce Vita Shopping Centre und in der Forum Madeira Mall verkauft. Das Angebot in beiden ist jedoch begrenzt.

Wohin zum... Ausgehen?

NACHTCLUBS UND BARS

Einheimische, die auf einen gewissen Stil Wert legen, treffen sich im **Café de Teatro** (Tel. 291 226 371; www.cafedoteatro. com) in der Avenida Arriaga. Die Cocktailbar im dortigen Innenhof verwandelt sich am Freitag- und Samstagabend in einen Club. Am Rand der Hotel Zone macht das **Kool Klub Kafe** (Rua do Favilla 2) seinem Namen alle Ehre: mit Plüschsesseln und coolem Publikum. Vor Mitternacht ist allerdings nicht viel los. Ein Stück bergab liegt das **O Fugitívo** (Rua Imperatriz Dona Amélia 66a, Tel. 291 222 003, geöffnet tägl. 22–4 Uhr), ein »Tanzlokal« mit Disko und Oben-ohne-Darbietungen. Nur einen Block weiter südlich liegt in der Avenida Sá Caneiro das altbekannte **Vespas** (Tel. 291 234 800; www.discotecavespas. com; geöffnet Mi, Fr–Sa 0–6 Uhr). Gespielt wird vor allem Club- und House-Musik, dazu gibt es bunte Lasershows. Dem Vespas gegenüber befindet sich das **O Molhe** (Forte de Nossa Senhora da Conceicão, Estrada da Pontinha, Tel. 291 203 840). Von hier aus haben Sie einen großartigen Blick auf den Hafen. Freitag- und Samstagnacht wird aus der Bar ein Club (geöffnet 0–6 Uhr); gespielt werden House, Rock und Tanzmusik.

Das authentischste Fado-Haus Madeiras ist das **Marcelino Pão e Vinho** in der Travessa das Torres 22 (Tel. 291 220 216, geöffnet tägl. 21–2 Uhr), eine kleine Weinbar in der Altstadt.

In der Hotel Zone hat sich **Katz Café and Nightclub** (geöffnet Di–So 12–2Uhr), im Jardim Panorãmico (Panoramapark) an der Uferpromenade, zu einem beliebten nächtlichen Treffpunkt entwickelt – vor allem wegen des schicken modernen Designs und der großen Außenterrasse mit Seeblick.

CASINO

Beim Hotel Carlton Park an der Avenida do Infante liegt das **Casino** (Tel. 291 209 180, geöffnet So–Do 15–3 Uhr, Fr/Sa 16–4 Uhr), entworfen von Oscar Niemeyer. Es hat über 200 Spielautomaten, und natürlich können Sie Ihr Glück bei Roulette und Black Jack versuchen. Ihre Gewinne können Sie in der Bar **Copacabana** (in der auch eine Liveband zum Tanz aufspielt) für Cocktails ausgeben. Mittwochs- bis Samstagsnachts bietet das Restaurant **Bahia** neben prachtvoller Aussicht auch Kabarettshows: Freitags *New York, New York*, ein Potpourri bekannter Musicals, samstags *Brazil Latino*.

KINO UND THEATER

In und um Funchal gibt es drei Multiplex-Kinos: das zentral gelegene **CineMax** im Marina Shopping Centre (Rua do Conselheiro José Silvestre Ribeiro); das etwas weiter entfernte **Lusomondo Cinema** mit sechs Sälen im Forum Madeira Shopping Centre (► 91); und das CineCastello Lopes mit sieben Sälen im Madeira Shopping Complex (► 92) des Vorortes São Martinho (Auskunft unter Tel.: 291 706 760, aber keine Reservierungen). Filme werden meist im O-Ton mit Untertiteln gezeigt.

Das **Teatro Municipal Baltazar Diaz** in der Avenida Arriaga (Tel. 291 220 416 nur Info, keine Reservierungen, 291 233 569 für Karten) ist ein hübsches Theater aus dem Jahr 1888 und wichtigster Ort für Konzerte, Schauspiele (auf Portugiesisch), Ballette, Kunstausstellungen, Filme und gelegentliche Shows auf Englisch.

Die Umgebung von Funchal

Erste Orientierung

Als Funchal über die Siedlung hinauswuchs, dehnte es sich auf die Hügel aus, wo die Straßen Steigungen zwischen 30 und 40 Prozent aufweisen. Dies macht Fußtouren anstrengend und Bus- oder Taxifahrten zu einem Abenteuer – aber dafür haben Sie von überall eine schöne Aussicht.

Da die Sehenswürdigkeiten in der Umgebung von Funchal weit auseinander liegen, sollten Sie genügend Zeit einplanen. Die Straßen folgen vorwiegend den Hügelkämmen und Tälern in Nord-Süd-Richtung, das heißt, es gibt kaum Ost-West-Verbindungen. Eine schöne Alternative zum Autofahren sind Wanderungen entlang den *levadas*, den alten Bewässerungskanälen der Insel, die den Tälern folgen, aber auch im Zickzack die Hügelflanken hinauf- und hinabführen.

Seit der Eröffnung der Seilbahn nach Monte im Oktober 2000 ist dieses hübsche Hügelstädtchen hervorragend zu erreichen. Hoch über den Dächern und steilen Schluchten des Ribeira de João Gomes können Sie nach Monte schweben und dort die herrlichen Gartenanlagen erkunden, lecker speisen und dann mit dem traditionellen Korbschlitten nach Funchal zurückkehren oder eine zweite Seilbahnfahrt zum Jardim Botanico unternehmen. Natürlich verkehren nach wie vor Busse und Taxis, doch ängstliche Gemüter sind mit der Seilbahn besser beraten, da viele einheimische Fahrer selbst Haarnadelkurven mit Vollgas nehmen.

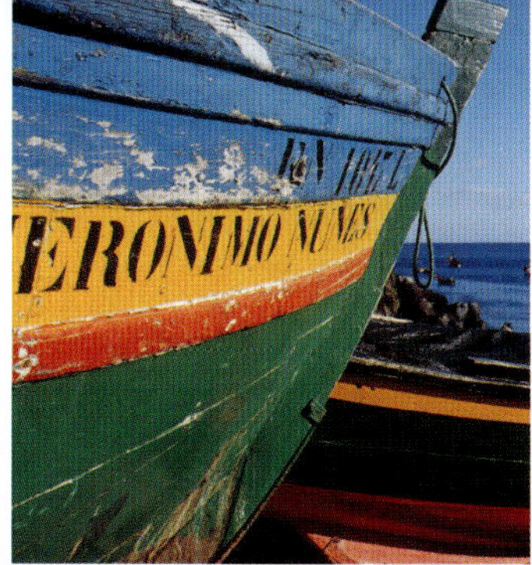

Farbenfrohe Fischerboote in Câmara de Lobos

★ Nicht verpassen!

Nach Lust und Laune!

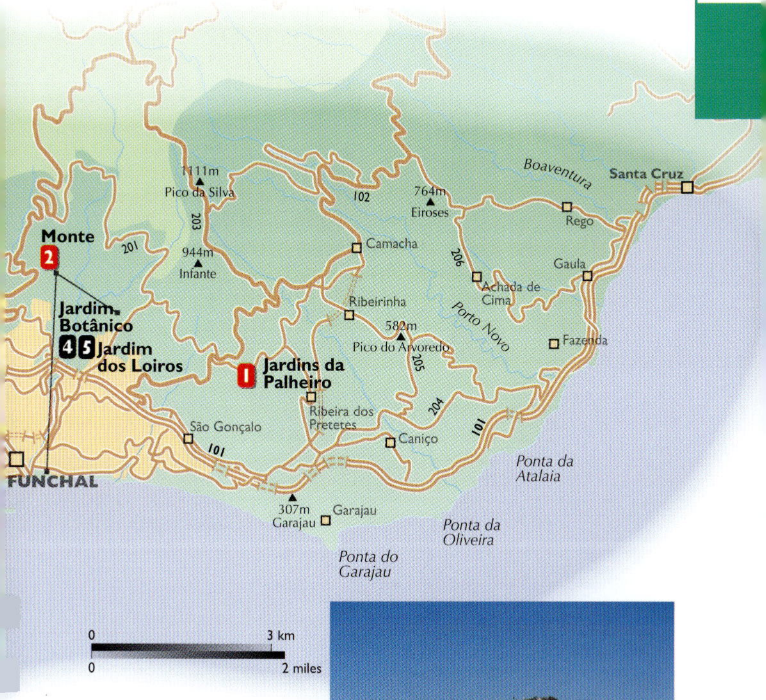

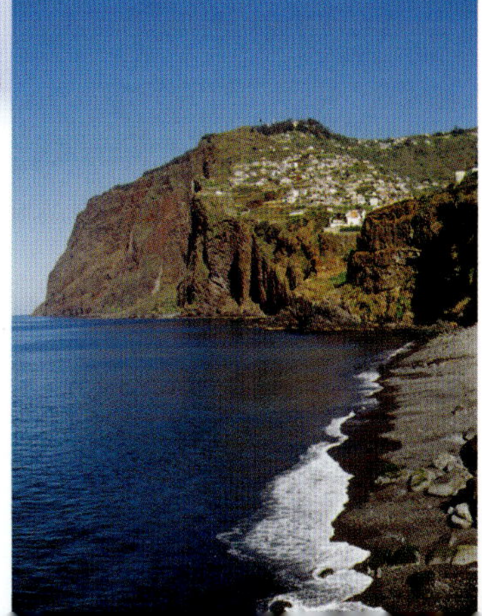

Rechts: Die spektakulären Klippen des Cabo Girão

Links: Blütendetail von *Limonium Sinuatum* (Statice oder Meerlavendel), in den Jardins da Palheiro

Seite 73: Câmara de Lobos

In zwei Tagen

Wenn Sie sich nicht sicher sind, wo Sie Ihre Reise beginnen möchten, empfiehlt diese Route eine praktische zweitägige Reise in die Umgebung von Funchal mit den wichtigsten Sehenswürdigkeiten. Sie können dazu die Karte auf der vorangegangenen Seite verwenden. Weitere Informationen finden Sie unter den Haupteinträgen (➤ 78ff).

Erster Tag

Vormittags

Fahren Sie mit dem Taxi, oder nehmen Sie den Bus Nr. 36 oder 37 (Fahrzeit etwa 20 Min.) von der Avenida do Mar zu den ❶ **Gärten von Palheiro** (links, ➤ 78ff) 8 Kilometer östlich von Funchal. Verbringen Sie dort ein oder zwei Stunden mit der Erkundung der schönen Anlagen (geöffnet werktags 9–16.30 Uhr).

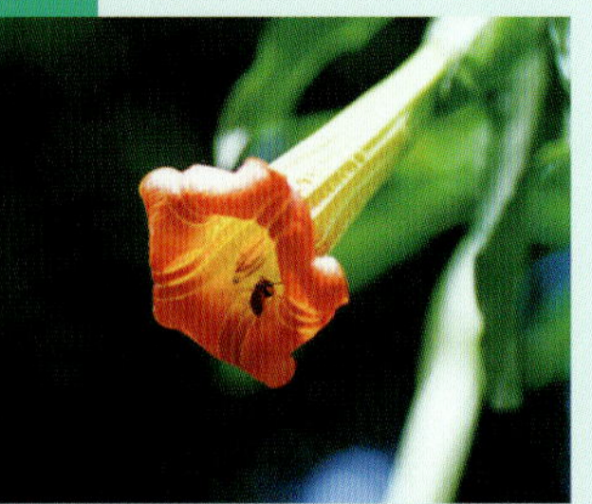

Kehren Sie anschließend nach Funchal zurück. Vom Busbahnhof ist es nur ein kurzer Fußweg bis zur Seilbahnstation (➤ 83). Bei einer 15-minütigen Fahrt in der Gondel (gegenüber) hinauf ins hoch gelegene Dorf ❷ **Monte** (➤ 81ff) genießen Sie einen wunderbaren Blick auf Funchal aus der Vogelperspektive. Anstelle der Seilbahn kann man natürlich auch den Bus nehmen – die Linien 20 und 21 fahren nach Monte. Mittags stärken Sie sich dort am besten im Quinta do Monte (➤ 90) oder in einem der Cafés am Hauptplatz.

Nachmittag

Schauen Sie sich die Kirche von Monte an; danach sollten Sie die Anlagen der **Jardins do Monte Palace** (➤ 81), eines tropischen Gartens, erkunden. Mit der Seilbahn geht es anschließend wieder hinab, wo der letzte Garten auf Sie wartet: der **Jardim Botânico** (➤ 86).

Abends

Falls Sie auf den Botanischen Garten verzichten, können Sie auch bis 17.45 Uhr mit dem **Korbschlitten** (links; ➤ 82) nach Funchal zurückkehren; Sie können auch zum Abendessen in Monte bleiben (➤ 90) und erst später mit dem Taxi oder dem Bus (Linien 20 und 21) wieder hinunter nach Funchal fahren.

Zweiter Tag

Vormittags

Wann Ihr Tag beginnt, hängt davon ab, wie Sie nach **3 Curral das Freiras** (rechts, ➤ 84f) kommen wollen. Ausflugsbusse und Taxifahrer bieten Halbtagsfahrten an (vormittags oder nachmittags). Der Bus Nr. 81 verkehrt werktags um 9, 10 und 11 Uhr vom Busbahnhof; am Wochenende fährt der Bus weniger häufig (erkundigen Sie sich aber sicherheitshalber vorab im Hotel oder bei der Touristeninformation ➤ 30). Wer ein Auto mietet, ist natürlich völlig unabhängig.

Nachmittag

Nach der Fahrt durch das Flusstal der Ribeira do Vasco Gil, das parallel zur Ribeira do Curral verläuft, machen die meisten Touristen in **Eira do Serrado** (➤ 84f) Rast, um die Aussicht über den Talkessel zu genießen. Wer mit öffentlichen Verkehrsmitteln unterwegs ist, sollte bedenken, dass über Mittag keine Busse verkehren – es kann also etwas dauern, bis Sie wieder zurück ins Tal kommen. Genießen Sie die Zeit am *miradouro* (Aussichtspunkt), oder essen Sie im Restaurant Eira do Serrado (➤ 90) zu Mittag. Alternativ können Sie hinunterwandern – wie es die Einheimischen taten, bevor die Straße gebaut wurde (➤ 84, Kasten).

Abend

Zurück nach Funchal kommen Sie bequem mit dem Bus 81 aus Curral das Freiras (Mo–Fr 14.30, 16.15 und 17.55 Uhr, Sa und So nur 14.30 und 17.45 Uhr). Sie können aber auch auf dem alten kopfsteingepflasterten Fußpfad hinunterwandern und sich für diesen Fußweg dann mit einem guten Abendessen bei einem Tropfen Wein im Restaurant Eira do Serrado (➤ 90) belohnen. Der letzte Bus zurück in die Stadt hält dort um 22.45 Uhr, aber im Lokal bestellt man Ihnen gern auch ein Taxi, sollten Sie länger bleiben wollen.

Jardins da Palheiro

Die Quinta do Palheiro Ferreiro ist ein Bilderbuchbeispiel eines Adelssitzes im britischen Kolonialstil. Das Haus selbst ist nicht öffentlich zugänglich, aber Sie können den herrlichen Park besuchen, in dem man einen Augenblick lang meint, in einem englischen Landschaftsgarten zu sein, um sich gleich darauf wie in einem tropischen Dschungel zu fühlen.

Riesige Kamelien und Platanen beschatten die kopfsteingepflasterte Auffahrt zwischen dem Eingangsportal und dem eigentlichen Park. Sie blühen von November bis April und wurden von dem ersten Eigentümer, dem Grafen von Carvalhal, gepflanzt. Ihm gehörten auch die Gebäude, in denen heute das Rathaus von Funchal (Câmara Municipal, ➤ 158) und das Museu Municipal (➤ 60) untergebracht sind.

Vom Verfall zur Verjüngung

Der Graf lebte in den Zwanzigerjahren des 19. Jahrhunderts in England und ließ nach seiner Rückkehr einen Teil seines zwischenzeitlich verwüsteten Besitzes im englischen Stil anlegen. Die feuchtkühle Luft der Hügellage eignet sich dazu ausgezeichnet. Dennoch verfällt niemand auf den Gedanken, diese Landschaft mit dem nördlicheren Europa zu verwechseln, denn anstelle von Gänseblümchen und Butterblumen bilden hier Kalla, Sauerklee und Montbretien bunte Blütenteppiche auf den Wiesen. Zum vertrauten Zwitschern von Rotkehlchen und Amsel gesellen sich exotisch aussehende Goldhähnchen mit leuchtend gelborangem gestreiften Kopf, und gleichermaßen augenfällig gefärbte Falter gaukeln Nektar suchend von einer Blume zur nächsten.

Unten: Der Versunkene Garten

Der Garten

Die Nachfahren des Grafen brachten das ererbte Vermögen rasch durch, und so wurde das Anwesen 1885 an die Familie Blandy verkauft. Mildred Blandy, die Mutter des heutigen Besitzers, war eine passionierte Gärtnerin und legte den Grundstein zu dem Park, den Sie heute sehen. Sie ließ hier Gewächse aus ihrer südafrikanischen Heimat, aber auch aus China, Japan und Ozeanien pflanzen und begründete so jene zauberhafte Mischung aus Pflanzen gemäßigter Breiten und tropischer Regionen, die das ganze Jahr über das Auge erfreuen.

Am Ende der Auffahrt lockt fröhliches Plätschern den Besucher zu einer Felsengrotte und einem idyllischen Brunnen, der von einem herrlichen alten Tulpenbaum mit seinen großen gelappten Blättern beschattet wird. Der Quell mündet in einen malerischen Wasserlauf, dem üppige Azaleen orientalisches Flair verleihen. Hier beginnt, flankiert von duftendem Jasmin, der **Hauptweg**, von dem aus man einen guten Blick auf das Haupthaus hat. Vorbei an kunstvollen Formschnittbäumen und Carvalhals Privatkapelle gelangt man zum **Versunkenen Garten**. Es folgen herrliche **Rabatten** mit Rittersporn und Stechapfel, dessen Engelstrompeten in Weiß, Orange und Gelb ein unvergessliches Dufterlebnis bieten. Schließlich gelangt man zum **Damengarten**, dem reizvollsten Teil der Anlage. Buchshecken sorgen für einen formalen Touch, wenngleich der üppige Wuchs der Pflanzen die Strenge sofort wieder mildert. Da Disziplin also

ohnehin nicht funktioniert, dürfen die Pflanzen gedeihen, und viele schöne Exemplare revanchieren sich mit Duft, farbenfroher Blüte oder ungewöhnlichem Laub.

Wieder im Hauptteil des Parks, folgen Sie den Wegweisern nach **Ribeira do Inferno**. Dies ist ein kleines, dicht bewaldetes feuchtes Tal mit umgestürzten Bäumen, in dem einheimische Lorbeergewächse und exotische Baumfarne, Philodendren und Fensterblätter wuchern. Der Rundweg durch das Tal führt zurück über einen mit Kamelien bepflanzten Hang. Kurz vor dem Ausgang können Sie noch einen Blick auf das Haus samt seinen geschmückten Kaminen und gestuften Dächern werfen.

KLEINE PAUSE

Die Teestube im Park serviert Kuchen und Gebäck, aber auch Suppen und Salate, die in der gleichen Küche gekocht werden, die auch das Hotel Casa Velha do Palheiro bedient. Fünf Minuten entfernt befindet sich im Dorf Palheiro Ferreiro ein einfaches Café (hinter dem Eingang rechts und dann steil bergauf). Das **Jasmin Tea House** (30 Min. zu Fuß entlang der Levada dos Tornos, ➤ 160ff) bietet traditionelle englische Küche.

✚ 182 C1
✉ São Goncalo, 8 km östlich von Funchal
☎ 291 793 044
🕐 Mo–Fr 9–16 Uhr 🚌 Nr. 36 und 37
✋ mittel

Blühender weißer Agapanthus oder afrikanische Lilie in den englischen Gärten auf den Klippen über dem Meer bei Palheiro

HIGHLIGHTS RUND UMS JAHR

Der Park wurde so angelegt, dass er rund ums Jahr erfreut, aber es gibt einige Highlights:

- **Frühjahr:** Neben dem Bachlauf blühen rote Tritonien aus Südafrika, und nördlich der Kapelle gibt es Proteen, die an riesige Artischocken erinnern.
- **Sommer:** Rittersporne, Taglilien, farbenprächtiger Salbei und Verbenen schmücken die Rabatten.
- **Herbst:** Bestaunen Sie die herrliche Herbstfärbung von Eichen, Platanen, Buchen und Edelkastanien.
- **Winter:** Entlang den Wegen zum Haupthaus blühen die Kamelien.

JARDINS DA PALHEIRO: INSIDER-INFO

Top-Tipp: Ausflugsbusse besuchen den Park zwischen 9.30 und 11 Uhr; wenn Sie etwas später kommen, haben Sie mehr Ruhe.

Geheimtipp: Im **Damengarten** sitzende Formschnitt-Pfauendamen »brüten« Hauswurz *(Sempervivum)* aus. Besuchen Sie den riesigen uralten Stinklorbeerbaum *(Octea foetans)*, eine auf Madeira heimische Art, und den aus Neuseeland eingeführten Eisenholzbaum *(Metrocideros exelsa)*.

2 Monte

Die vornehme Barockfassade der Kirche von Monte sticht schon von weitem ins Auge. Am einfachsten erreichen Sie den hübschen Villenvorort, der hoch über dem Talkessel von Funchal liegt, mit der neuen Seilbahn.

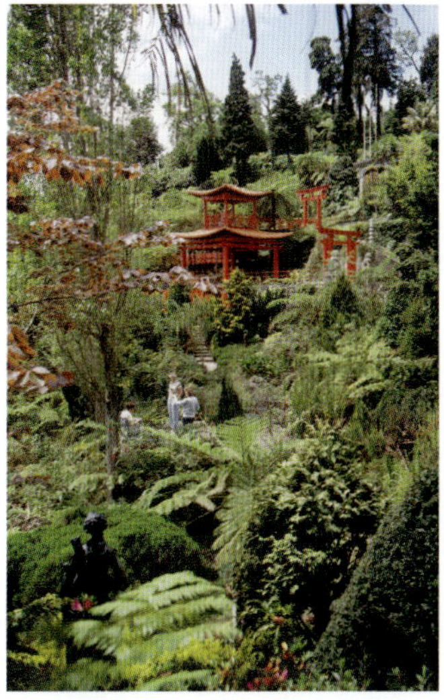

Hauptsehenswürdigkeit von Monte sind die zauberhaften **Jardins do Monte Palace**. Die Anlage wurde einst vom englischen Konsul Charles Murray im späten 18. Jahrhundert als Quinta do Prazer errichtet und beherbergte später ein Hotel und Verwaltungsbüros. 1987 erwarb der Unternehmer José Manuel Rodrigues Berardo das Anwesen. Berardo war auf Madeira allgemein als »Joe Gold« bekannt, weil er seinen Reichtum dem Gold aus südafrikanischen Minen verdankte. Er gab einen Teil seines Vermögens für die Restaurierung des weitläufigen terrassierten Parks aus, ließ einheimische madeirensische Bäume, aber auch tropische Exoten pflanzen, Seen und Brunnen, Grotten und Staffage-bauten anlegen. Das Ergebnis ist eine herrliche Wildnis voller Über-

Die Jardins do Monte Palace stecken voller Überraschungen

raschungen und Kitschelementen, die hier allerdings nicht stören, sondern amüsieren. Tunnels führen zu verborgenen Wasserfällen, und selbst die Toiletten sind mit alten Fliesen aus Lissabon dekoriert, die für orientalische Textilien und Korbflechtmöbel warben.

Die Umgebung von Funchal

Unvergessliche Schlittenfahrt

Gleich hinter dem Eingang zu den Palastgärten liegt die Abfahrtsstelle für die **Korbschlittenfahrten**. Ernest Hemingway (1899–1961) beschrieb die zwei Kilometer lange Fahrt die steilen Straßen hinunter nach Livramento als eines der aufregendsten Erlebnisse seines Lebens. Die Höchstgeschwindigkeit der 10-minütigen Rutschpartie beträgt 10 Stundenkilometer, und die Schlittenführer lenken die mit Metallkufen bestückten Gefährte mit nachtwandlerischer Sicherheit talwärts.

Leider haben sich die Schlittenfahrer mit zu hohen Preisen selbst ums Geschäft gebracht (obwohl sie zuweilen noch gebucht werden). Man sieht sie jetzt in ihren Strohhüten und bereiften Schuhen an der Kirche stehen, sich unterhalten und *Poncha* trinken.

Wallfahrtskirche

Auf der Terrasse oberhalb der Korbschlittenstation liegt die Kirche **Nossa Senhora do Monte**, die im Zentrum der Feierlichkeiten zu Mariä Himmelfahrt steht. Am 15. August pilgern unzählige Madeirenser herbei, um vor der kleinen Statue auf dem Hochaltar zu beten. Die Muttergottes soll im 15. Jahrhundert einer hiesigen jungen Schäferin erschienen sein. Andere Wallfahrer zollen dem Grab des letzten Kaisers von Österreich, Karl I., Tribut, der 1922 hier im Exil starb (➤ 17) und 2004 von Papst Johannes Paul II. selig gesprochen wurde. Sein schlichter schwarzer Metallsarg mit der Flagge der Habsburger steht von brennenden Kerzen umgeben in der Kapelle rechts vom Hauptschiff.

Von der Kirche geht es über Terrassen hinab zum platanenumstandenen Hauptplatz, der von Straßencafés und Kunstgewerbegeschäften gesäumt wird. Der exotisch wirkende Pavillon am gegenüberliegenden Ende ist der Rest eines ehemaligen Bahnhofs, von dem aus eine Dampfzahnradbahn nach Funchal verkehrte. Auch der Viadukt der Bahn ist erhalten; er steht, fast völlig von Schling- und Kletterpflanzen

Oben:
Eine Korbschlittenfahrt ist ein unvergessliches, wenn auch teures Erlebnis

Rechts: Ein Kirchgänger entzündet eine Kerze in Nossa Senhora

überwuchert, südlich des Platzes im Herzen eines großen und sehr gepflegten öffentlichen Parks.

KLEINE PAUSE

Ein idealer Ort für eine kleine Kaffeepause, ein Mittagessen oder einfach einen Imbiss ist der Pavillon im Garten des Hotels **Quinta do Monte**. Der Eingang befindet sich gegenüber der Seilbahnstation (➤ 90).

✚ 182 B2 ✉ 4 km nördlich von Funchal 🚌 Nr. 20 und 21 oder Seilbahn von Funchal bzw. Jardim Botânicoâ

Teleféricos da Madeiras (Madeira-Seilbahn)

✉ Caminho das Babosas 8, Monte; Avenida do Mar, Zona Velha, Funchal ☎ 291 780 280; www.madeiracablecar.com 🕐 tägl. 9.30–17.45 Uhr ✋ teuer

Monte Palace Tropical Garden

✉ Caminho do Monte ☎ 291 742 650; www.montepalace.com 🕐 tägl. 10–18 Uhr ✋ teuer 🍴 Café (€)

Korbschlittenfahrt

✉ Fahrer warten am Caminho das Babosas neben der Kirche Nossa Senhora do Monte 🕐 Mo–Sa 9–18, So 9–13 ✋ teuer

Teleféricos do Jardim Botânico (Botanical Garden Cable Car)

✉ Largo do Babosas ☎ 291 210 290; www.telefericojardimbotanico.com 🕐 tägl. 9.30–18 Uhr (letzte Abfahrt 17.30 Uhr) ✋ teuer

DAS HAUS DES KAISERS

Quinta do Monte, wo Kaiser Karl I. von Österreich eine kurze, aber glückliche Zeit seines Exils verlebte, wird restauriert und ist bereits öffentlich zugänglich. Bis der einstige Zustand komplett wiederhergestellt ist, wird zwar noch einige Zeit vergehen, doch es gibt bereits einen Irrgarten und ein Panorama-Café.
Quinta Jardins do Imperador
✉ Camhino do Pico ☎ 291 780 460
🕐 tägl. 10–18 Uhr ✋ teuer

MONTE: INSIDER-INFO

Top-Tipps: Sparsame Besucher können mehrere schöne Gartenanlagen bewundern, ohne dafür Eintritt zahlen zu müssen: Der Zutritt zu den hübschen Terrassengärten und zur Barockkapelle auf dem Gelände des Hotels Quinta do Monte (➤ 90) kostet nichts. Freien Zutritt hat man auch zu dem Garten, der die Kirche umschließt und zum baumbestandenen Hauptplatz hinabführt.

■ Die Seilbahn von Funchal nach Monte erfreut sich so großer Beliebtheit, dass 2005 eine weitere Seilbahn eröffnet werden konnte: die **Teleféricos do Jardim Botânico**. Vom Largo do Babosas am östlichen Ende des Dorfes legt man die 1,6 Kilometer lange Strecke zum Botanischen Garten jetzt in 9 Minuten zurück.

③ Curral das Freiras

Dieser abgeschiedene, von hohen Bergen umrahmte Ort auf einem Felsplateau erinnert in mehr als einer Hinsicht an ein utopisches Gebirgsrefugium. Am besten erkunden Sie Curral das Freiras und das umliegende Tal natürlich zu Fuß.

Als die Schwestern von Santa Clara (➤ 60) im Jahr 1566 Piraten auf ihr Kloster zustürmen sahen, flohen sie Hals über Kopf. Ein weiser Entschluss, denn die rund 1000 französischen Piraten hatten bereits den Gouverneur und 250 prominente madeirensische Bürger im Palácio de São Lourenço blutig niedergemetzelt und waren nun auf eine Vergewaltigungsorgie aus.

Die Nonnen liefen am Fluss Socorridos entlang und versteckten sich in einem abgelegenen Tal im Landesinneren. Seither heißt dieser Ort Curral das Freiras; auch das Tal trägt diesen Namen. Obwohl nur 19 Kilometer von Funchal entfernt, ist es recht schwierig zu erreichen, sodass es im 21. Jahrhundert kaum zugänglicher erscheint als ein halbes Jahrtausend früher.

Die heutige Straße verläuft parallel zum Tal der Ribeira do Vasco Gil, weshalb man das Tal erst erblickt, wenn man am Aussichtspunkt **Eira do Serrado** angekommen ist. Von dem dortigen Café und Geschäft führt ein steiler Pfad am Rand des steilen Kessels hinab zum Talboden (siehe Kasten). Ebenfalls von Eira do Serrado aus bringen Busse und Taxis Besucher auf einer schmalen, kurven- und tunnelreichen Straße nach unten. Man kann aber auch die alte Route nehmen. Das Dorf Curral das Freiras selbst ist nicht so idyllisch, wie es von oben wirkt, verfügt aber über diverse Cafés und Restaurants, die meisten gegenüber der modernen Kirche.

KLEINE PAUSE

Im **Eira do Serrado** (➤ 90f) gibt es Kaffee und kalte Getränke sowie schöne Blicke auf Curral das Freiras Das Restaurant **Nun's Valley** (➤ 91), gegenüber

DER WEG INS DORF

Wenn Sie gut zu Fuß und schwindelfrei sind, ist der einstündige Weg von Eira do Serrado hinunter nach Curral das Freiras eine wunderbare Wanderung. Der Pfad beginnt gleich links von dem Schild »Eira do Serrado Alt. 1.094 m« beim Souvenirshop. Der Weg geht über Stock und Stein, ist mit Vorsicht aber dennoch begehbar und soll 52 Haarnadelkurven haben. Nachdem er auf die Asphaltstraße trifft, sind es noch etwa 15 Minuten nach Curral das Freiras. Ist Ihnen der Rückweg auf Schusters Rappen zu anstrengend, fährt vor der Kirche ein Bus ab.

der Kirche, serviert köstliche Kuchen mit Kastanien, Bananen oder Mandeln.

✚ 181 F2　✉ 19 km nordwestlich von Funchal
🚌 Horários do Funchal Bus Nr. 81

CURRAL DAS FREIRAS: INSIDER-INFO

Top-Tipp: Die halbtägige Fahrt nach Curral das Freiras ist ein viel gebuchter **Ausflug**. Nähere Informationen erhalten Sie in Ihrem Hotel oder im Touristeninformationsbüro.

■ Versäumen Sie keinesfalls die Spezialität des Ortes, den *castanha* genannten Kastanienlikör.

■ Ein **Tunnel durchquert** den Eira do Serrdo. Die Alternativroute, die atemberaubende Ausblicke bietet, war zum Erstellungszeitpunkt dieses Reiseführers aufgrund eines Erdrutsches geschlossen und wird voraussichtlich erst in einiger Zeit wieder befahrbar sein.

Nach Lust und Laune!

»Teppichgärtnerei« mit geometrischen Mustern im Jardim Botânico

4 Jardim Botânico

1952 erwarb die Regierung Madeiras den ehemaligen Familiensitz der Familie Reid (► 16) und verwandelte ihn in ein Naturkundemuseum und einen botanischen Garten. Insbesondere auf den sonnigen Südterrassen bieten leuchtend rote und gelbe Beetpflanzen ein prächtiges Farbschauspiel. Hinzu kommen Kakteen und Sukkulenten von teilweise abenteuerlicher Gestalt. Interessant ist auch der Garten mit landwirtschaftlichen Nutzpflanzen, die als Lebensmittel, zur Ölgewinnung, als Farbstoff oder zu medizinischen Zwecken kultiviert werden. Darüber hinaus erfreuen Formschnittgärten sowie typisch madeirensische Gewächse, wie sie gewöhnlich an den Stränden und Klippen der Insel gedeihen – von der atemberaubenden Aussicht über das cañonartige Tal der Ribeira de João Gomes gar nicht zu reden.

Ein Highlight ist die neue Seilbahn, die von hier aus nach Monte (► 81ff) hinauffährt. Sie verkehrt täglich von 9.30 bis 18 Uhr (letzte Abfahrt 17.30 Uhr).

✚ 182 B2 ✉ Quinta do Bom Sucesso, Caminho do Meio ☎ 291 211 200 🕓 tägl. 9–18 Uhr; feiertags geschl. 🍴 Café (€) 🚌 Bus oder Seilbahn (► 83) ✋ mittel (Jardim dos Loiros inklusive)

5 Jardim dos Loiros

Der Jardim dos Loiros grenzt an den Jardim Botânico und ist vor allem bei Kindern beliebt. Die bunten gefiederten Bewohner (Kakadus, Papageien, Aras, Loris und Sittiche), die unüberhörbar die Terrassen bevölkern, werden allerdings in recht kleinen Käfigen gehalten, was viele Besucher tief bedrückt. Eine neue Voliere im Zentrum der Anlage soll zumindest einigen Vögeln das Leben erträglicher machen.

✚ 182 B1 ✉ Caminho do Meio ☎ 291 200 200 ◷ tägl. 9–17.30 Uhr; feiertags geschl. ⁋ Café im Jardim Botânico (€) ☐ Bus ✋ mittel (Jardim Botânico inklusive)

❻ Câmara de Lobos

Dieses malerische Fischerdorf liegt an einer nahezu runden Bucht und lockt viele Besucher an. Oft setzen bunte Boote am Strand leuchtende Farbtupfer, und auf einer Terrasse östlich der Bucht markiert eine Plakette die Stelle, an der der britische Premierminister Sir Winston Churchill 1950 die idyllische Hafenszenerie malte, bevor er zu den Wahlen 1951 heimkehrte, die seine Amtszeit verlängern sollten. Die Terrasse überblickt einen Strand, an dem heute noch Boote gebaut und repariert werden. Bis auf den Einsatz von Elektrosägen und -schraubendrehern hat sich dieses Handwerk seit Jahrhunderten kaum verändert. Am Kai auf der anderen Seite der Bucht steht die kleine Kirche **Nossa Senhora da Conceição** (mit

BADEPLÄTZE

An der alten Straße, die westlich durch den Hotelbezirk nach Câmara de Lobos führt, verbindet eine Promenade zwei Badeplätze. Beide sind am Wochenende meist überlaufen, unter der Woche aber häufig recht ruhig. Der **Lido** (182 B1, Rua do Gorgulho, Tel. 291 762 217, geöffnet tägl. 8.30–20 Uhr, Eintritt mittel) ist eine städtische Einrichtung mit großen und kleinen Becken, Bar, Café und Restaurant (geöffnet bis 23 Uhr) sowie Wellenbrechern, von denen man ins Meer hinaus schwimmen kann. Der **Clube Naval** (182 B1, Estrada Monumental, Tel. 291 762 253, geöffnet tägl. 10–18 Uhr) ist teurer und etwas exklusiver. Das Café ist nicht öffentlich zugänglich.

einem vergoldeten Altar und naiven Wandmalereien von Wundern), in die die einheimischen Fischer zum Beten kommen. Häufig sieht man die Dorfbewohner beim Kartenspielen neben den Booten oder beim Fernsehen in nahe gelegenen Bars und bei Poncha-

ERLEBNISREICHE BOOTSAUSFLÜGE

Die folgende Auswahl von Veranstaltern haben einen Schalter am Hafen von Funchal, Sie können aber auch über Ihr Hotel oder ein Reisebüro buchen. Alternativen gibt es in Ponta do Sol (▶ 126) und Machico (▶ 138ff).

■ **Seaborn** (Tel.: 291 231 312) bietet täglich zwei dreistündige Wildtierbeobachtungsfahrten an die Steilufer des Cabo Girão, so es das Wetter erlaubt.

■ Sie können die Luxusyacht *Gavião Madeira* chartern (Tel. 291 916 303) und die wunderschöne Südküste umsegeln. Phantastisch ist eine Fahrt am späten Nachmittag oder ein Ausflug zur Seehunde- und Meeresvögelbeobachtung bei den **Ilhas Desertas** (Mo und Do), den unbewohnten Inseln südöstlich von Madeira.

■ Kontrollierte und umweltbewusste **Hochseefischer** versuchen gefährdete Arten zu schonen. Interessenten wenden sich an Nautisantos (Tel. 291 231 312; www.nautisantosfishing.com), Turipesca (Tel. 291 231 063) oder an den Hochseefischer *Madeira Big Game Fishing* (Tel. 291 227 169; www.madeiragamefish.com).

■ Kinder sind begeistert vom Nachbau der *Santa Maria de Colombo*, auf der Kolumbus im 15. Jahrhundert in die Neue Welt segelte. Er ist das geistige Kind des aus den Niederlanden stammenden Robert Wijntje, der die einheimischen Handwerker anregte, dieses Schiff zu bauen, und es 1998 bei der Weltausstellung in Lissabon präsentierte. Heute können Passagiere zweimal täglich eine dreistündige Fahrt entlang der Südküste Madeiras unternehmen (Tel. 291 225 695; www.santamariadecolombo.com).

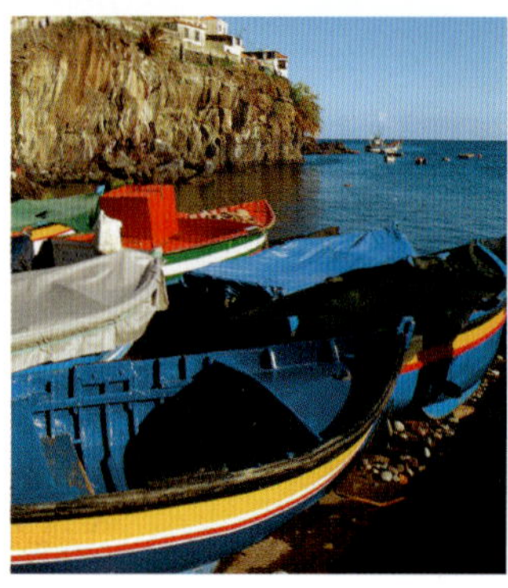

Oben: So sah Winston Churchill das Fischerdorf Câmara de Lobos
Links: Bunte Fischerboote

Aufnahmen aus dem Museu Photographia Vicentes (➤ 65), die berühmte Inselbesucher zeigen. Zu sehen sind der irische Dramatiker George Bernard Shaw (1856–1950), der im Hotel Reid's Palace Tango lernte, Sir Winston Churchill beim Malen in Câmara de Lobos (➤ 17, 87) und Kaiser Karl I. von Österreich bei einem Picknick in seiner Exilheimat Monte (➤ 17). Kaum weniger imposant ist der Blick aus der anderen Perspektive – von einem Boot nach oben (➤ 87, Kasten).

✚ 181 E1 ✉ 22 km westlich von Funchal
🕐 Aussichtsplattform: 24 Stunden; Pavillon und Snackbar: tägl. 9–18 Uhr; feiertags geschl.
🍴 Café (€)
🚌 der Rodoeste-Bus Nr. 154 hält in Fontainhas, östlich der Quinta Grande, von der aus man nach 2 km Fußmarsch zum Cabo Girão gelangt ✋ frei

Gelagen, nachdem der Fang eingeholt wurde. Die schmalen Gassen sind von echter Armut gezeichnet. Trotz der saftigen Preise, die man in madeirensischen Restaurants für frischen Fisch zahlt, können die Fischer von ihrer anstrengenden und gefahrvollen Arbeit kaum leben.

✚ 182 A1 ✉ 14 km westlich von Funchal
🚌 alle Rodoeste-Busse halten in Câmara de Lobos

7 Cabo Girão

Wer nicht völlig schwindelfrei ist, sollte das Cabo Girão besser meiden. Vom *miradouro* (Aussichtspunkt) geht es 580 Meter praktisch senkrecht in die Tiefe! Der kleine Besucherpavillon beim Parkplatz der Aussichtsplattform birgt eine sehenswerte Fotoausstellung mit

ABSEITS DER TOURISTENWEGE

Der Strand zu Füßen des Cabo Girão ist über eine Seilbahn zu erreichen. Die Station findet man, wenn man Câmara de Lobos in westlicher Richtung verlässt und dann nach dem Schild »Teleférico« Ausschau hält.

Wohin zum...
Essen und Trinken?

Prices
Die Preise gelten pro Person für ein Essen, ohne Getränke und Service:
€ unter 20 €   €€ 20–40 €   €€€ über 40 €

UMGEBUNG VON FUNCHAL

Bombay Palace €€
Im Bombay Palace, das sich bei auf Abwechslung bedachten Touristen großer Beliebtheit erfreut, erwartet Sie eine der authentischsten indischen Speisekarten Madeiras. Fast jeder, der hier gegessen hat, schwärmt für dieses Lokal. Kosten Sie saftigen Tandoori-Fisch, Geflügel oder Hummer. Wer will, kann die Gerichte auch mitnehmen.
✚ 182 B1 ✉ Rua do Gorgulho, Eden Mar Einkaufszentrum ☎ 291 763 110 ◷ Mo 18.30–23, Di–Sa 12.30–15, 18.30–22.30 Uhr

Brasserie €€€
Der elegante Speiseraum mit Steinfußboden und Wänden in Burgunderrot gehört zu einem Restaurant der neuen Generation, das in Madeira neue internationale Akzente setzt und sich von den vorherrschenden Lokalen mit Landesküche abhebt. In der Regel stehen Entenbrust, geröstetes Lamm und Kabeljau auf der Karte, aber auch Ausgefalleneres wie Wildschwein oder Wild. Service und Aussicht sind gleichermaßen perfekt.
✚ 182 B1 ✉ Promenade do Lido (unterhalb des Hotels Tivoli) ☎ 291 766 992 ◷ Do–Sa 18–11.30, So 12.30–15, 18–23 Uhr

Casa Madeirense €€
Lust auf eine Mahlzeit unter Palmen, strohgedeckten Schirmen und Bananenstauden? Dieses Lokal im Hotelbezirk bietet das passende tropische Ambiente zu den lauen madeirischen Nächten. Fischkasserolle, Hummer, flambierte Gerichte und gegrillter Schwertfisch zählen zu den Spezialitäten, und für Vegetarier gibt es delikate Gemüsecrêpes.
✚ 186 bei A1
✉ Estrada Monumental 155
☎ 291 766 700
◷ tägl. 12–16, 18–22.30 Uhr

Hotel Escola €€
Erstklassiger Service und großartige internationale Küche kosten hier kein Vermögen. In der Hotelschule von Madeira lernen die künftigen Köche und Ober der Insel ihr Handwerk von der Pike auf. Und dafür, dass Sie von Auszubildenden bedient werden, bekommen Sie ein ausgezeichnetes Vier-Gänge-Menü zu vernünftigem Preis. Die Karte wechselt täglich. Es gibt sogar einen Shuttlebus-Service vom Hotelbezirk. Gäste können den Pool benutzen, und zwischen 16 und 18 Uhr wird Tee serviert.
✚ 182 A1 ✉ Travessa dos Piornais, São Martinho ☎ 291 700 386 ◷ tägl. Mittagessen und Nachmittagstee

Lareira Portuguesa €€€
Dieses freundliche Restaurant ist eines der exklusiveren traditionellen Lokale der Hotel Zone und so beliebt, dass viele immer wieder dort einkehren und sich an reichlich Fisch und Nudeln gütlich tun. Das Lokal ist bekannt dafür, im Untergeschoss seltene Fischarten wie den Großen Roten Drachenkopf oder Papageienfisch zu servieren. Wer keinen Fisch mag, genieße im ersten Stock knusprige Steaks, Filets und Vegetarisches. Das Weinangebot ist groß, das Personal berät gern.
✚ 186 bei A1 ✉ Travessa Valente 7 ☎ 291 762 911; www.lareiraportuguesa.com ◷ tägl. 11–23 Uhr

Sheng €€

Hier kommt nicht so sehr Fusion-Küche auf den Tisch als vielmehr eine Mischung verschiedener asiatischer Stile in einem Menü. Es gibt Pekingente, japanische Sashimi, Thai-Curry und Schweine-fleisch auf kantonesische Art.
✚ 182 B1
✉ Rua Imperatriz Dona Amélia 80
☎ 291 228 552 ◷ tägl. 12–15, 18–24 Uhr

Tokos €€

Tokos ist in einem herrlich bewachsenen Steinhaus auf der Hauptmeile der Hotel Zone untergebracht und bietet nur 30 Gästen Raum; ein Plus für die Atmosphäre, bei der Sie meister-haft zubereitete Fisch-, Lamm-, Huhn- und Kalbsgerichte speisen und mit erlesenen Weinen der um-fangreichen Karte hinunterspülen können.
✚ 186 bei A1
✉ Estrada Monumental 169
☎ 291 771 019
◷ Di–Sa 12–23, So 18–23 Uhr

Qasbah €€

Als wäre das marrokanisch inspi-rierte Essen noch nicht genug, hier genießen Sie Couscous, Kebabs, Thunfischsteak, Degenfisch und Reis auch noch vor atemraubender Kulisse: hoch über den tosenden Wellen nahe des Badestrandes. Von den Terrassenplätzen genie-ßen Sie bei einem kühlen portu-giesischen Rosé in lauer Sommer-luft den Sonnenuntergang über dem Atlantik.
✚ 186 bei A1
✉ Promenade do Lido, unterhalb des Meliã Madeira Mare Hotels ☎ 291 765 500
◷ 11–24 Uhr

Xôpana €€€

Das Top-Restaurant im Choupana Hills Spa and Resort hat die Fusion-Küche in Madeira eingeführt. Die Mischung asiatischer und westlicher Kochkunst liefert sehr überzeugende Ergebnisse; die Atmosphäre ist dennoch zwanglos.
✚ 182 B2 ✉ Travessa do Largo da Choupana, Choupana

☎ 291 206 020
◷ tägl. 12–15, 18.30–22.30 Uhr

MONTE

O Refúgio do Monte €€€

Der Nachmittagstee im noblen Hotel Quinta Mirabela einen Kilometer außerhalb von Monte ist so reich-haltig, dass Sie besser ein anderes Mal wiederkommen, wenn Sie abends auch noch das mehrgängige Gourmet-Menü probieren wollen. Die Küche ist wahrlich erstklassig: Ein Menü um-fasst beispielsweise Filet *de foie gras* *gras* mit Brioche, Ravioli mit Forelle und Gemüse, Lamm-Croustillants mit Dörrobst, Pistazien, Polenta und Schoko-Crêpes zum Dessert.
✚ 182 B2 ✉ Caminho do Monte 105–107
☎ 291 780 210 ◷ tägl. 16–24 Uhr

Quinta do Monte €€

Das Hotel inmitten subtropischer Gärten serviert tagsüber köstliche Kuchen, Baguettes und Salate. Abends kommen in den Räumen des Restaurants erlesene Köstlichkeiten

auf den Tisch, darunter *foie gras* und Hummer. Natürlich gibt es auch einfachere Gerichte wie gegrillten Ziegenkäse mit wilden Beeren. Im Hintergrund erklingt Livemusik: Klavier am Mittwoch, Folkloretänze am Donnerstag, klassische Gitarre am Freitag und traditionelle portu-giesische Weisen am Samstag.
✚ 182 B2 ✉ Caminho do Monte 192
☎ 291 780 100 ◷ tägl. 12–15, 18–23 Uhr

CURRAL DAS FREIRAS

Eira do Serrado €€

Lassen Sie sich verwöhnen in die-sem eleganten Restaurant, dessen Panoramafenster den herrlichen Blick über das Tal und die umlie-gende Gebirgslandschaft freigeben. Es lohnt die Fahrt von Funchal herauf, denn die Speisekarte enthält nicht nur Steak, Fisch, Meeres-früchte und Geflügel, sondern auch örtliche Spezialitäten, die auf den omnipräsenten Kastanien basieren. Ein komplettes Kastanienmenü könnte wie folgt aussehen: *Sopa de castanha* (Kastaniensuppe) gefolgt von Degenfisch in Kastaniensauce und als Abschluss Kastanientorte mit Kastanienlikör. Wenn Sie sich zwei Tage im Voraus anmelden, serviert man auch gern Köstlichkeiten wie Kaninchenkasserolle, Lamm oder Kräuterspanferkel. Ein Muss!

✠ 182 A2 ⊠ Eira do Serrado, Curral das Freiras ☎ 291 710 060 ◷ tägl. 8–22 Uhr

Nuns' Valley (Vale das Freiras) €

In diesem Lokal stärken sich zahllose hungrige Wanderer mit leckeren Kastanien-, Bananen- oder Mandelkuchen (im Erdgeschoss). Im Obergeschoss liegt das Restaurant mit einer sonnigen Terrasse; hier können Sie Kastaniensuppe (eine leicht süßliche Kreation mit Karotten und Kohl in Gemüsebrühe) probieren. Wer keine Kastanien mag, sollte das ausgezeichnete Brathähnchen versuchen. Unbedingt kosten müssen Sie einen der selbst gemachten Liköre: Eukalyptus, Banane oder (natürlich) Kastanie.

✠ 181 F2 ⊠ Curral das Freiras ☎ 969 902 690 (Handynummer) ◷ tägl. 9–19 Uhr

As Vides €€

Die Madeirenser sagen, die besten *espetadas* (Rindfleischspießchen) werden über der Glut von Reben gegrillt, und deshalb ist dieses Lokal zwischen den Weinbergen seit langem (nicht nur) bei den Einheimischen beliebt. Neben saftigem Rindfleisch serviert man hier auch gegrillten Kabeljau, Geflügel und hervorragende Steaks mit *bolo de caco*, einem herzhaften Kartoffelbrot, sowie hiesige Weine.

✠ 181 F2 ⊠ Achada 17, Estreito de Câmara de Lobos (bei der Kirche) ☎ 291 945 322 ◷ tägl. 12–16 und 18.30–24 Uhr

Churchills €€

Dieses Lokal ist nach dem britischen Premierminister benannt, der 1950 hier vor der Tür seine Staffelei aufstellte, um den Hafen zu malen.

Einen ähnlichen Blick – bunte Fischerboote am Kieselstrand – genießen Sie von der Restaurantterrasse oder dem Speisesaal aus, während Sie sich gegrillte Steaks, Thunfisch oder Degenfisch schmecken lassen.

✠ 181 F1 ⊠ Estrada João G Zarco 39, Câmara de Lobos ☎ 291 941 451 ◷ tägl. 10–22 Uhr

Vila do Peixe und Vila do Carne €€

Diese zwei hellen, modernen Restaurants mit einem schönen Blick über Câmara de Lobos, liegen fast direkt nebeneinander und servieren Fisch bzw. Fleisch. Sie können Ihren Fisch selbst auswählen und über dem Holzfeuer grillen lassen. Serviert wird er mit einer Auswahl an frischem Gemüse und einem madeirischen Wein, zum Beispiel dem Enxurros. An den Abenden (vor allem im Sommer) sollten Sie Ihren Tisch im Voraus reservieren .

✠ 181 F1 ⊠ Rua Dr Jobo Abel de Freitas ☎ 291 099 909 ◷ Di–So Mittag- und Abendessen

Wohin zum… Einkaufen ?

Wenn Sie eine Ferienwohnung gemietet haben und Selbstversorger sind oder sich für ein Picknick ausrüsten möchten, kaufen Sie am besten im **Supermarkt Pingo Doce Lido** an der Rua do Gorgulho gleich bei der Estrada Monumental im Hotelbezirk von Funchal ein. Das täglich von 9 bis 22 Uhr geöffnete Geschäft hat einen eigenen Parkplatz und bietet eine große Auswahl an Brot, Kuchen, Obst, Salaten, Käsesorten, gekochtem Fleisch sowie Getränken – Mineralwasser, Wein, Bier und Spirituosen.

Im riesigen Einkaufszentrum **Forum Madeira** (Estrada Monumental 390; Läden tägl. 10–23 Uhr geöffnet) gibt es weitere Supermärkte. Hier finden Sie nicht weniger als 86 Läden, die alles verkaufen über Kleidung, Schuhe,

Taschen, Sportartikel, Bücher, CDs, Schmuck und Accessoires. Natürlich fehlen auch Cafés nicht, und für Unterhaltung sorgt ein großes Kino.

Ähnliche Ausmaße hat das Zentrum **Madeira Shopping** im Vorort São Martinho. Es wird von Sonderbussen angefahren (Horários do Funchal, Bus 8A) und ist auf allen Zubringerstraßen gut ausgeschrieben. Folgen Sie der Via Rapida westwärts Richtung Ribeira Brava und fahren in São Martinho ab oder verlassen Funchal auf der Rua do Dr Pita und biegen dann links in die Rua de São Martinho. Das Zentrum umfasst mehr als 100 Geschäfte sowie Restaurants und Fastfood-Lokale sowie eine Kegelbahn und ein großes Kino (➤ 72). Die meisten Läden verkaufen Kleidung, Schuhe, Lederwaren und Accessoires.

ORCHIDEEN

Schnittblumen sind ein beliebtes Mitbringsel, und ein bisschen Sorgfalt vorausgesetzt, halten sie bis zu einer Woche. Wer etwas länger Freude an einem Souvenir haben möchte, wählt Orchideen. Am Stadtrand von Funchal gibt es zwei Stellen, an denen Sie mehr über diese seltenen Blumen erfahren und viele verschiedene Sorten in Blüte bewundern können. Der **Jardim Orquídea** (Rua Pita da Silva 37, Tel. 291 238 444, www.madeiraorchid.com, geöffnet tägl. 9–18 Uhr, Eintritt teuer) ist vom Jardim Botânico (➤ 86) aus ausgeschildert und wartet mit 50 000 Orchideen in allen erdenklichen Formen und Farben auf. Alternativ nehmen Sie die Estrada Conde de Carvalhal, biegen nach 800 Metern links ab und folgen den Schildern zu **Boa Vista Orchids** (Rua Lombo da Boa Vista, Tel. 291 220 468, geöffnet Mo–Sa 9–18 Uhr). Die Inhaber verkaufen Pflanzen, beantworten geduldig Fragen und ermuntern Besucher zu einem Spaziergang durch die dschungelartige Anlage voller farbenprächtiger Blüten..Gelangen Sie an keinen dieser Orte, erhalten Sie bei jedem Floristen der Insel eine gute Auswahl an zarten Orchideen, möglicherweise sogar im

Wohin zum...
Ausgehen?

AKTIV-SPORTARTEN

Die **Associação Hipica da Madeira** (Quinta Vale Pires, Caminho dos Pretos, São João Latrão, Tel. 291 792 582, geöffnet Di 10–13 Uhr, Mi–So 10–13, 15–18 Uhr, So bis 19 Uhr) bietet Anfängern (Reservierung empfohlen) und erfahrenen Reitern die Möglichkeit, einen Teil Madeiras vom **Pferderücken** aus kennen zu lernen. Eine ungewöhnliche, aber zunehmend beliebtere Art, die Insel zu erkunden.

Golffans sollten den **Palheiro Golf** neben den Palheiro Gardens ansteuern (Tel: 291 790 120), den vermutlich besten Platz des Archipels. Taucher haben die Wahl zwischen dem **Diving Centre Golfinho** im Hotel Cliff Bay (Estrada Monumental, Funchal, Tel. 291 707 070; www.cliffbay.com) und dem **Madeira Oceanos** am Lido (www.madeiraoceanos.com; Tel. 291 522 015, www.madeiraoceanos.com). Alle bieten Schnupperkurse sowie Tauchexkursionen an.

ZUSCHAUERSPORT

Madeira besitzt zwei Fußballmannschaften, die in der ersten portugiesischen Liga spielen: Die **C S Marítimos** haben das Estádio dos Barreios nahe der Hotelzone an der Rua do Dr Pita als Spielstätte. Die Mannschaft **Nacional** ist in Choupana in den Bergen östlich von Monte beheimatet. Jedes zweite Wochenende findet ein Heimspiel statt. Die meisten Madeirer sind treue Anhänger ihrer Mannschaft, der die Lokalpresse weit mehr Platz einräumt als beispielsweise den Aktivitäten der Politiker.

Das zentrale Bergland

Erste Orientierung

Die Mitte Madeiras besteht zu einem Großteil aus vulkanischen Erhebungen, die eine Höhe von 1400 bis über 1800 Meter erreichen. Durch die Wildnis führen wenige Straßen; auf einigen Landkarten sehen Sie gepunktete Linien, die besagen, dass die Strecke im Bau, jedoch noch nicht fertig gestellt ist.

Der Tourismusindustrie wäre es natürlich nur recht, wenn diese Gegend durch mehr Straßen erschlossen wäre, doch müssen Sie momentan noch einige Mühen auf sich nehmen und zu Fuß gehen, um den besten Blick auf das schönste Stück Madeiras zu genießen. Die Berge sind relativ gut zugänglich, es führt sogar eine Straße auf den Pico do Arieiro hinauf, den dritthöchsten Gipfel der Insel.

Das zentrale Bergland vermittelt von den meisten Standpunkten aus den Eindruck von Trockenheit, doch befinden sich in den tiefen Tälern die letzten Lorbeerwälder der Insel. Mehrere Naturparks garantieren den Fortbestand dieses ganz besonderen Waldgebiets und der wilden Tiere. Nicht das ganze Bergland besteht jedoch aus Wildnis; von São Vicente nach Porto da Cruz gibt es Täler, die terrassiert wurden. Obstgärten mit Apfel- und Kirschbäumen tauchen die Hänge oben im Frühjahr in ein Blütenmeer, im Sommer und Herbst leuchten die roten Früchte.

Zentralmadeira bietet einige der besten Tagestouren, die alle von Funchal gestartet werden können. Ausflüge in diese zerklüftete Bergwelt machen zuweilen das Erklimmen von wolkenhohen Gipfeln erforderlich, doch zum schmackhaften Abendessen sind Sie stets zurück in der Hauptstadt.

★ Nicht verpassen!

1 São Vicente ➤ 98
2 Ribeiro Frio ➤ 101
3 Pico do Arieiro ➤ 104

Nach Lust und Laune!

4 Boca da Encumeada ➤ 106
5 Ponta Delgada ➤ 107
6 Boaventura ➤ 107
7 São Jorge ➤ 108
8 Santana ➤ 108
9 Faial ➤ 108
10 Porto da Cruz ➤ 109

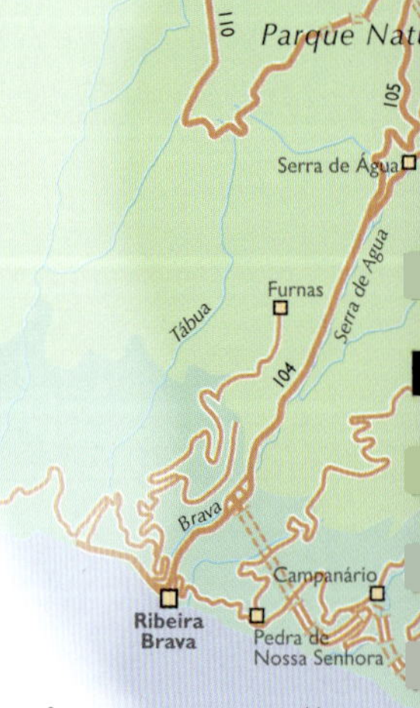

Seite 93:
Levada das
Rabacas
beim Boca da
Encumeada

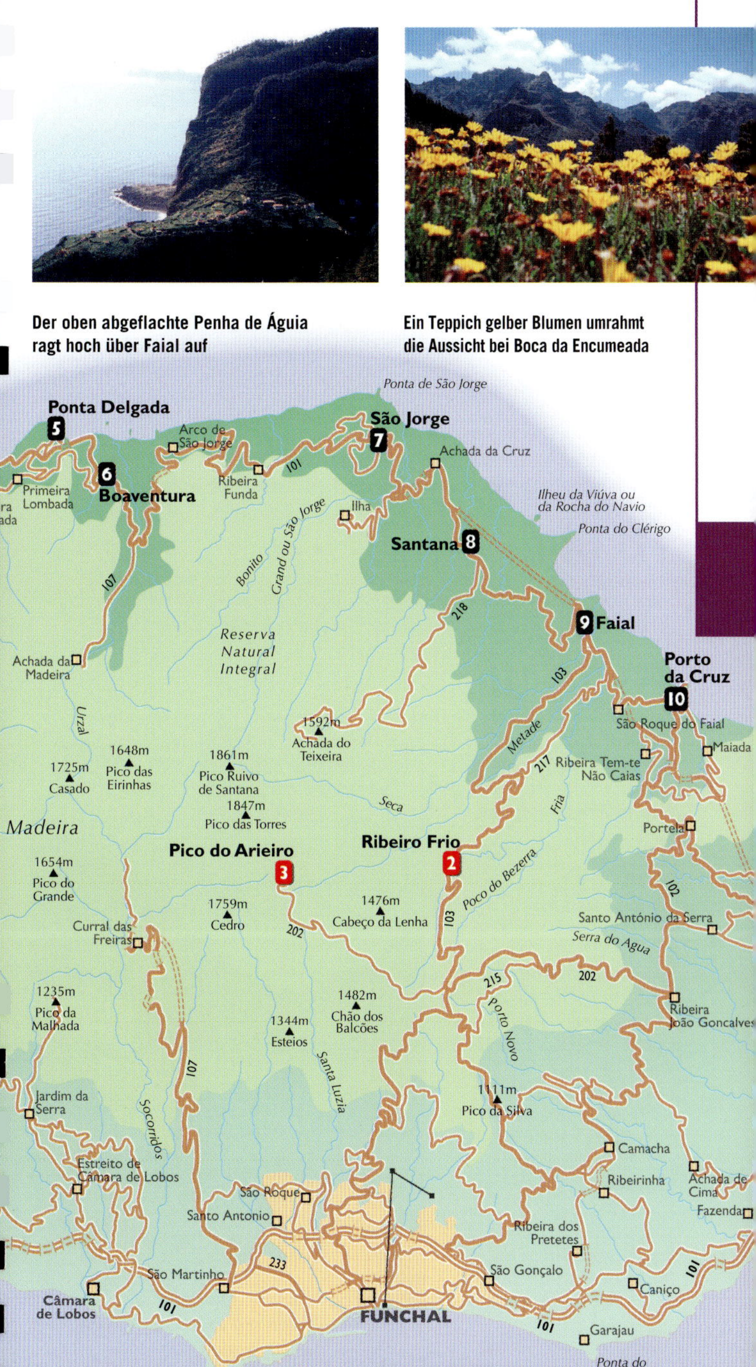

Der oben abgeflachte Penha de Águia ragt hoch über Faial auf

Ein Teppich gelber Blumen umrahmt die Aussicht bei Boca da Encumeada

An einem Tag

Wenn Sie sich nicht sicher sind, wo Sie Ihre Reise beginnen möchten, empfiehlt diese Route eine praktische eintägige Reise durch das zentrale Bergland mit den wichtigsten Sehenswürdigkeiten. Sie können dazu die Karte auf der vorangegangenen Seite verwenden. Weitere Informationen finden Sie unter den Haupteinträgen (➤ 98ff).

9 Uhr

Dieser Tag ist anspruchsvoll, doch mühelos zu bewältigen. Von Funchal folgt man der Beschilderung in Richtung Westen nach Ribeira Brava auf der Schnellstraße und weiter gen Norden nach São Vicente. Kurz vor Serra de Água teilt sich die Straße; nehmen Sie die linke Straße nach Encumeada. Auf dem Pass, bei der **4 Boca da Encumeada**, windet sich die Straße durch die Felsen, an beiden Seiten geht es steil nach unten (➤ 106). Besuchen Sie den kleinen Laden, dort werden lokal produzierte Stickereien verkauft.

10 Uhr

Auf der anderen Seite des Passes halten Sie sich sofort rechts, um am *miradouro*, einem Aussichtspunkt mit herrlichem Blick bis zur Nord- und Südküste, zu parken. Auf dieser Höhe gibt es oft einen kühlen Wind.

10.30 Uhr

Nun fahren Sie auf der anderen Seite des Passes nach **1 São Vicente** (➤ 98ff) hinunter. Kurz vor dem Dorf weist ein Schild den Weg zu den **Grutas de São Vicente**, einem Höhlensystem. Stellen Sie den Wagen an den Höhlen ab, und warten Sie, bis die einstündige Führung in die bizarre Felsenwelt aus Lava beginnt.

12 Uhr

Nur ein kurzes Stück ist es bis São Vicente. Hier gibt es an der kurzen Hauptstraße hübsche Straßencafés wie die **Pastelaria Estoril** (➤ 100) oder **Ferro Velho** (➤ 110). Wem nach Ufernähe ist, der kehre in Restaurants wie dem **Quebra Mar** (➤ 110) ein. Nach dem Mittagessen wird sich vielleicht noch ein kleiner Strandspaziergang einschieben lassen; wer Glück hat, findet dort sogar ein paar Stückchen Bimsstein.

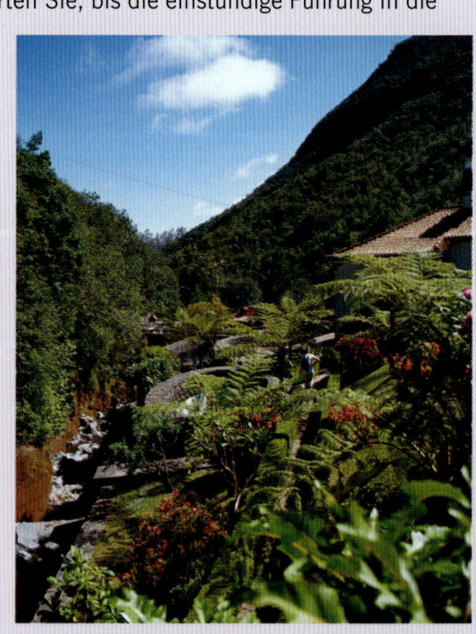

14 Uhr

Von São Vicente nehmen Sie die nördliche Küstenstraße in Richtung Osten nach Santana und Faial. Fahren Sie langsam, um sich die zahlreichen Fotomotive nicht entgehen zu lassen. Die Straße führt dann nach **5 Ponta Delgada**; dort gibt es in der Kirche ein Kreuz (➤ 107), das angeblich Wunder vollbringt. Die Straße wendet sich dann nach Süden zum Dorf **6 Boaventura** (➤ 107). Weiter östlich liegt **7 São Jorge** (➤ 108).

15.30 Uhr

In der Nähe von Santana kommen Sie am **Parque Temático da Madeira** vorbei. Dieser Themenpark ist ideal für Kinder, und man kann hier mühelos einen halben Tag verbringen – überlegen Sie sich also, ob Sie noch ein weiteres Mal hierher kommen sollten. Sehen Sie sich in **8 Santana** (➤ 108) vor allem die dreieckig wirkenden Häuser neben dem Rathaus an. Eines beherbergt das Touristeninformationsbüro, das andere die öffentlichen Toiletten.

16 Uhr

Weiter geht die Fahrt nach **9 Faial** (➤ 108) auf der anderen Seite der Ribeira Seca. Man biegt direkt hinter der Brücke rechts ab und folgt der Beschilderung nach Ribeiro Frio. Die Straße führt durch die weitläufigen Lorbeerwälder der Insel.

16.30 Uhr

Halten Sie bei **2 Ribeiro Frio** (links, ➤ 101ff), um über den leicht zu begehenden *levada*-Pfad zum Aussichtspunkt **Balcões** zu wandern. Sie können aber auch im Restaurant Ribeiro Frio gegenüber der Forellenzucht (➤ 111) einkehren.

17.30

Von Ribeiro Frio fährt man nun den Paso de Poiso hinauf. Biegen Sie auf dem Gipfel rechts zum **3 Pico do Arieiro** (➤ 104f) ab. Um diese Zeit geht die Sonne unter und taucht die Felsen des Zentralmassivs in ein dramatisches Spiel aus Licht und Schatten (unten).

18.30 Uhr

Danach geht es den Poiso-Pass wieder hinunter und rechts in Richtung Funchal.

O São Vicente

Der Höhlenkomplex etwas außerhalb des malerischen Dorfs São Vicente zählt zu den Hauptattraktionen der Insel. Auch Kinder haben an der kurzen Tour von 700 Metern durch die Felsentunnels ihren Spaß.

Grutas de São Vicente

Die Höhlen befinden sich auf der gegenüberliegenden Seite der Stadt im Tal der Ribeira de São Vicente. Die leider nur 20 Minuten dauernde Führung durch die Höhlen ist sicher eines der beeindruckendsten Erlebnisse auf Madeira. 1855 wurden die Grotten durch Einheimische entdeckt, bis dahin waren sie unbehelligt geblieben. Nach der Entdeckung wurden sie vom englischen Geologen James Johnson

São Vicente mit seinem friedlichen Charme

untersucht. Die tunnelartigen Höhlen oder Gänge hatten sich vor etwa 890 000 Jahren durch vulkanische Aktivitäten des Hochplateaus Paúl de Serra gebildet. Sie waren schwer zu erkunden, weil sie zur Hälfte mit erstarrter Lava gefüllt waren. Gegen Ende dieser Aktivitäten wurde die Lava dickflüssiger und zäher, bis sie zu fließen aufhörte, zu Stein erstarrte und die Gänge versperrte.

Um Besuchern einen Zutritt zu ermöglichen, wurde die Lava teilweise herausgeschlagen. Nun sind die Gänge nur noch zu einem Viertel mit Lava zugesetzt; durch den freien Teil führt ein Pfad, der Besuchern gerade genug Stehhöhe lässt, um heil hindurch zu kommen. An manchen Stellen gleicht die Lava geschmolzener Schokolade oder Schlammtümpeln. Wer versucht ist den Finger einzutauchen, wird überrascht sein, wie hart und rau sie ist. Andernorts erscheint sie als basaltische Kissenlava, die an mehrstöckige, in Sahne gebadete Torten erinnert. Auch Stricklava bildete sich hier, die so heißt, weil sich ihre härtende Oberfläche über halbflüssiger Lava zu textil anmutenden Strukturen verschob.

Obgleich die Höhlen vulkanischen Ursprungs sind, nicht vom Wasser ausgewaschen, fehlt Wasser keineswegs. Paúl de Serra ist heute von einem Heidemoor umgeben, das Regenwasser aufsaugt wie ein Schwamm. Ein Teil davon sickert durch die darunterliegenden Gesteinsschichten und findet bis hinab in die Höhlengänge, wo es zahlreiche **unterirdische**

Bäche und Wasserfälle bildet, die eindrucksvoll angestrahlt werden und den Höhepunkt der Führung bilden.

Die Führung verläuft durch die Höhlen bis ins neu eröffnete **Centro do Vulcanismo**. Die dortigen Exponate zeigen zunächst eine eher technische Erläuterung der Vulkanentstehung und des Nutzens von Vulkangesteinen für Gebäude, Beton und als Filtermasse. Darauf folgen ein unterhaltsamer 10-minütiger Film, eine 3D-Darstellung der Vulkanausbrüche, die zur Entstehung der madeirischen Inselgruppe führten, sowie eine Fahrstuhlfahrt hinab »zum Mittelpunkt der Erde«.

Das Dorf São Vicente

Das malerische Dorf wird von seinen Bewohnern bestens gepflegt; liebevoll renovieren sie die Häuser und legen Wert auf **traditionelles Flair**. Gassen mit Kopfsteinpflaster führen zu den Häusern mit grünen Fensterläden, weiß getünchten Wänden und leicht geschwungenen Dächern, die mit Ziegeln gedeckt sind. Rund um die Kirche finden sich viele Cafés und Geschäfte. Die Kirche selbst lohnt einen Blick wegen des Deckengemäldes; es stellt den heiligen Vinzenz dar, den Schutzheiligen Portugals und der Winzer.

Das reichhaltig dekorierte Interieur der Kirche von São Vicente

Wem der Sinn nach Aktivitäten steht, der fährt **ans Meer** hinunter. Dort gibt es **viele Geschäfte**, die sich um die Touristen bemühen. Man findet einen **schwarzen Sand-** und einen **Kieselstrand**; allerdings sind die Wellen so hoch, dass Sie besser nicht schwimmen gehen. An der Brücke nicht weit vom Strand steht eine Kapelle, die seit 1692 als spirituelle Bastion fungiert.

Der Eingang zum Höhlenkomplex

KLEINE PAUSE

Sie haben die Qual der Wahl zwischen Kuchen in der **Pastelaria Estoril** neben der Kirche und frischem Fisch oder Steaks im **Ferro Velho**, ein Stück die Hauptstraße hinauf auf der rechten Seite (➤ 110).

➕ 181 E4 ✉ 55 km nordwestlich von Funchal 🚌 Bus von São Roque nach Faial (Nr. 132); Rodoeste-Busse Nr. 6 und 139

Grutas e Centro do Vulcanismo de São Vicente

➕ 181 E4 ✉ Sítio do Pé do Passo, São Vicente ☎ 291 842 404; www. grutascentrodovulcanismo.com 🕐 tägl.10–19 Uhr; Führungen alle 20–40 Minuten je nach Teilnehmerzahl 🍴 Café (€) ✋ teuer, Kinder unter 12 frei

SÃO VICENTE: INSIDER-INFO

Top-Tipp: In São Vicente sollte man den **Wein** probieren, denn der Ort ist nach Câmara de Lobos (➤ 87) der größte Produzent der Insel; gekeltert werden der *verdelho*-Tafelwein und traditionelle Traubensorten, aus denen hervorragende Weine (➤ 22ff) hergestellt werden.

■ Höhlen sind selbst im Sommer oft kalte und feuchte Orte. Nicht aber die *Grutas de São Vicente*. Hier sind immer 17–18°C, unabhängig vom Wetter draußen.

Außerdem: An manchen Stellen sehen die **Höhlendecken** aus, als würden dort Fledermäuse mit ausgebreiteten Schwingen hängen. Wer genauer hinschaut, stellt jedoch fest, dass es sich um verhärtetes Gestein handelt. Man sieht auch kleine weiße Stalaktiten wie in Kalksteinhöhlen. Sie finden sich in den von Menschenhand in den Fels geschlagenen Tunnels, die die Lavaröhren verbinden. Die Höhlen entstanden, als glühend heißes Magma sich seinen Weg vom Paul da Serra durch Bruchstellen im Fels nach unten bahnte; zurück blieben röhrenförmige Durchgänge.

② Ribeiro Frio

Ribeiro Frio (»kalter Bach«) ist ein landschaftlich herrliches Fleckchen Erde, das sich in einem Tal mit den weitläufigsten Wäldern der Insel verbirgt. Die Naturschönheit wurde durch Anpflanzungen von Azaleen, Farnen und Kamelien noch unterstrichen.

Hauptattraktion im Wald ist die Forellenzucht; dort wird das saubere Wasser des Ribeiro Frio in mehreren Becken kanalisiert, von denen jedes an die hundert Forellen unterschiedlicher Reife enthält. Die einzelnen Becken sind durch schmale Wege untereinander verbunden, an denen Blumenbeete mit den auf Madeira heimischen Geranien und Margeriten angelegt wurden, die von Buchsbaumhecken gesäumt sind.

Die ganze Anlage erinnnert überhaupt nicht an eine industrielle Forellenzucht; sie ist einfach reizend, besonders für kleine Kinder. Sobald die Forellen eine Größe von 40 Zentimetern erreicht haben, ereilt sie ihr Schicksal, und sie landen im Restaurant Ribeiro Frio ein Stück die Straße hinunter, um unterschiedlich zubereitet (▶ 111) auf der Speisekarte aufzutauchen.

Unberührt von der Außenwelt, drehen die Forellen in der Fischzucht von Ribeiro Frio ihre Runden

Levada-Spaziergänge

Ribeiro Frio eignet sich als Ausgangspunkt für einige Wanderungen entlang der *levadas*. Auf beiden Straßenseiten führen Fußwege zu den bemoosten Schneisen und sonnigen Lichtungen in den Wäldern. So einem Weg muss man nur ein kurzes Stück folgen, um der Welt zu entfliehen.

Ein Weg führt in Richtung Norden, das heißt von der Forellenzucht bergauf. Halten Sie kurz vor der ersten Kurve nach einem versteckten Weg Ausschau. Biegen Sie hier rechts ab, und folgen Sie dem schnell fließenden Bewässerungskanal. Bald erreichen Sie einen Wasserfall, an dessen Fuß sich das Wasser in einem kleinen, tiefen Becken sammelt. Sie sollten zumindest Hand oder Zehenspitze ins Wasser tauchen, um herauszufinden, wie kalt der Ribeiro Frio tatsächlich ist.

Eine etwas längere Wanderung führt zum berühmten Aussichtspunkt **Balcões** (»Balkon«). Der Weg beginnt auf der gegenüber liegenden Straßenseite und geht vom Restaurant Ribeiro Frio abwärts, ist ausgeschildert und dauert 15 bis 30 Minuten, je nach Kondition und Zeit, die man den Pflanzen, Farnen, Moosen, Flechten, Pilzen und Vögeln widmet. Der Pfad ist meist breit und eben, von einigen Stellen abgesehen, wenn er sich durch einen Felsspalt windet. Es können also auch Kinder und Leute, die nicht schwindelfrei sind, problemlos hier gehen; nur der spektakuläre Aussichtspunkt oberhalb des **Metade-Tals** sorgt vielleicht für etwas Nervenkitzel. Enttäuschend ist eigentlich nur, dass die *levada* ausgetrocknet ist, man hört unterwegs also nicht das Plätschern des Wassers, das sonst so typisch für eine *levada*-Wanderung ist.

Der Pfad wird schmaler, wenn er vom Tal des Ribeiro Frio ins Metade-Tal gelangt; schnell ist auch die Abzweigung erreicht, die rechts zum Aussichtspunkt **(Balcões)** führt.

Dieser hätte besser nicht gewählt werden können: Der Blick schweift ins Tal hinunter, das völlig unberührt daliegt – oder doch nicht so ganz, denn das surrende Geräusch kommt vom

Oben: Grandios ist der Blick vom Aussichtspunkt Balcões

Das kristallklare Wasser des Ribeiro Frio

Kraftwerk bei Fajã da Nogueira in der Talsohle.

Blickt man nach oben, sieht man alle Gipfel des Zentralmassivs, von der plateauartigen Achada do Teixeira rechter Hand über die Spitzen des Pico das Torres bis zum **Pico do Arieiro** auf der linken Seite (➤ 104f).

KLEINE PAUSE

Das Restaurant **Ribeiro Frio** (➤ 111) gegenüber der Forellenzucht bietet eine reichhaltige Auswahl (nicht nur an Forellengerichten) und Sitzplätze im Garten.

✚ 182 B3
✉ 19 km nördlich von Funchal
🚌 Horários-do-Funchal-Bus Nr. 56, 103, 138

RIBEIRO FRIO: INSIDER-INFO

Top-Tipp: Der Weg zum Aussichtspunkt Balcões ist mit Recht sehr beliebt. Wer die Einsamkeit der Wälder und das Gezwitscher der Vögel genießen möchte, sollte Busausflüge und geführte Touren meiden. Die **günstigste Zeit** ist vor 10 Uhr, über Mittag, wenn die meisten essen, und nach 17 Uhr.

■ In der Zucht ist es verboten, den Forellen etwas zum Fressen zu geben, doch können Sie etwas Brot oder Gebäck mitnehmen, um am Aussichtspunkt die **Vögel zu füttern**. Die Rotkehlchen und Buchfinken sind an Fremde gewohnt; sie sitzen auf dem Geländer und singen, bis sie etwas bekommen.

3 Pico do Arieiro

Der dritthöchste Berg von Madeira ist 1818 Meter hoch, dennoch muss man kein Bergsteiger sein, um den Gipfel zu erklimmen. Es führt eine Straße bis fast ganz oben hinauf, und so kann jeder in den Genuss der herrlichen Aussicht und des Farbenspiels kommen, das für die vulkanische Landschaft typisch ist.

Die bloßen roten Lavafelder und Schlackenbetten des Pico do Arieiro sehen aus, als wären sie soeben aus dem Schmelzofen gekommen. Die backsteinartige Oberfläche wird von einer dürftigen Grasnarbe bedeckt; die Gesteinsschichten weisen unglaublich gegensätzliche Farben auf wie leuchtendes Orange auf kupfrigem Grün, Schokoladenbraun oder Erdbeerrot.

Der Blick vom Gipfel ist atemberaubend. Im Westen liegt ein tiefer Einschnitt, der nach Curral das Freiras (➤ 84f) abfällt. Das Dorf selbst verbirgt sich vor den Blicken, man kann in der Ferne gerade mal die terrassierten Hänge ausmachen. Gen Norden ragen der zerklüftete **Pico das Torres** (1851 Meter) und der **Pico Ruivo** (1861 Meter) auf, der zweithöchste beziehungsweise höchste Berg der Insel. Ein breiter Weg, der sich in der Ferne verliert, verbindet die drei Berge; er wirkt sehr einfach, doch wer an Höhenangst leidet, sollte nur den ersten Abschnitt (bis zum ersten Tor) begehen,

Hier beginnt die eindrucksvolle, sechs Kilometer lange Gratwanderung vom Pico do Arieiro zum Pico Ruivo

da danach ein Grat kommt, an dem es auf beiden Seiten viele Meter in den Abgrund hinuntergeht. Wer sich das nicht zutraut, der sollte besser umkehren und sich die wunderschönen schwarzen, ocker-, lila- und pinkfarbenen Tufffelsen anschauen.

KLEINE PAUSE

Die **Bar** (geöffnet 10–19 Uhr) auf dem Pico do Arieiro ist berühmt für ihre *poncha*, eine Mischung aus warmem Honig, Zitronensaft und Rum. Fotos an den Wänden zeigen spektakuläre Sonnenauf- und -untergänge und den Schnee, der im Winter regelmäßig fällt.

Schnee vom Gipfel lagerte man früher in diesem »Kühlhaus«

✚ 182 A3 ✉ 20 km nördlich von Funchal

PICO DO ARIEIRO: INSIDER-INFO

Top-Tipp: Zum Pico do Arieiro gelangt man nicht mit öffentlichen Verkehrsmitteln, und es gibt auch keine speziellen Busausflüge auf den Gipfel, doch besucht man die Bergspitze oft im Rahmen eines Busausflugs nach Santana und in den Osten der Insel.

■ Es lohnt sich, schon früh am Morgen oder am frühen Abend zum Gipfel zu kommen, dann könne Sie nämlich den Sonnenauf- und -untergang oder den prachtvollen Himmel bei Nacht bewundern. Wer den Sonnenaufgang miterleben möchte, der muss allerdings früh aufstehen – um vier Uhr im Sommer, wenn die ersten Sonnenstrahlen über die Felsen schimmern und die Farben noch intensiver wirken. Wem es dazu an Enthusiasmus fehlt, der kann sich im Café auf dem Gipfel zumindest die Fotos ansehen.

■ Die **Gratwanderung vom Pico do Arieiro zum Pico Ruivo** führt über einen Bergweg, den Sie aber nur mit entsprechender Ausrüstung und bei angemessener Fitness begehen sollten. Die Wege, die inzwischen fast alle umzäunt sind, sind sehr steil und anspruchsvoll, mit zwei großen Auf- und Abstiegen.

Nach Lust und Laune!

4 Boca da Encumeada

Der Encumeada-Pass liegt auf einem Bergsattel zwischen den beiden tiefsten Tälern der Insel – sie verlaufen in Richtung Süden nach Ribeira Brava und gen Norden nach São Vicente. Vom Aussichtspunkt auf dem Gipfel kann man erkennen, wie diese Täler das zentrale Bergmassiv zweiteilen, in eine östliche Hälfte und eine westliche, das Hochplateau Paúl da Serra.

Der Pass ist Ausgangspunkt für zahlreiche Exkursionen, die in speziellen Wanderführern eingehend beschrieben werden. Es gibt recht einfache Touren, etwa an der von Blumen gesäumten Levada do Norte entlang (Start: gegenüber vom Lokal) oder auch wirklich herausfordernde Touren, die meist nach Westen über die Zentralberge führen.

Panoramablick von der Boca da Encumeada Richtung der Serra de Agua

Die *levada*-Befestigungen wurden vom *levadeiro*, der die Bewässerungskanäle unterhält, in hübsche Gärten verwandelt. Folgen Sie der *levada* etwa 20 Minuten bis zum Eingang eines Tunnels – so weit können Sie auch ohne besondere Ausrüstung gehen. Schaut man nun über das Tal zum Pico Grande, sieht man, wo die *levada* aufhört: Eine silbrig glänzende Röhre verläuft den Berg hinunter und bringt das Wasser zu einem Kraftwerk im Tal.

✚ 181 E3

✉ 36 km nordwestlich von Funchal

🚌 Rodoeste-Busse Nr. 6 und 139

5 Ponta Delgada

Die Kirche von Ponta Delgada ist für ihr Kruzifix bekannt, das in der Sakristei zu sehen ist. Das Kreuz wurde in der Nähe der Kirche im 16. Jahrhundert an Land gespült – und fortan als ein Geschenk Gottes angesehen. Seine »Wundergaben« bestätigten sich, als 1908 die Kirche ein Raub der Flammen wurde; übrig blieb lediglich ein Stück angekokeltes Holz, das gerade noch als menschliche Figur erkennbar war. Die wieder aufgebaute Kirche ist für ihr herrliches Deckengemälde aus den späten 1990er Jahren bekannt. Das farbenfrohe Werk stellt die Evangelisten, die Tugenden sowie Adam und Eva im Paradies dar. Zwischen den Bibelfiguren sieht man Szenen aus der Geschichte Madeiras, darunter auch Zarco, der in seiner Karavelle (➤ 12f) dem Horizont entgegensegelt, schöne Landschaften mit Wasserfällen und grünen Wäldern, Dorffeste sowie Engel mit goldenem Haar.

181 F4 ✉ 70 km nordwestlich von Funchal
🕓 Kirche: meist tägl. 7–13, 15–17 Uhr
🚌 Rodoeste-Bus Nr. 6

6 Boaventura

Das Dorf liegt in einem üppigen, von Weiden bestandenem Tal. Gehen Sie den Kopfsteinpflasterweg – ausgeschildert mit *miradouro* – links von der Kirche zum Friedhof hinauf. Von hier oben hat man einen schönen Blick gen Norden, über das tiefe Tal, das nach Curral das Freiras führt, und nach Osten zu dem Berg, auf dem ein gepflasterter Fußweg sich hinauf ins benachbarte Arco de São Jorge schlängelt. Bezinka Turner, eine Amerikanerin, die in Santo da Serra einen Teeladen führte, bis sie 1929 verstarb, liegt hier auf dem Kirchhof unter majestätischen Palmen begraben. Auch wenn sie zu Lebzeiten Boaventura nie einen Besuch abgestattet hat, wollte sie hier beerdigt sein.

181 F4 ✉ 68 km nordwestlich von Funchal
🚌 Rodoeste-Bus Nr. 6

Ein schmaler Fußweg schlängelt sich vom Dorf Boaventura den Berg hinauf

ABSEITS DER TOURISTENWEGE

Die Wanderung zum wunderschönen, mit Farnen und Moos bewachsenen *caldeirão* an der **Levada do Fajã do Rodrigues** dauert nur eine Stunde. Um zur *levada* zu kommen, fahren Sie gut 2,4 Kilometer Richtung Süden von São Vicente auf der Hauptstraße nach Ribeira Brava und nehmen dann die zweite Abzweigung rechts, zum Dorf Ginjas. Dann biegen Sie die erste Straße links ab und fahren zum Dorf Ginjas hinauf. An der nächsten Kreuzung – nach zwei Kilometern – biegen Sie links in Richtung *Miradouro* ab und erreichen nach einem halben Kilometer den Parque Empresarial de São Vicente. Wählen Sie hier die oberste Straße durch den Park und halten Sie am Picknickplatz. Links führt ein Fußweg bergauf zur *levada*. Dort angekommen, biegen Sie nach rechts ab und folgen dem Wanderweg nun einen Kilometer durch Obstgärten und Eukalyptuswälder bis zum *caldeirão*.

7 São Jorge

Dieses Dorf mit seinen Obstgärten, dem Weinbau und kleinen, aber ertragreichen Feldern ist ein lebhaftes Landwirtschaftszentrum. Seine schöne Barockkirche aus dem Jahr 1761 ist leider oft abgeschlossen; in ihr verbirgt sich jedoch eine geschnitzte Kanzel aus dem 18. Jahrhundert mit einem Engel, der Trompete bläst. Spazieren Sie weiter durchs Dorf und folgen der Beschilderung nach Vigia, erreichen Sie oberhalb des Leuchtturms auf der Landspitze **Ponta de São Jorge** einen Aussichtspunkt.

Östlich vom Dorf überquert die Straße den São Jorge. Dort folgen Sie dem Straßenverlauf, der am Westufer des Flusses entlang führt, und Sie gelangen zu einem hübsch angelegten Bad an der Mündung des Flusses ins Meer. Dort gibt es künstliche und natürliche Wasserbecken, ein Café und ein Restaurant. Hübsche Kopfsteinpflaster-Wege ziehen sich auf beiden Seiten des Tals entlang und führen nach São Jorge im Westen und nach Santana im Osten.

✚ 182 B4 ✉ 52 km nördlich von Funchal 🚌 Horários-do-Funchal-Bus Nr. 103, 132 und 138

8 Santana

Santana hat sich selbst auf die Liste der Touristenattraktionen gesetzt, als der Ort nämlich, in dem man die schönsten dreieckigen Häuser zu sehen bekommt. Es gibt sie natürlich auf der ganzen Insel, besonders häufig jedoch in den Dörfern an der Nordküste von São Vicente bis Faial. Die Häuser sind fast mit den *palheiros* (Kuhställen) identisch, die überall auf der Insel stehen. Es heißt, dass dieser Haustypus von den ersten Siedlern im 15. Jahrhundert auf Madeira errichtet wurde. Die meisten haben strohgedeckte, spitzgiebelige Dächer, die fast auf den Boden hinunter reichen; heute wird anstelle des Strohs Wellblech verwendet.

Wer einen Blick hinter die Fassaden eines solchen dreieckigen Hauses werfen möchte, sollte den **Parque Temático da Madeira** rund einen Kilometer westlich vom Stadtzentrum aufsuchen. Für Familien ist der Park Pflicht, denn hier kann man spielend einen halben Tag zubringen – z.B. mit Rudern, Klettern oder Trampolinspringen. In Pavillons sind drei Hauptausstellungen zu bewundern: eine Rekonstruktion von Zarcos Fahrt von 1419, die zur Wiederentdeckung der Insel führte; eine reich bestückte Ausstellung zur Geschichte und Kultur Madeiras – und schließlich eine Reise im Simulator durch die Landschaften der Insel. Aber Achtung: Die Fahrt wirkt sehr realistisch, inklusive Flug über die Klippen und Berggipfel der Insel. Zu den weiteren Attraktionen des Parks zählen ein Handwerkerdorf und eine Wassermühle.

✚ 182 B4 ✉ 46 km nördlich von Funchal 🚌 Horários-do-Funchal-Bus Nr. 56, 103 und 108

Parque Temático da Madeira
✚ 182 B4 ✉ Estrada Regional 101, Fonte da Pedra, Santana ☎ 291 570 410; www.parquetematicodamadeira.pt 🕐 Do–So 10–19 Uhr

9 Faial

Faial liegt am Fuß der **Penha de Águia** (»Adlerfels«), einem abgeflachten Vulkanfelsen, der 590 Meter aus dem Meer aufragt. Von Santana kommend, bieten sich mehrere Aussichtspunkte an, von denen aus man die dem Meer zugewandte Seite des

Die Penha de Águia ragt dramatisch über Faial auf

Porto da Cruz schmiegt sich an die Ausläufer schroffer Klippen und schaut aufs Meer

Felsens sehen kann, außerdem auch die Felsplatte, die zur Plattform wurde, als ein Teil der Klippen im Februar 1992 ins Meer stürzte. Mit einem Fernglas ist es auch möglich, die bereits mit Vegetation überzogenen Felsen zu erkennen. Ein Stück weiter die gleiche Straße hinunter gelangen Sie nach einer Linksabbiegung vor dem Dorf zur Festung **Fortim do Faial**.

➕ 182 C4 ✉ 41 km nördlich von Funchal
🚌 Horários-do-Funchal-Bus Nr. 56, 103 und 108

FÜR KINDER

- Erkundung der Felstunnels in den **Grutas de São Vicente** (➤ 98f).
- Spaziergang zum Aussichtspunkt **Balcões** (➤ 102f).
- Besuch des **Parque Temático da Madeira** (➤ 108) in Santana. Hier kann man Boot fahren und Trampolin springen.

🔟 Porto da Cruz

Porto da Cruz markiert den äußersten Punkt an der Nordostküste, zu dem man mit dem Auto fahren kann, bevor Berge und Klippen die Straße landeinwärts drängen. Von der Dorfmitte führt eine Promenade an einer der wenigen Zuckerraffinerien Madeiras vorbei. Wer zur Zuckerernte im März bis Mai hier ist, kann den süßlichen Geruch des Zuckerrohrs riechen – und den intensiveren des daraus destillierten Schnapses. Bevor auf Madeira Straßen gebaut wurden, ging es hier hoch her. Jetzt wird der Hafen kaum genutzt – nur von den Kindern, die im Sommer hier baden, oder von Tauchern als Basis. Wilde, einsame Klippen ziehen sich von diesem romantischen Fleckchen Erde nach Nordosten; die farbige Vulkanasche und den Tuff hat der Wind zerfurcht.

➕ 182 C3 ✉ 45 km nördlich von Funchal
🚌 Horários-do-Funchal-Bus Nr. 133 von Santana

Wohin zum...
Essen und Trinken?

Preise
Die Preise gelten pro Person für ein Essen, ohne Getränke und Service:
€ unter 20 €   €€ 20–40 €   €€€ über 40 €

Ferro Velho €

Der Name bedeutet wörtlich »altes Eisen«, ein Verweis auf das alte Schmiedeeisen, das dieses legere Lokal ziert. Hier können Sie – je nach Jahreszeit – im sonnigen Garten vor dem Haus in der Sonne sitzen oder es sich am Kamin innen behaglich machen. Die Speisekarte ist typisch madeirisch – gegrilltes Steak, Huhn, Degen- und Thunfisch –, und das bei so niedrigen Preisen, dass man sich fragt, wie der Wirt dabei noch etwas verdient.
✚ 181 E4 ⊠ Rua do Fonte Velha
☎ 291 842 763 ⊕ tägl. 11–23 Uhr

Quebra Mar €€

Speisen Sie zu den Klängen der Atlantikwellen, die gegen Madeiras Nordküste schlagen, und erfreuen sich in diesem gut gelegenen, runden Restaurant am 270-Grad-Panoramablick über das Meer und die felsige Küste. Die Karte bietet inseltypische Gerichte mit reichlich Fisch sowie ein paar regionale Speisen wie die Romaria-Suppe von São Vicente (mit Kalbshachse und Gemüse).
✚ 181 E4
⊠ São Vicente
☎ 291 842 338
⊕ Mo 12–18, Di–So 12–21.45 Uhr

Quinta do Arco €€

Das Zentrum dieses kleinen Dorfes, das nur aus einer Straße besteht, wird von der hohen, ockerfarbenen Mauer des verborgenen Rosengartens beherrscht. Dort blühen und duften rund tausend verschiedene Rosensorten. Mitten darin liegt das Teehaus, Quinta do Arco Casa da Chá, wo hervorragendes hausgemachtes Gebäck serviert wird. Alternativ können Sie auch komplette Mahlzeiten bekommen.
✚ 182 A4 ⊠ Sítio da Lagoa ☎ 291 578 183; www.quintadoarco.com ⊕ Mai–Dez Di–So 10–19 Uhr

Residencial Encumeada €€

Das Café mit Terrasse auf einer Felsklippe bietet Tische im Freien und einen schönen Blick auf das Tal der Ribeira Brava. Das etwas edlere Lokal ist stolz auf seine vielen und guten Weine – vor einer Wand stapeln sich Flaschen portugiesischen Weins. Hier genießen Sie deftige Köstlichkeiten aus den Bergen, zum Beispiel eine Suppe mit trockenem Brot, Knoblauch, Kräutern und Ei, gefolgt von einem butterweichen Lammbraten mit wildem Thymian.
✚ 181 E3 ⊠ Feiteiras Serra d'Água
☎ 291 951 282
⊕ tägl. Mittag- und Abendessen

Solar de Boaventura €€

Das Restaurant liegt im hübschen Dorf Boaventura und war früher Kneipe und Gesundheitszentrum zugleich. Heute ist es ein kleines Hotel. Im dazugehörigen Restaurant mit Balkendecke und offenem Kamin kommt herzhaftes Essen auf den Tisch – etwa Schweinefleisch, das zwölf Stunden in Kräutermarinade und Wein eingelegt wurde und dann mit Gemüse gekocht wird.

181 F4 Sítio do Serrão 291 860 888 tägl. 12–15, 19–21 Uhr

SANTANA

Estrela do Norte €€

Einheimische wie Touristen kommen in dieses angesagte Restaurant der Stadt, in dem von Pizza bis zu traditionellen Speisen alles bestellt werden kann. Den lichten und luftigen Speisesaal füllen lange Tischreihen, an denen schnell Bekanntschaften geschlossen werden. Ein echtes Holzfeuer wärmt in nordisch kühlen Nächten.

182 B4 Pico António Fernandes 291 572 059 tägl. 12–22 Uhr

O Colmo €€

Santanas bestes Restaurant wurde unlängst renoviert, hat sich seinen rustikalen Charakter mit offenem Kamin jedoch bewahrt. Es verfügt über einen Andenkenladen und zwei spitzgiebelige Häuser mit Strohdach und ist ein beliebter Anlaufpunkt für Bustouren; das Personal kommt gut mit den vielen Gästen zurecht. Neben typisch madeirischen Gerichten sollten Sie auf Spezialitäten achten wie beispielsweise Schnecken – oder sich die gegrillte Ribeiro-Frio-Forelle munden lassen und anschließend noch einen Ziegenkäse mit Honig essen.

182 B4 Sítio do Serrado 291 570 290 tägl. 12–21 Uhr

O Pescador €€

Die jüngste Bereicherung der lokalen Restaurantszene ist dieses stilvolle Fischrestaurant, das viele der heimischen Meerestiere serviert, traditionellen madeirischen Gerichten aber neuen Atem einhaucht. Das Niveau von Speisen und Service wird allseits gelobt.

182 B4 Pico António Fernandes 291 572 272 Di–So 12–2 Uhr

SERRA D'AGUA

Pousada dos Vinhaticos €€

Dieses Hotel mitten im Wald erinnert an eine urige Berghütte: einfach und rustikal mit entsprechendem Essen. Zu den Spezialitäten zählen deftige Suppen, Hasenbraten und natürlich Rindfleischspießchen.

181 E3 Serra d'Água 291 952 344 tägl. 12.30–21.30 Uhr

RIBEIRO FRIO

Ribeiro Frio €€

Das Ribeiro Frio liegt gegenüber der von einer Quelle gespeisten Forellenzucht, und so verwundert es nicht, dass auf der Speisekarte geräucherte, gegrillte und gedünstete Forelle stehen. Vom rustikalen Restaurant mit Holztischen und -stühlen haben Sie einen schönen Blick über den Fluss; wenn Sie nicht draußen sitzen können, wärmen Sie sich innen am Kamin. Die meisten Gäste suchen sich einen Tisch im Garten, sobald die Sonne herauskommt. Die Auswahl an weiteren Gerichten ist groß; es gibt Spaghetti, Omeletts, Salate, Schweine-, Lamm- und Rindergerichte und auch anderen frischen Fisch.

182 B3 Ribeiro Frio (gegenüber der Fischzucht) 291 575 898 tägl. Mittag- und Abendessen

POISO

Casa do Abrigo do Poiso €€

Madeirische Speisen scheinen in diesem Bergrestaurant sogar noch besser als anderswo zu schmecken – vielleicht, weil Wanderungen in der Umgebung den Appetit anregen, vielleicht auch, weil die Fleischgerichte über einem Holzfeuer zubereitet werden, damit das Aroma stimmt. Das Restaurant wirkt wie eine Berghütte; an den Wänden hängen Bilder vom nahe gelegenen Pico do Arieiro. Beliebt ist das Lokal bei Einheimischen wie bei Besuchern; viele kommen am Samstag wegen des *cozido a portuguesa* (das ist ein Eintopf mit Fleisch und Gemüse) oder sonntags, wenn *ensopado de carneiro* auf der Karte steht, Lamm mit knusprigem, selbst gebackenem Brot. Auch der *bacalhau cozicio* und der Nizza-Salat sind nicht zu verachten.

182 B2 Poiso, Kreuzung der Straßen nach Ribeiro Frio und Pico do Arieiro 291 782 269 tägl. 8–24 Uhr

Wohin zum...
Einkaufen?

Das zentrale Bergland Madeiras hat für Touristen einige Geschäfte zu bieten, und wer einen organisierten Ausflug unternimmt, kann sich darauf einstellen, einiges an Zeit in so einem Laden zu verbringen. Die Geschäfte befinden sich in **Ribeiro Frio**, gegenüber dem Restaurant (➤ 111), in der Hotelanlage **O Colmo** an der Hauptstraße von Santana (➤ 108), in der **Quinta do Furão**, westlich von Santana (➤ 36), in der Hotelanlage **As Cabanas** zwischen São Jorge und Boaventura sowie in **São Vicente** an der Küstenstraße nach Porto Moniz (➤ 98ff). Artikel und Preise sind in allen fünf Läden weitgehend gleich, das Angebot an Andenken ist einfach überwältigend. Wer sich genauer umsieht, findet sicher etwas Besonderes – altmodische handgestrickte Pullis und Mützen etwa, wie sie die Schäfer, Waldarbeiter und *levadeiros* auf Madeira tragen. Schicker sind die handgearbeiteten Lederstiefel und Sandalen und die hübschen T-Shirts aus Baumwolle mit gestickten madeirischen Motiven (wie Strelizien).

Wem Derartiges nicht gefällt, der kann sich den Likören der Insel zuwenden. Sie basieren fast alle auf *mel de cana* (Zuckerrohrsirup), der zu *aguardente* destilliert wird. Der Geschmack ähnelt einem milden Brandy, nicht so sehr Rum. Der Likör wird mit Zitrone und Honig gemischt und dann als *poncha* verkauft, einem Getränk, das im Winter warm serviert wird. Man kann es auch in anderen Geschmacksrichtungen kaufen, wie *maracujá* (Passionsfrucht), *ginja* (Sauerkirsche), *castanha* (Kastanie) und Banane. Schön sind die preiswerten Schwenker und Weingläser, die mit Rebenmotiven oder ganz schlicht angeboten werden.

Wohin zum...
Ausgehen?

In diesem Teil der Insel werden kaum Feste und Feiern geboten; hier verbringt man ein paar ruhige Nächte daheim oder geht hinaus, um in die Sterne zu schauen. Ein Ort, an dem Sie sich als Sternengucker in lebhafter Gesellschaft befinden, ist der kleine Strand bei São Jorge. **Neptuno's** (➤ 108) ist eine Mischung aus Bar und Café; dort trifft sich die Jugend – einheimische wie ausländische –, um im Sommer unter dem Sternenhimmel zu tanzen und in einer Flussschleife vor der Einmündung ins Meer zu schwimmen. Am anderen Ufer des Flusses wurde ein großes neues Bad mit Terrassencafé eröffnet; es ist über eine Brücke zugänglich. Das Bad liegt genau zwischen hohen Klippen und dem Meer – eine romantische Lage, wie man sie selten findet.

Am ersten Wochenende im September wird in Ponta Delgada das **Fest des Senhor Bom Jesus**, eine der größten religiösen Festlichkeiten auf der Insel, gefeiert. Das hochverehrte Kreuz der Dorfkirche (➤ 107) wird dann bei einer Prozession durch die schön geschmückten Straßen des Dorfes getragen. Anschließend finden Musikveranstaltungen mit Volks- und modernen Tänzen statt, außerdem gibt es ein Feuerwerk. Und da wir in Madeira sind, gibt es auch jede Menge Speis und Trank.

Am gleichen Wochenende wird in Porto da Cruz (➤ 109) das **Weinfest** abgehalten, mit einem Umzug, kulturellen Veranstaltungen und natürlich viel Wein.

Der Westen Madeiras

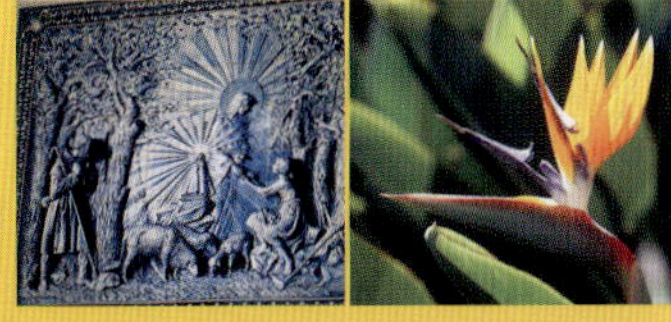

Erste Orientierung

Die einst abgelegenen Dörfer im westlichen Madeira sind dank der vierspurigen Schnellstraße an der Südküste entlang nach Ribeira Brava heute sehr viel besser zu erreichen: Wofür man früher zwei Stunden gebraucht hat, benötigt man heute nicht einmal mehr 30 Minuten. Die eleganten Viadukte der Schnellstraße schwingen sich über tiefe Täler und weit ins vulkanische Binnenland der Insel hinein, sodass die entlegensten und herrlichsten Landschaften, aber auch Porto Moniz im äußersten Nordwesten nun leicht zu erreichen sind.

Je weiter Sie in Richtung Westen fahren, desto wilder und vielfältiger wird die Landschaft mit Bergen, Mooren, Höhlen, Wasserfällen, terrassierten Tälern, *levadas* im Schatten von Bäumen und Stränden, an denen die Brandung tost.

Organisierte Ausflüge führen in der Regel nach Ribeira Brava, São Vicente und durch Tunnel im Fels nach Porto Moniz, um dann über das Hochplateau Paúl da Serra wieder zurückzufahren.

Nur recht abenteuerlustige Touristen fahren von Ribeira Brava an der Süd- und Westküste entlang über Ponta do Pargo nach Porto Moniz. Wer diese Tour macht, wird dafür mit unberührter Landschaft abseits vom Massentourismus belohnt. Hier im Landesinneren liegen vereinzelte Dörfer zwischen Weinfeldern und Bananenplantagen verstreut; kleine Fischerdörfer klammern sich an schmale Felsvorsprünge am Meer.

Links:
Die wilde
Nordküste zwischen Porto
Moniz und São
Vicente

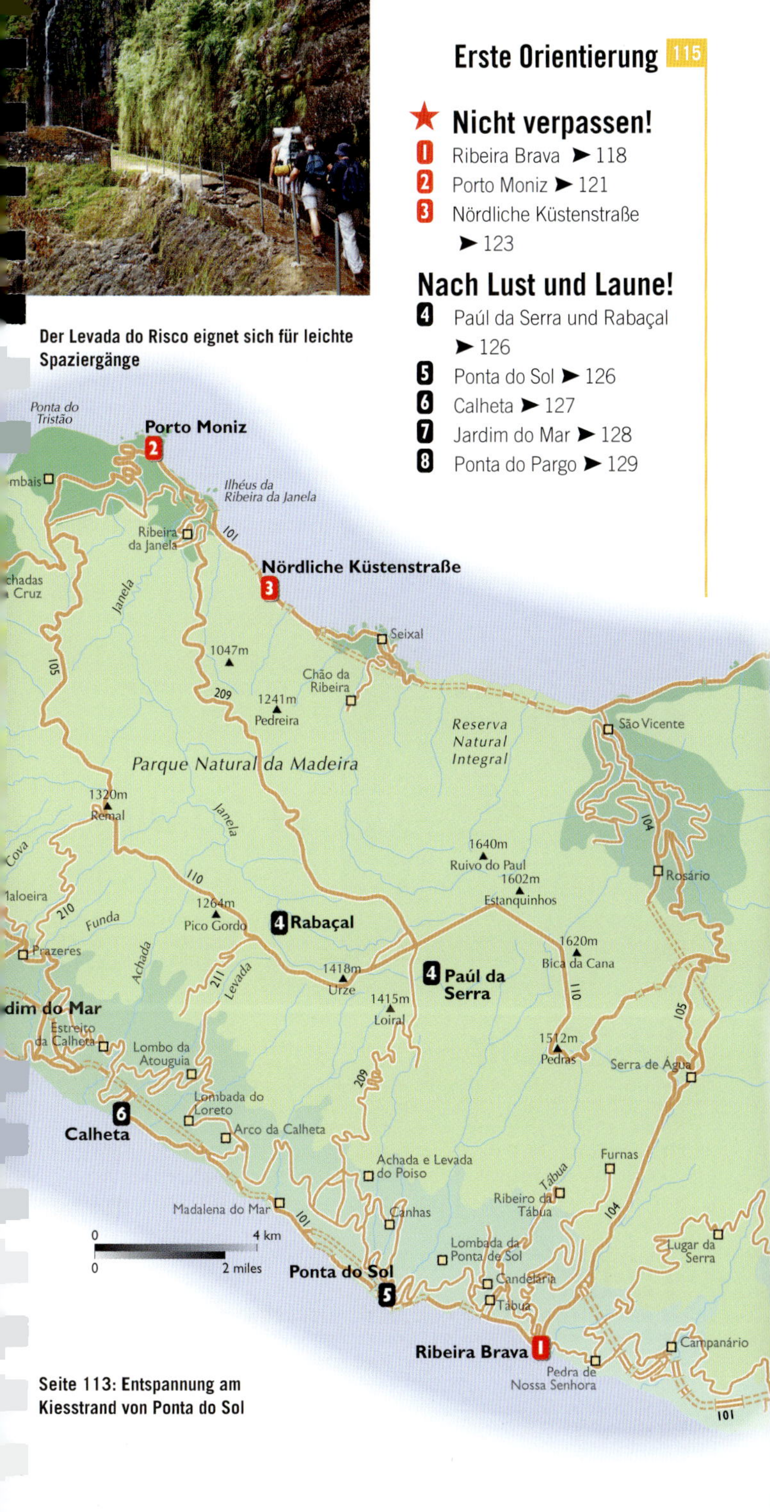

★ Nicht verpassen!

1 Ribeira Brava ➤ 118
2 Porto Moniz ➤ 121
3 Nördliche Küstenstraße ➤ 123

Nach Lust und Laune!

4 Paúl da Serra und Rabaçal ➤ 126
5 Ponta do Sol ➤ 126
6 Calheta ➤ 127
7 Jardim do Mar ➤ 128
8 Ponta do Pargo ➤ 129

Der Levada do Risco eignet sich für leichte Spaziergänge

Seite 113: Entspannung am Kiesstrand von Ponta do Sol

An einem Tag

Wenn Sie sich nicht sicher sind, wo Sie Ihre Reise beginnen möchten, empfiehlt diese Route eine praktische eintägige Reise durch den Westen Madeiras mit den wichtigsten Sehenswürdigkeiten. Sie können dazu die Karte auf der vorangegangenen Seite verwenden. Weitere Informationen finden Sie unter den Haupteinträgen.

9 Uhr

Von Funchal folgen Sie der Beschilderung nach Ribeira Brava und fahren 20 bis 30 Minuten auf der Schnellstraße. Stellen Sie das Auto in ❶**Ribeira Brava** (➤ 118ff) am Meer ab, und kaufen Sie sich einen Parkschein für zwei Stunden. So haben Sie ausreichend Zeit, um sich den Markt anzusehen, das Museu Etnográfico da Madeira (Volkskundemuseum, ➤ 119) zu besichtigen und noch in die Kirche São Benato hineinzuschauen (links).

11.30 Uhr

Weiter geht es nun nach Norden in Richtung São Vicente und über die alte Straße zur Boca da Encumeada (➤ 106). Wer den Pass noch nicht bei einem Ausflug in die Inselmitte erkundet hat, sollte hier parken und zum *miradouro* spazieren.

12.30 Uhr

Nun nehmen Sie die Straße, die von der Boca da Encumeada nach Westen führt (Beschilderung: Porto Moniz); sie wurde auf einem Damm gebaut. Die Straße schlängelt sich durch die flachen, baumlosen Ausläufer des Plateaus ❹**Paúl da Serra** (➤ 126). An der dritten Kreuzung befindet sich ein großer Parkplatz für die Besucher von ❹**Rabaçal**; (Bild gegenüber; ➤ 126) dort können Sie mittags ein Picknick machen und anschließend das kurze Stück zu den Risco-Wasserfällen (➤ 126) laufen.

15 Uhr

Nachdem Sie durch das Moorgebiet bis ❷**Porto Moniz** gefahren sind (➤ 121f), geht es mit vielen Haarnadelkurven in den abgelegenen Küstenort hinunter. Sie sollten unbedingt an den *miradouros* vor Porto Moniz Halt machen, um sich den Fleckenteppich aus kleinen Feldern anzusehen, der für das Dorf typisch ist. Wenn es warm und die See nicht zu rau ist, können Sie gut im Meer baden. Es gibt hier viele Cafés.

16.30 Uhr

Nun sollten Sie den Schildern nach São Vicente folgen; diese Straße
führt durch zahlreiche Tunnel entlang der Nordküste. Unterbrechen
sollten Sie die Fahrt am besten in **Seixal** (➤ 123), denn dort ist
der Blick auf das Küstenpanorama besonders eindrucksvoll.

17 Uhr

In São Vicente angekommen, nehmen Sie die Hauptstraße nach
Ribeira Brava und erreichen gegen 18 Uhr Funchal.

ⓞ Ribeira Brava

Der geschützte Hafen, dessen Name »wilder Fluss« bedeutet, lockt seit langem die Reisenden an, die es sich in den einladenden Straßencafés gemütlich machen oder ihre Vorräte aufstocken. Doch hat die Stadt mit ihren diversen historischen Gebäuden und einem hervorragenden Museum noch sehr viel mehr zu bieten.

Die Einbahnstraße, die um die Stadt herumführt, bringt Sie ans Meer; hier befinden sich ein Parkplatz und das Touristeninformationsbüro, das im Stumpf eines Eckturms untergebracht ist – alles, was von der Festung aus dem 18. Jahrhundert geblieben ist. Den Rest hat der Fluss mit seinen plötzlichen Überschwemmungen ins Meer gespült, was der Stadt ihren Namen verliehen hat. Und wenn die Ribeira Brava einmal ruhig ist, dann tut die See ihr Bestes, um die Stadt unter Wasser zu setzen, trotz des Wellenbrechers aus Beton zwischen dem Ozean und der hübschen Promenade mit zahlreichen Cafés. Von diesem Standort aus würde man nicht meinen, dass Ribeira Brava einen Hafen hat; er ist über einen Tunnel am östlichen Ende der Promenade zu erreichen. Vor dem Bau der Schnellstraße wurden die landwirtschaftlichen Erzeugnisse aus dem Westen Madeiras von diesem geschützten Hafen nach Funchal verschifft.

Aus Schutt erbaut

Die schachbrettartigen Straßen von Ribeira Brava sind das Ergebnis von umfassenden Wiederaufbaumaßnahmen nach dem Erdbeben von 1748, das so ziemlich alle Gebäude auf Madeira zerstörte. Die Hauptstraße, die Rua Visconde de Ribeira Brava, führt an

Oben: Ribeira Brava liegt am Eingang eines engen Tales eingezwängt zwischen steilen Hängen

Links: Den Kirchturm von São Bento krönt ein Astrolabium

eleganten Stadthäusern und dem mit einer rosa Mauer umgebenen **Rathaus** in einem hübschen Garten vorbei. Es war einst der Familiensitz des Herrschers von Ribeira Brava, dem Grafen Francisco Correia, und steht auf dem Gelände eines älteren Anwesens, von dem heute nur noch das massive Eingangstor aus Granit erhalten ist.

Gegenüber ragt **São Bento** auf, die dem heiligen Benedikt geweihte Kirche; sie ist das einzige Gebäude der Stadt, das ältere Strukturelemente aufweist. Das ungewöhnliche Taufbecken aus dem 16. Jahrhundert soll ein Geschenk von König Manuel I. von Portugal sein, doch lassen die Rankenmuster, Wolfsköpfe und andere wilde Tiere auf dem Taufstein darauf schließen, dass es von einem Bildhauer aus Madeira stammt, der den manuelinischen Stil nachzuahmen versuchte. Die Kanzel und die Kapitelle sind mit ähnlichen Wolfsköpfen verziert. Im Nordgang hängt das herrliche flämische Gemälde von der Geburt Christi in einem barocken Holzrahmen; über dem Hauptaltar gibt es eine Marienstatue aus dem 16. Jahrhundert zu bewundern.

Von der Religion zum Rum

Gehen Sie nun bis zum Ende der Straße weiter, biegen links ab und dann rechts in die Rua de São Francisco, gelangen Sie an den Rand der Altstadt. Hier wurde eine alte Mühle zum **Museu Etnográfico da Madeira** (Volkskundemuseum) umfunktioniert. Die Mühle war ursprünglich ein Karmeliterinnenkloster, doch verfielen die Gebäude, als 1760 in Portugal alle religiösen Orden verboten wurden. Später, 1853, machte ein einheimischer Unternehmer eine Zuckermühle mit Rumbrennerei daraus. Im Museum hat man zwei Stadien der Geschichte des Gebäudes bewahrt: Reste der von Zugtieren betriebenen Mühle und auch des großen Wasserrads, das den Übergang zur Wasserkraft in der Mitte des 19. Jahrhunderts kennzeichnet.

Weitere Exponate beschäftigen sich mit allen Facetten vor der Industrialisierung auf der Insel.

KLEINE PAUSE

Das Museu Etnográfico da Madeira bietet in seinem Café köstliche Kuchen, doch finden Sie überall an der Promenade Lokale, in denen Sandwiches und Backwaren aller Art serviert werden. Wenn Sie etwas Handfesteres essen möchten, finden Sie eine große Auswahl an guten Pizzerien und Fischrestaurants am südlichen Ende der Stadt. Von dort haben Sie schöne Blicke auf das Meer.

Dekorative Fliesen in Ribera Brava

✚ 181 D2 ✉ 32 km westlich von Funchal 🍴 viele Cafés und Lokale (€–€€)
🚌 4, 6, 7, 80, 107, 115, 139, 142 ℹ Forte de São Bento; Tel: 291 951 675;
Mo–Fr 10–13.30, 14–17, Sa 10–12.30 Uhr

Kirche São Bento
✉ Rua dos Camachos 🕐 tägl. 8–13, 16–19 Uhr ✋ frei

Museu Etnográfico da Madeira
✉ Rua de São Francisco 24 ☎ 291 952 598
🕐 Di–Fr 9.30–17, Sa–So 10–12.30, 13.30–17.30 Uhr
✋ mittel

RIBEIRA BRAVA: INSIDER-INFO

Außerdem: Das **Museu Etnográfico da Madeira** ist überaus lohnend, besonders wenn Sie Zeit haben, sich einige der Videos anzusehen, die die Madeirenser bei ihren traditionellen Tätigkeiten zeigen wie bei der Weizenernte von Hand.

■ Unmittelbar westlich von Ribeira Brava liegt der winzige Ort **Lugar de Baixo**; dort gibt es ein hübsches Strandcafé und eine kleine Salzwasserlagune voller Enten. Bei der Lagune handelt es sich um ein ungewöhnliches Naturphänomen – nähere Erläuterungen zur dortigen Vegetation finden Sie im kleinen Besucherzentrum neben dem Café. Lugar de Baixo besitzt ein Bad (Eintritt frei) mit Sonnenterrassen und zwei Salzwasserbecken (eines für Erwachsene, eines für Kinder), und es gibt hier sogar Duschen und eine Badeaufsicht.

2 Porto Moniz

Porto Moniz ist ein beliebter Ferienort. Hier finden Sie ein Aquarium, ein Wissenschafts-Center und ein großes Bad inmitten natürlicher Becken im Fels. Der Ort eignet sich auch als Ausgangsbasis, um die Westspitze der Insel zu erkunden.

Porto Moniz bekommen Sie wahrscheinlich zuerst aus der Vogelperspektive zu sehen – jedenfalls wenn Sie an einem der Aussichtspunkte an der Straße Halt machen, die sich von den Bergen hoch über dem Dorf nach unten schlängelt. Vor Ihnen breitet sich dann ein Fleckenteppich von kleinen Feldern aus, die durch kleine Mäuerchen voneinander getrennt sind. Schauen Sie allerdings genauer hin, werden Sie feststellen, dass es sich dabei um niedrige Zäune aus getrocknetem Adlerfarn, Stechginster und Baumheide handelt; sie sollen Kartoffeln, Zwiebeln, Kohl und Wein vor dem starken Wind und Regen vom Atlantik schützen.

Glänzend isoliert

Das Gefühl, am Ende der Welt zu sein, ist mittlerweile eine Täuschung, denn über die Tunnel der **nördlichen Küstenstraße** (➤ 123ff) lässt sich Funchal von Porto Moniz aus in nur 75 Minuten erreichen. Dennoch vermittelt das Dorf zunächst das Gefühl von Einsamkeit, denn wenn Sie von hier aus an der Nordküste entlangblicken, sehen Sie nichts als turmhohe Klippen und die hohe Brandung des Atlantiks.

Während einiger Wochen im Sommer verwandelt sich Porto Moniz in einen der beliebtesten Badeorte Madeiras. Die **Piscina Naturais**, eine Ansammlung natürlicher Becken im felsigen Untergrund an der Küste, wurden vergrößert und durch Betonka-

Oben und unten: Früher war Porto Moniz das abgelegenste Dorf der Insel, heute ist es ein betriebsamer Ferienort

näle verbunden. So ist eine halb natürliche, halb künstliche »Badewelt« entstanden, wo Sie ohne Gefahr baden können.

Zwei der Attraktionen von Porto Moniz sind für Familien mit Kindern geeignet. Wechselausstellungen im **Centro de Ciência Viva** bringen Kindern naturwissenschaftliche Themen auf vergnügliche Weise nahe. Das **Aquário da Madeira** ist in einer Nachbildung jener Festung untergebracht, die Porto Moniz einst vor Piraten schützen sollte. Das Aquarium ist nicht groß, bei Kindern aber beliebt.

Die Meerwasserbecken sind im Sommer so warm wie eine Badewanne

KLEINE PAUSE

In Porto Moniz gibt es ein großes Angebot an Lokalen – vom Café bis zum eher formellen Restaurant.Das **Cachalote** (➤ 130) bietet den schönsten Blick aufs Meer.

✚ 180 C5
✉ 75 km nordwestlich von Funchal
🚌 Rodoeste Bus 80 und 139

Centro de Ciência Viva
☎ 291 850 300
🕐 Di–So10–18 Uhr ✋ teuer

Aquário da Madeira
☎ 291 850 340 🕐 tägl. 10–18 Uhr
✋ teuer

Piscina Naturais
🕐 tägl. 10–17.30 Uhr (im Sommer später)
✋ preiswert

PORTO MONIZ: INSIDER-INFO

Top-Tipp: Porto Moniz ist für seine **Fischrestaurants** bekannt. Busgesellschaften machen mittags in Lokalen mit Meerblick Halt – deshalb sollten Sie einen **Tisch reservieren** oder sich lieber gleich ein abgelegeneres Lokal suchen.

Außerdem: Wer gern wandert, sollte zum Dorf **Lamaceiros** (181 B5), fünf Kilometer südlich von Porto Moniz, fahren und das Auto am Wasserreservoir abstellen. Dort beginnt die **Levada do Central**, eine moderne *levada* mit breitem Fußweg, die sich 400 Meter am Westufer der Ribeira da Janela erstreckt und beeindruckende Ausblicke ins steil abfallende Tal mit seinen Terrassierungen bietet. Wandert man etwa 2,4 Kilometer die *levada* entlang, kommt man zu einem Tunnel, an dem man dann kehrtmacht.

3 Nördliche Küstenstraße

Die nördliche Küstenstraße auf Madeira bietet 16 Kilometer wunderbare Landschaft mit steilen Klippen, tosenden Wasserfällen, üppigen Weinterrassen, die von Zäunen aus aufgetürmten Steinen umgeben sind, Felseninseln in der Form von Meeresungeheuern und in der Ferne den in Wolken gehüllten Bergen.

Von der Küstenstraße können Sie kurze Blicke auf Wasserfälle und grüne Schluchten erhaschen, insbesondere, wenn Sie in Seixal eine Pause einlegen. Die volle Dramatik dieses Küstenabschnitts erschließt sich aber nur denen, die an den zahlreichen Aussichtspunkten am Straßenrand eine Pause einlegen und sich die beeindruckenden Klippen anschauen.

Noch immer gibt es Abschnitte der »alten Küstenstraße«, die riskant und nur im Sommer befahrbar sind, wenn die winterlichen Steinlawinen geräumt wurden. Die meisten Abschnitte sind nur in eine Richtung zu befahren (in Richtung Porto Moniz). Bis zur Eröffnung der neuen Tunnel 2005 wurde diese unsichere Straße, die praktisch nur Platz für ein Fahrzeug bietet, in beide Richtungen befahren, auch von LKWs und gelegentlich von Reisebussen!

Die Straße beginnt westlich von São Vicente, hinter jeder Biegung ändert sich der Ausblick aufs Meer. Ein Stopp an der Haltebucht lohnt immer, denn von hier aus kann man die Wasserfälle am besten fotografieren, die von den nahe gelegenen Klippen mehr als 30 Meter tief ins Meer stürzen.

Die spektakuläre Küste zwischen Porto Moniz und Seixal an der nördlichen Küstenstraße

Seixal

Fährt man nach Seixal hinein, kann man noch weitere Wasserfälle bewundern. Das Schild »Cais« (Hafen) direkt am Ortseingang führt zu einer geschützten Bucht. Von dort erblickt man im

Osten 60 Meter hohe **Wasserfälle**, die jenseits von Seixal die Klippen hinabrauschen. Sie sind unter dem NamenVéu da Noiva (Brautschleier) bekannt. Ein Spalt in den Klippen zeigt an, wo das Tal von São Vicente beginnt; in größerer Ferne zeichnen sich die Hänge von **Ponta Delgada** (➤ 107) ab. Jenseits des Ortes ziehen sich auf Steinterrassen angelegte Weingärten den kargen Fels hinauf; die Trauben ergeben einen der besten Weine Madeiras.

Am anderen Ende der Ortschaft gelangen Sie rechts zu einem Parkplatz; von dort aus können Sie um die Landspitze herum wandern. Dort befinden sich natürliche Becken im Fels, ein kleiner schwarzer Sandstrand und ein Hafen, den die Leute im Sommer auch zum Baden nutzen. Ein gepflasterter Weg zieht sich die Felsen entlang und führt vom Strand zurück ins Dorf. Von hier ist der Blick Richtung Westen nach Porto Moniz besonders schön. Schaut man in die Höhe, bemerkt man die in einen Wolkenschleier gehüllten bewaldeten Gipfel hinter dem Ort.

Autowäsche der besonderen Art

Wenn Sie weiter nach Westen fahren, passieren Sie die Betonbecken einer stillgelegten Fischzucht; anschließend folgt die Straße wieder dem Küstenverlauf und gibt gelegentlich Blicke auf Moniz frei. Ein alter Tunnel mit Kopfsteinpflaster stellt die Verbindung zu einem anderen Streckenabschnitt dar – einer Straße, die auf einem Damm am Strand angelegt wurde. Die Straße windet sich unter hoch aufragenden Klippen her; einige sind ganz in Grün gehüllt,

Die nördliche Küstenstraße schmiegt sich an die Wände der steilen Klippen

Besonders beeindruckend sind die in die Tiefe stürzenden Wasserfälle, nachdem es geregnet hat

da der Lorbeer sie bedeckt. Falls Sie im Winter oder im Frühjahr hier unterwegs sind, können Sie mit einer kostenlosen Autowäsche rechnen – entweder durch die Wellen, die gegen den Damm donnern, oder durch die Wasserfälle aus der Höhe.

Vor Porto Moniz überqueren Sie eine Brücke, von der aus man links den Einschnitt des Tals Ribeira de Janela sehen kann. Rechter Hand liegt eine Felseninsel mit einer bogenförmigen Öffnung, die dem Tal seinen Namen gab: *janela* bedeutet »Fenster«.

KLEINE PAUSE

Seixal bietet Lokale, die für Meeresfrüchte bekannt sind, darunter das hervorragende **Brisa Mar** am Hafen (➤ 131).

✚ 181 E4 (Ausgangspunkt: São Vicente) ✉ zwischen Porto Moniz und São Vicente

NÖRDLICHE KÜSTENSTRASSE: INSIDER-INFO

Top-Tipp: Sollten Sie für die Rückfahrt eine andere Straße suchen, die nicht weniger abenteuerlich ist als die Antiga 101, müssen Sie das Tal Ribeira de Janela hinauffahren, und zwar auf der Straße, die zwei Kilometer südöstlich von Porto Moniz beginnt und nach Paúl da Serra hinaufführt. Die Straße selbst verläuft meistens relativ einförmig geradeaus, doch die Ausblicke sind großartig. Nach etwa 12 Kilometern weist ein Schild nach links zu den Waldarbeiterhütten von Fainal. Dort kann man spazierengehen und einige von Madeiras ältesten Linden bewundern.

Nach Lust und Laune!

Kaum ein Wanderweg ist malerischer als die Levada do Risco

4 Paúl da Serra und Rabaçal

Im Landesinnern präsentiert sich das westliche Hochland als weitläufiges Moor ohne jeglichen Baumbestand; Vieh grast in der dürftigen Vegetation. Das Plateau Paúl da Serra wirkt wie ein Schwamm und sammelt das viele Regenwasser, das dann in Quellen wieder zutage tritt. Ein Ort mit so einer Quelle ist **Rabaçal** auf der Westseite der Hochebene. Um dorthin zu gelangen, stellen Sie den Wagen auf dem großen Parkplatz nahe bei der Kreuzung der Straßen nach Calheta und Paúl da Serra ab. Von hier aus steigen Sie einen steilen, kurvenreichen Weg zwei Kilometer bis zu einer Waldarbeiterhütte hinab (mit Picknickplätzen und Toiletten). Der weitere Weg nach Risco ist gut beschildert. Folgen Sie nun der Beschilderung in Richtung Osten nach Risco. Etwa zehn Minuten spazieren Sie auf der Levada do Risco unter mit Flechten überwucherten Bäumen entlang, bis Sie einen hübschen Wasserfall erreichen, die **Cascata do Risco**. Von dort aus führt der Weg ins schattige Tal Ribeiro da Janeda.

✚ 181 D3 (Paúl da Serra), 180 C3 (Rabaçal)
✉ 60 km nordwestlich von Funchal

5 Ponta do Sol

Der Ponta do Sol (»Sonnenpunkt«) ist eine der besten Stellen, um den Sonnenuntergang zu erleben. Offiziell ist Ponta do Sol der sonnigste Ort der Insel, der mehr Sonnenstunden erhascht als jeder andere. Das Strahlenplus machte diesen Flecken der Südküste Madeiras zu einem solch ertragreichen Bananenanbaugebiet, dass die Bäume und ihre schweren Stauden mit Holz- und Metallpfählen gestützt werden mussten. Deshalb haben auch viele Häuser hier einen Westbalkon. Ein großes Art-déco-Sonnenmotiv ziert denn auch die Giebelwand des ehemaligen Kinos aus den 1930er-Jahren. Die Terrasse der Poente Snack Bar, auf der Ostseite der Bucht, eignet sich, um den Sonnenuntergang zu beobachten. Sie können am Kieselstrand auch schwimmen oder über die Promenade spazieren. Landeinwärts klammert sich das Dorf an die Schlucht der Ribeira da Ponta do Sol. Die Hauptstraße schlängelt sich zur Kirche, deren Wände mit gelben und blauen *azulejos* verkleidet sind. Ein Stück weiter bergauf liegt das Kulturzentrum John Dos Passos. Es wurde

In dem Café auf den Klippen bei Calheta sitzen Sie über dem Ozean

Die Silhouette des Resorts Calheta vor einem goldfarbenem Meer bei Sonnenuntergang

um das Wohnhaus der Großeltern des amerikanischen Schriftstellers herum gebaut. Heute treten heimische Musiker und Theatertruppen auf; ab und zu finden Ausstellungen statt. Viel ist hier jedoch nicht los, bis auf ein paar Klavierstunden, die einheimische Kinder nehmen können.

✝ 181 D2   ✉ 42 km westlich von Funchal
🍴 Poente Snack Bar (€)   🚌 Rodoeste-Bus Nr. 4

John dos Passos Cultural Centre
✝ 181 D2   🕐 Mo–Fr 9–12.30, 14–17.30 Uhr
☎ 291 974 034

⑥ Calheta

Seit der Fertigstellung der Umgehungsstraße im Jahr 2005 hat sich Calheta zu einem ruhigen, attraktiven Badeort entwickelt. An der Küste gibt es zwei künstliche Strände. An der Promenade liegt ein kleines Freilichtmuseum zur Industriegeschichte des Ortes; dort befinden sich die Reste einer Zuckermühle und der gedrungene Steinturm eines alten Brennofens aus der Zeit der Industrialisierung.

Landeinwärts schmiegt sich das Dorf an einen steilen Berg; die Kirche liegt auf halber Höhe und kann mit einer bemalten Holzdecke aus dem 16. Jahrhundert aufwarten. Zu sehen ist ein Labyrinth aus maurisch inspirierten Sternen, Knoten und Rauten. In der Kapelle sollten Sie nach dem Ziborium aus Silber und Ebenholz zur Aufbewahrung der heiligen Hostie Ausschau halten, ein Geschenk von König Manuel I. von Portugal. Man kann daraus schließen, dass es in Calheta ertragreiche Zuckerplan-

ABSEITS DER TOURISTENWEGE

Henrique Alemão liegt in der Gemeindekirche von **Madalena do Mar** (180 C2) begraben, einem Dorf bei Ponta do Sol. Heinrich war eigentlich König Ladislaus III. von Polen, der nach der Schlacht von Warna 1444 aus seinem Land floh und schließlich auf Madeira landete, wo er häufig bei Zarco in Funchal zu Gast war. Er ertrank bei einem Schiffsunglück vor dem Cabo Girão. Ladislaus und seine Frau sind auf einem Gemälde dargestellt, das sich im Museu de Arte Sacra (▶ 54ff) in Funchal befindet. Das Wappen des Königs ist jedoch an der Tür des vernagelten Hauses westlich der Kirche zu sehen.

tagen gab. Der Importzoll auf Zucker war für die portugiesische Krone eine wichtige Einnahmequelle. In der **Engenho da Calheta** neben der Kirche, eine der letzten Zuckermühlen der Insel, wird bis heute Zucker gewonnen (Besichtigung möglich).

Der heutige Besuchermagnet Calhetas ist das **Casa das Mudas Arts Centre** hoch oben auf einer Felsklippe im Westen der Stadt. Dieses revolutionäre Stück Architektur beherbergt eines der besten Kunstzentren in Portugal, in dessen Räumen unter anderem Picasso und Van Gogh gezeigt wurden. Dieses Zentrum ist die modernste Galerie für zeitgenössische und moderne Kunst auf Madeira und ein absolutes Muss für jeden, der sich für Werke und ungewöhnliche Installationen aus dem 20. Jh. interessiert. Der minimalistische High-Tech-Bau wurde vom einheimischen Architekten Paulo David entworfen und 2004 fertiggestellt. 2005 wurde er für den renommierten Mies van der Rohe Award nominiert. Die rein funktionale und schlichte Innenausstattung lenkt

Calheta liegt in einem engen Tal

das Augenmerk nachdrücklich auf die ausgestellten Kunstwerke.

✚ 180 B2 ✉ 61 km westlich von Funchal
🚌 Rodoeste-Bus Nr. 142, 80 und 107

Engeno da Calheta
☎ 291 822 264 🕔 tägl. 8–19 Uhr

Centro das Artes Casa das Mudas
✉ Vale dos Amores ☎ 291 820 900
🕔 Mo–Fr 10–13, 14–18 Uhr

7 Jardim do Mar

Jardim do Mar bedeutet »Meeresgarten«; der Name spielt auf die vielen Wildblumen an, die die ersten Siedler an dieser Stelle vorfanden und die heute im Frühjahr und Sommer die Wanderer anlocken. Gelegentlich verirren sich auch einige unerschrockene Surfer hierher. Eine befestigte Promenade folgt dem bogenförmigen Küstenverlauf. Am besten wandern Sie dort von Osten nach Westen entlang, denn vom westlichen Ende aus windet sich ein steiler Pfad zu den schmalen, autofreien Straßen des Dorfes zurück.

Der mit Mosaiken verzierte Hauptweg führt an einem gläsernen Schaukasten vorbei, in dem eine *rede*,

eine Hängematte aus dem 19. Jahrhundert, ausgestellt ist; darin wurden die Kranken, aber auch die Reichen und die Priester getragen. Zwei Männer, die *redeiros*, transportierten die an zwei Holzpfählen befestigte Matte. In den 1930er-Jahren waren die *redeiros* wirklich nicht zu beneiden, denn der Dorfgeistliche war ein großer und schwerer Mann. Da er in mehreren Nachbargemeinden auch als Organist einsprang, mussten sie zahlreiche mühevolle Gänge über steile Wege auf sich nehmen.

✚ 180 B3   ✉ 70 km westlich von Funchal
🚌 Rodoeste-Bus Nr. 142

❽ Ponta do Pargo

Dies ist der westlichste Punkt Madeiras. Der Name bedeutet »Rotaugenpunkt« und bezieht sich auf die *pargos* oder *sargos* (Rotaugen), die man auf den Speisekarten in Restaurants von Funchal findet. Der Leuchtturm (Farol) ragt an der äußersten Landspitze auf. Stehen Sie auf der Terrasse beim Leuchtturm, können Sie sehen und hören, wie sich 150 Meter darunter die Wellen mit gewaltigem Getöse brechen. Gen Norden und Süden bestehen die Steilklippen aus spitzen Felsen, unterbrochen von tiefen Tälern, die

Der Leuchtturm von Ponta do Pargo

in Wasserfällen enden. Wer will, der kann den Sonnenuntergang am besten von der Terrasse der Casa de Chá O Fio (➤ 131) aus sehen; weiter in Richtung Dorf bietet das O Farol (➤ 131) Zimmer, ein Restaurant und eine Bar.

✚ 180 A4   ✉ 97 km westlich von Funchal
🚌 Rodoeste-Bus Nr. 80, 107 und 142

ZWEI HERAUSRAGENDE KIRCHEN

- In Loreto (180 C2, 2 km östlich von Calheta) trennen riesige alte Platanen die beiden Straßenseiten. Gleich hinter den Bäumen steht die Pfarrkirche aus dem 15. Jahrhundert, die **Capela do Loreto**, die sich seit ihrer Gründung durch Joana de Eça, die Schwiegertochter von Kapitän Zarco, kaum verändert hat. Sie ist eine der schönsten Kirchen auf Madeira mit manuelinischem Südportal, Knotenkapitellen und Pfeilerbasen in Form von Schiffswinden sowie Wasserspeiern in Kanonenform, die von menschlichen Köpfen getragen werden. Innen befinden sich eine maurisch inspirierte Holzdecke und ein Altarbogen, der so dekorativ ist wie madeirische Stickerei. Die Kirche ist meist abgeschlossen, am besten geht man vor der Messe hin (wochentags 17 Uhr, sonntags 10 Uhr).

- Die **Capela dos Reis Magos** (180 B3) ist ein Kirchlein ohne Fenster, das sich zwischen Weinstöcken bei Lombo dos Reis versteckt. Viele Dorfkirchen stellen ihre flämischen Kunstwerke im Museu de Arte Sacra in Funchal (➤ 54ff) aus; diese Kirche hat ihren schönen Altaraufsatz aus dem 16. Jahrhundert behalten. Das Mittelstück wurde in Antwerpen gefertigt und zeigt die Heiligen Drei Könige an der Krippe. Auf den Außenflügeln haben sich die Stifter verewigen lassen. Die Kirche ist abgeschlossen, Sie können sich den Schlüssel im Haus nebenan geben lassen.

Wohin zum...
Essen und Trinken?

Preise
Die Preisangaben gelten pro Person für ein Essen, ohne Getränke und Service:
€ unter 20 €   €€ 20–40 €   €€€ über 40 €

RIBEIRA BRAVA

Borda d'Agua €€
Das Lokal liegt am westlichen Ende des Strandabschnitts und besitzt eine palmenbeschattete Terrasse. Auf den Tisch kommt alles – von gegrillten Garnelen oder Tintenfischeintopf bis zu vollständigen Menüs auf der Basis von Fisch.
✚ 181 D2 ✉ Rua Eng Pereira Ribeiro ☎ 291 957 697 ⊕ tägl. 8–1 Uhr

A Muralha €€
Das jenseits des Flusses, oben auf einem städtischen Parkhaus gelegene ungezwungene Café-Bar-Restaurant mit modernstem Interieur und aussichtsreicher Terrasse ist ein idealer Ort für warme Sommernächte. Auf der Karte stehen Thunfischsteak, *espetada* (Rindfleischspieße) und »Picanha«-Steak (das beste Stück Lende). Die Bedienung ist freundlich, spricht aber nicht viel Englisch.
✚ 181 D2 ✉ Seafront ☎ 291 952 592 ⊕ tägl. 11–2 Uhr

PORTO MONIZ (NORDKÜSTE)

Cachalote €€
Das Cachalote ist ein funktionaler Kastenbau, der jedoch wegen seiner Meeresfrüchte Gäste von weit her anlockt. Vor allem im Sommer herrscht hier Urlaubsstimmung, wenn Familien riesige Schüsseln mit Meeresfrüchtereis oder Fischsuppe vertilgen, aber auch Tintenfisch oder sonstigen fangfrischen Fisch, der auf der Tageskarte als *prato do dia* (Spezialität des Tages) erscheint. Mächtige Wellen schlagen gegen die umliegenden Felsen und tragen zur Atmosphäre bei.
✚ 180 C5 ✉ Praia do Porto Moniz ☎ 291 853 180 ⊕ tägl. 12–17 Uhr

Orca €€
Sie können sich vom Meer verzaubern lassen, wenn Sie sich an frischem Fisch delektieren und dabei zusiehen, wie die hohen Atlantikwellen heranrollen. Das große Restaurant mit Fenstern, die vom Boden bis zur Decke reichen, geht auf die natürlichen Wasserbecken von Porto Moniz hinaus; Sie haben so das Gefühl, an Bord eines Schiffes zu speisen, völlig vom Wasser umgeben. Das Restaurant ist mittags bei Busgesellschaften beliebt, doch ist der Service immer freundlich und gut.
✚ 180 C5 ✉ Vila Praia do Porto Moniz ☎ 291 850 000 ⊕ tägl. 12–15.30, 19–21.30 Uhr

Polo Norte €
Der Name dieses freundlichen Lokals bedeutet »Nordpol« und ist ein scherzhafter Hinweis auf die Lage von Porto Moniz am äußersten Nordzipfel der Insel. Hier können Sie ebenso hervorragend wie preiswert essen – und auch die Kinder kommen bei Hamburgern auf ihre Kosten.
✚ 180 C5 ✉ Porto Moniz, auf der Nordseite des Hauptplatzes ☎ 291 853 222 ⊕ tägl. 10–22 Uhr

Vila Baleia €€
Von diesem eleganten Restaurant, das Fisch und traditionelle Gerichte serviert, blicken Sie über die Ilhéu Mole. Die Portionen sind großzügig und das Weinangebot sehr gut. Fragen Sie aber nach den lokalen Weinen, die Sie nur hier erhalten und die in der Karaffe serviert werden.
✚ 180 C5 ✉ Vila Porto Moniz ☎ 291 853 147 ⊕ tägl. 11–18 Uhr

SEIXAL (NORDKÜSTE)

Brisa Mar €€

Rechts neben dem Hafen von Seixal gelegen, ist dieses Restaurant eines der besten an der Nordküste Madeiras. Spezialität sind die Meeresfrüchte, doch stimmen die Beschreibungen auf der Speisekarte nicht auf die Orgie aus köstlichen Schalentieren mit Knoblauch ein, die mit *arroz de marisco* (Meeresfrüchtereis) serviert werden, oder auf die *caldeirada*, eine Suppe mit dicken Fischstücken und Tomaten.

✚ 181 D4 ✉ Cais, Seixal ☎ 291 854 476 ⏰ tägl. 11–22.30 Uhr

PAÚL DA SERRA

Jungle Rain €

Mit seinem unechten tropischen Grün, dem Vogelgezwitscher und dem eingespieltem Gewitter mag das Lokal ja etwas verrückt anmuten, doch gefällt das *Café* Kindern – und außerdem ist es der einzige Ort auf der Hoch-ebene, um im Sommer der Hitze zu entfliehen und im Winter Regen und Wind zu entkommen. Bei Kaffee, köstlichem Kuchen oder Eis können Sie sich aufwärmen oder abkühlen und dabei aus den großen Fenstern einen Blick aufs Moor werfen, auf dem die Kühe grasen. Wer großen Hunger hat, bekommt im Restaurant eine große Portion gegrillten Fisch oder Fleischspießchen mit Pommes frites.

✚ 180 D3 ✉ Estalagem Pico da Urze, etwa 1,6 km östlich von der Abzweigung nach Rabaçal auf der Straße über den Paúl da Serra ☎ 291 820 150 ⏰ tägl. 8–23 Uhr

JARDIM DO MAR

Joe's Bar €

Die Surfer haben Jardim do Mar für sich entdeckt und sich dieses Lokal als ihren Treffpunkt bei Pausen und am Abend auserkoren. Bei einfachen Sandwiches, Salaten, Omeletts und Pastagerichten können Sie sich hier gut entspannen. Im Freien können Sie den Stress vergessen.

✚ 180 B3 ✉ Jardim do Mar; vom Dorfplatz ausgeschildert, die Gasse hinunter, die am Hauptplatz (mit Blick in Richtung Meer) rechts abgeht ☎ 291 822 242 ⏰ tägl. 11–23 Uhr

Restaurante Tar Mar €€

Das beliebte Tar Mar ist der Mittelpunkt des Gemeindelebens von Jardim do Mar. Hungrigen Wanderern, Surfern und Einheimischen werden hier große Portionen Grillfisch, Rinderkebab und andere madeirische Speisen serviert. Die Fischgerichte sind sehr zu empfehlen.

✚ 180 B3 ✉ Jardim do Mar; verlassen Sie den Hauptplatz auf dem linken Weg (mit Blick in Richtung Meer) ☎ 291 823 207 ⏰ tägl. 12–23 Uhr

PONTA DO PARGO

Casa de Chá O Fío €

Das O Fío bezeichnet sich selbst als Teehaus, bietet aber mittags auch einen Imbiss. Richtig zum Leben erwacht es bei Sonnenuntergang, wenn Fremde und Einheimische sich auf die Terrasse vor dem Haus setzen, um zuzusehen, wie die Sonne im Atlantik versinkt. Mittags sorgt die herzhafte Gemüsesuppe für neue Energie beim Wandern – oder auch *picados*, Rindergeschnetzeltes geschmort mit Schinken, Oliven und Knoblauch. Manche halten es für das beste Teehaus Madeiras.

✚ 180 A4 ✉ Ponta do Pargo, oberhalb vom Leuchtturm ☎ kein Tel. ⏰ tägl. 11–21 Uhr

Residencial O Farol €€

Ein Stück oberhalb vom Leuchtturm sorgt das Restaurant mit Bar für das Wohl der Gäste, die vom westlichsten Punkt Madeiras den Blick übers Meer genießen möchten. Zu essen gibt es herzhafte Suppen oder einen deftigen Rindereintopf. Mit etwas Glück bekommen Sie auch frisch gegrillten Fisch: Rotauge, *pargo*, mit etwas Zitrone und Olive.

✚ 180 A4 ✉ Ponta do Pargo ☎ 291 880 010 ⏰ tägl. 10–22 Uhr

Wohin zum...
Einkaufen ?

In diesem ländlichen Gebiet sind die Einkaufsmöglichkeiten begrenzt, doch finden sich in **Ribeira Brava** ein paar recht interessante traditionelle Läden, die einen Blick lohnen, selbst wenn man nichts kaufen möchte. Sie führen die dem ländlichen Inselleben entsprechende Grundversorgung, von Klippfisch bis zu landwirtschaftlichen Geräten.

Der Laden, der dem **Museu Etnográfico do Madeira** in Ribeira Brava (▶ 119) angeschlossen ist, bietet typische Produkte der Insel: handgearbeitete Lederschuhe, Holzeinlegearbeiten und Möbel, traditionelle Kleidung, Bücher, CDs.

In Calheta können Sie in der **Engenho da Calheta** (▶ 128), einer alten Zuckermühle, den auf Rum basierenden *aguardente* erstehen.

Wohin zum...
Ausgehen?

SURFEN

Jardim do Mar und **Paúl do Mar** wurden in jüngster Zeit von den Surfern entdeckt. Da die Wellen im Frühling und Winter drei bis acht Meter erreichen, ist das Gebiet für Anfänger nicht geeignet, aber es macht auch Spaß, einfach zuzuschauen, wenn beispielsweise der Surfclub von Portugal im Oktober in Paúl do Mar einen Wettbewerb veranstaltet.

Das Surfen steckt auf Madeira allerdings noch immer in den Kinderschuhen; deshalb können Sie auch keine Ausrüstung leihen.

WEINRALLYE

Wer sich für Motorsport interessiert, kann sich Etappen der so genannten **Weinrallye** ansehen, einer der wichtigsten europäischen Motorsportwettbewerbe. An die 60 der besten europäischen Rennfahrer kommen Anfang August auf die Insel. Man muss keine Eintrittskarten reservieren oder kaufen, außerdem bekommen Sie in jedem Lokal auf der Insel die Live-Übertragungen zu sehen. Wer allerdings dabei sein will, hat die beste Sicht auf der Hochebene Paúl da Serra.

FESTE UND JAHRMÄRKTE

Ribeira Brava samt Umgebung feiert jährlich am 28. und 29. Juni im großen Stil das **Fest des heiligen Petrus**, des Fischers, Apostels, ersten Papstes und traditionellen Schutzheiligen der Fischer. Dann sind die Straßen mit Girlanden, Papierblumen und allerlei Grünzeug geschmückt. Eine Flotte geschmückter Schiffe – von bunten Fischerkähnen bis zu kleinen Ruderbooten – bringt die Menschen aus den umliegenden Küstenorten nach Ribeira Brava, wo sie an Musik, Tanz und gutem Essen teilhaben wollen.

Im Juli werden jedes Jahr Schafe und Ziegen, die sonst auf dem Plateau Paúl da Serra grasen, zusammengetrieben, geschoren und verkauft. Dies ist eine der seltenen Gelegenheiten, die Vielzahl dieser zähen Tiere zu sehen.

Anfang Juli gibt es auch einen wichtigen **Viehmarkt** in und um Porto Moniz, auf dem alle möglichen landwirtschaftlichen Produkte ausgestellt sind und bewundert werden können.

In der ersten Augustwoche feiert man in Porto Moniz den Beginn der Sommerferien mit dem **Wasserfest**, einer Reihe von Wettbewerben und Spielen im und rund ums Wasser. Die meisten Aktionen finden an den vulkanischen Badebassins statt.

Der Osten Madeiras

Erste Orientierung

Der Osten Madeiras ist abwechslungsreich und von wilder Schönheit wie die übrige Insel auch; um das festzustellen, muss man nur einmal zur Ostspitze hinausfahren: Hier ragen die Klippen der Ponta de São Lourenço auf. Da es genug Straßen inklusive Tunnels gibt, kommt man schnell und problemlos in diese Region von Madeira.

Wohlhabende Portugiesen vom Festland und Geschäftsleute sind rasch zu dem Schluss gekommen, dass ein Landhaus unweit von Funchal und Madeiras Flughafen durchaus seine Vorteile hat. Und so lässt sich derzeit so mancher Millionär in den grünen Hügeln rund um Santo António da Serra, gleich bei den beiden Golfplätzen der Insel, seine Luxusvilla bauen.

Neue Hotel- und Apartmentanlagen schießen an der gesamten Südküste aus dem Boden. Caniçal boomt besonders dank seines Freihafens. Dass sich die Insel im Umbruch befindet, sieht man allenthalben: Es wird quasi überall gebaut.

Doch hinter all den Neuerungen gibt es noch das alte Madeira: In Camacha floriert trotz der Konkurrenz aus China die Korbmacherei. Lieder und Tänze aus Madeira werden von begeisterten Musikern und Tänzern gepflegt. In Caniçal sitzen die Fischer am Hafen, flicken die Netze und bereiten die Köder vor, während Schreiner die zerbrechlichen Holzschiffe reparieren oder auch neue bauen.

Ganz im Osten der Insel hat noch niemand den Versuch unternommen, die wilde Schönheit zu zähmen. So ist die Ponta de São Lourenço wunderbar geeignet, um der modernen Zivilisation zu entfliehen und in stiller Kontemplation am Meer entlangzuwandern, wo die Wellen gegen beeindruckende Klippen tosen.

★ Nicht verpassen! Nach Lust und Laune!

Seite 133: Igreja da Nossa Senhora da Conceição in Machico

Links: Die Kirche Igreja Matriz auf dem schattigen Hauptplatz von Machico

Rechts: Fischerboote in Caniçal. Viele Einwohner der Ostküste arbeiten als Fischer oder Bootsbauer

An einem Tag

Wenn Sie sich nicht sicher sind, wo Sie Ihre Reise beginnen möchten, empfiehlt diese Route eine praktische eintägige Reise durch den Osten Madeiras mit den wichtigsten Sehenswürdigkeiten. Sie können dazu die Karte auf der vorangegangenen Seite verwenden. Weitere Informationen finden Sie unter den Haupteinträgen (▶138ff).

9 Uhr

Dieser Tag ist etwas anspruchsvoll, aber mühelos zu bewältigen. Sie verlassen Funchal auf der Schnellstraße und folgen der Beschilderung zum Flughafen. Sobald das westliche Ende der Startbahn in Sicht kommt, biegen Sie nach Santa Cruz ab. Halten Sie in **3 Santa Cruz** (▶ 144). Sie können nun die Kirche aus dem 16. Jahrhundert und das Rathaus am kopfsteingepflasterten Hauptplatz besichtigen; diverse *pastelarias* an der Promenade laden mit leckeren Kuchen zum Verweilen ein. Für Kinder ist der Aquaparque westlich der Stadt geeignet.

10.15 Uhr

Etwa 30 Minuten dauert die Fahrt bis **1 Machico** (▶ 138ff), wo Sie am anderen Ende der Stadt Ihren Wagen abstellen können. Man fährt dazu an der Kirche vorbei und überquert eine Brücke; dann können Sie man im Schatten von Bäumen an einem Platz parken. Nun gilt es, den Ort mit der Capela dos Milagres und der Gemeindekirche (oben) aus dem 15. Jahrhundert zu erkunden. Anschließend können Sie entweder in einem der vielen Restaurants der Stadt essen oder etwas einkaufen, bevor es zur Ponta de São Lourenço geht.

12 Uhr

Von Machico folgen Sie der Beschilderung nach Caniçal. Umfahren Sie den Ort, dann ist nach 25 Minuten am Ende der Straße der Parkplatz der **4 Ponta de São Lourenço** (▶ 144) erreicht. Spazieren Sie so lange über die Klippen, bis Sie zu einem Punkt kommen, wo Sie eine besonders schöne Aussicht haben und Sie Hunger bekommen. Sie können auf einem markierten Weg bis zur Spitze der Halbinsel hinauswandern und an einer geschützten Stelle ein Picknick machen.

13.30 Uhr

Kehren Sie zurück nach **2 Caniçal** (▶ 141ff) und sehen Sie den Fischern und Bootsbauern bei der Arbeit zu, bevor Sie das Museu da Baleia (▶ 142) besuchen, wenn es bereits wieder eröffnet ist. Dort erfahren Sie alles über die Geschichte der Stadt als Hafen für den Walfang.

15.30 Uhr

Nun geht es zurück in Richtung Flughafen. Kurz vor Santa Cruz biegen Sie nach Santo António da Serra rechts ab. Durch die Wiesen geht es am Golfplatz vorbei nach 5 **Santo António da Serra** (➤ 145). Dann fahren Sie durch Santo António und biegen in Richtung Camacha links ab.

17 Uhr

Suchen Sie sich in 6 **Camancha** (➤ 145) ein schattiges Plätzchen am Hauptplatz für Ihr Auto. Besichtigen Sie **O Relógio**, eine Korbwarenwerkstatt auf der Südseite des Platzes, wo Produkte aus Weidenholz hergestellt werden (oben).

18 Uhr

Nun geht es auf der Hauptstraße zurück nach Funchal. Biegen Sie vor der Stadt links in die Straße nach 7 **Caniço** (➤ 146) ein. Bei der nächsten großen Kreuzung geht es weiter in Richtung **Caniço de Baixo**, wo zahlreiche Lokale und Cafés (wie das Inn and Art, ➤ 147) mit schönem Panorama warten. Hier können Sie auch das Abendessen einnehmen. Oder Sie fahren nach **Garajau**, ein paar Kilometer südwestlich, und beschließen den Tag mit einem Blick von den Klippen, auf denen eine Christusstatue steht (➤ Seite 146).

ⓞ Machico

In Machico hisste Kapitän Zarco mit seiner Besatzung 1420 erstmals die portugiesische Flagge auf Madeira. Der Ort fungierte als Hauptstadt, bis Funchal ihm den Rang ablief. Heute ist das von Industrie umgebene Machico eine lebhafte Stadt mit einem schönen historischen Zentrum mit Kopfsteinpflasterstraßen, alten Kirchen und Plätzen im Schatten von riesigen Bäumen und einer weiten, offenen Seeseite.

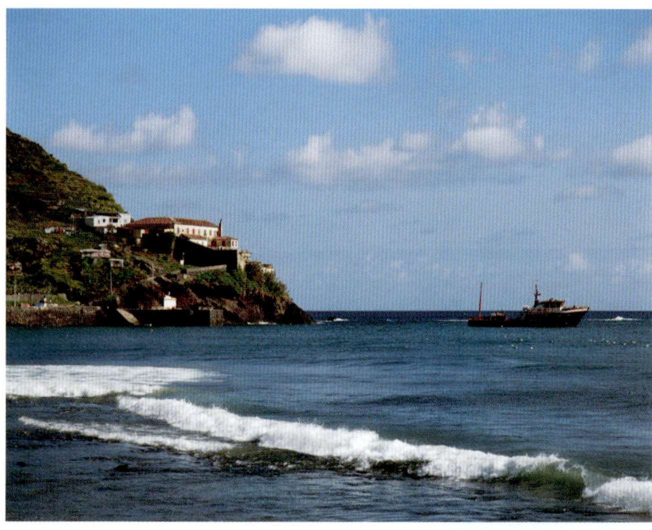

Machico wird durch die Ribeira de Machico, einen Fluss, der vom schmalen Tal hinter der Stadt zum Meer fließt, zweigeteilt. Westlich vom Fluss liegt der Hauptplatz. Wenn Sie dann den Fluss in Richtung Osten überqueren, kommen Sie ins alte Fischerviertel, in dem Sie meistens einen Parkplatz finden: Fahren Sie hinter der Brücke ein Stück nach oben; dort wartet unter gigantischen Feigenbäumen am Largo do Senhor dos Milagris meist eine Parklücke. An der Ostseite des Platzes ragt die **Capela dos Milagres** auf, die Zarco über den Gräbern von Robert Machin und seiner Geliebten Anne von Hertford (➤ 139, Kasten) errichtet haben soll. Eine Überschwemmung spülte 1803 die Kirche aus dem 15. Jahrhundert weg, doch fand ein britischer Kaufmann die wunderschöne Christusfigur 1829 im Meer treibend und brachte sie nach Madeira zurück. In der wieder aufgebauten Kapelle fand sie als Tabernakel über dem Hochaltar Verwendung. Sie hängt zu weit oben,

DIE LEGENDE VON ROBERT MACHIN

In seiner Geschichte Madeiras behauptet der Chronist Valentine Fernandes aus dem 16. Jahrhundert, Zarco habe Machico nach Robert Machin benannt, einem Kaufmann aus Bristol, der 1420 hier an Land gegangen sei und dessen Grab Zarco entdeckt habe. Machin soll mit seiner Geliebten geflohen sein, Anne von Hertford, deren adlige Eltern sich gegen die Heirat gestellt hätten. Die beiden hätten vor Madeira Schiffbruch erlitten. Anne soll am Trauma der Reise gestorben sein, Robert dann an seinem gebrochenen Herzen. Die Besatzung ihres Schiffes habe einen Brief hinterlassen; wer ihn finde, solle zum Gedenken der beiden eine Kapelle erbauen – heute die Capela dos Milagres. Eine weniger romantische Theorie besagt, dass Machico eine Art Verballhornung von Monchique, Zarcos Heimatstadt in der Algarve, ist.

als dass man sie eingehender betrachten könnte, doch vermitteln Fotos an den Wänden der Kirche einen Eindruck von der künstlerischen Qualität dieser gotischen Schnitzerei.

Schöne Pfarrkirche

Auf der anderen Seite der Brücke befindet sich im Herzen von Machico der dreieckige Hauptplatz, der Largo do Município. Auf der Südseite ragt das Rathaus aus den 1920er-Jahren auf, auf der Nordseite die **Igreja de Nossa Senhora da Conceição**. Dazwischen steht im Schatten von riesigen Platanen die Statue von Tristão Vaz Teixeira aus den 1930er-Jahren, der 1425 zum ersten Gouverneur von Ostmadeira ernannt wurde. Das Wappen

Links: Machico überblickt eine geschützte Bucht
Unten links: Teixeira wird mit einer Statue auf dem Hauptplatz von Machico geehrt
Unten: Vergoldete Holzarbeiten in Igreja da Nossa Senhora da Conceição

von Teixeira können Sie auch in der Kirche bewundern, und zwar über der Arkade der Familienkapelle auf der Nordseite, gleich bei der gotischen Kuppelkapelle des heiligen Sakraments. Der Hauptaltar ist ein Meisterwerk von blattgoldbelegter Holzschnitzerei, der sich mehrfach gegliedert zu einem Tabernakel erhebt, das eine Statue der Jungfrau Maria enthält, eine Schenkung von König Manuel I. Er stiftete auch die drei schlanken Marmorpfeiler am Eingangsportal.

Bummeln Sie nun südlich vom Hauptplatz eine der Kopfsteinpflastergassen hinunter, gelangen Sie zum **Forte de Nossa Senhora do Amparo**, einer Festung aus dem Jahr 1706, die Machico vor Piratenüberfällen schützen sollte. Jenseits dieser Verteidigungsanlage erstreckt sich die Bucht vom Yachthafen im Osten bis zur Capela de São Roque (➤ 140) im Westen. Die schöne Uferpromenade lädt zu einem Spaziergang ein.

KLEINE PAUSE

Gegenüber der Festung ist der ehemalige Markt heute das Restaurant **Mercado Velho** (➤ 147), in dem Sie in einem gepflasterten Innenhof mit Marmorbrunnen im Schatten von Jacarandas essen können.

Traditionelles Reetdachhaus in inseltypischer A-Form in Machico

✚ 183 D2   ✉ 24km nordöstlich von Funchal   🚌 SAM-Bus Nr. 20, 23, 53, 78, 113 und 156

Capela dos Milagres
✉ Largo Senhor dos Milagris   🕑 tägl. 9–13, 15–18 Uhr   ✋ frei

Igreja da Nossa Senhora da Conceição
✉ Largo do Município   🕑 tägl. 9–13, 15–18 Uhr   ✋ frei

Forte de Nossa Senhora do Amparo
☎ 291 962 289   🕑 tägl. 9–17 Uhr   ✋ frei

MACHICO: INSIDER-INFO

Top-Tipps: Die Küste bei Machico wurde 2005 erheblich aufgewertet, als dort das neue Kulturzentrum **Fórum Machico** seine Pforten öffnete. Der Bau aus Glas und grauem Basalt beherbergt ein Kino mit zwei Sälen, ein Theater, eine Bibliothek und ein Restaurant.

■ Die **Capela de São Roque**, die Rochuskapelle im Westen der Bucht, wurde 1739 zu Ehren des Heiligen errichtet, dem die Bewohner der Stadt für die Rettung vor einer Pestepidemie dankbar waren. Die Kapelle war viele Jahre lang verschlossen und wurde kaum noch beachtet. Mittlerweile haben jedoch Restaurierungsarbeiten begonnen, und möglicherweise wird man schon bald wieder die schönen *azulejos* aus dem 18. Jahrhundert bestaunen können.

❷ Caniçal

Caniçal war einer der letzten Orte in Europa, der auf den Walfang verzichtet hat. Was von der Industrie geblieben ist, kann man sich im Museum der Stadt ansehen (Wiedereröffnung 2012/13). Hier erfährt man, wie die Fischer, die einst die Tiere fingen, sie heute schützen. Die Containerschiffe, die früher nach Funchal kamen, legen jetzt in Caniçal an. Erwarten Sie also nicht zu viele Touristenattraktionen – die Stadt ist heute ein Handelshafen.

Herman Melvilles Roman *Moby Dick* (1851) erzählt die Geschichte eines Kapitäns, der sich an einem Wal rächen will, der ihm ein Bein abgebissen und so sein Leben zerstört hat. Der Stoff wurde 1956 von John Huston verfilmt (➤ 17). Der Streifen wurde oft wegen seiner authentischen Details gelobt – die Walfangszenen wurden vor Caniçal gedreht, und die Schiffsflotte des Dorfes kam zum Einsatz. Sie fuhr zur See, bis der Walfang 1981 schließlich verboten wurde. Von den älteren Männern, die heute ihren Söhnen und Enkeln bei der Vorbereitung der nächtlichen Fischerei helfen, haben einige noch lebhafte Erinnerungen an das Leben an Bord der *São José*, des letzten Walfangschiffs, das von diesem Hafen aus in See stach.

Ein blühendes Dorf

Schroffe Felsspitzen ragen in der Nähe von Caniçal aus dem Meer

Den Walfang gibt es nicht mehr, doch macht ein Rundgang bewusst, dass andere Formen des Fischfangs durchaus florieren. Das gesamte Hafengebiet zeichnet sich durch gesteigerte Aktivität aus, Fischer halten ihre Boote seetauglich oder bereiten die Köderleinen vor, die tief ins Meer hinabgelassen werden, um dort Bandfische zu angeln. Neben den kleineren traditionelleren Booten gibt es natürlich auch große Schiffe, mit denen man weiter hinausfahren kann, um Thunfische zu

fangen. Das große Kühlhaus am Dock lässt darauf schließen, dass nicht alle Fische vor Ort konsumiert werden. Ein Teil des einzigartigen Degenfischs wird präpariert, um dann nach Portugal verschickt zu werden.

Hart umkämpft

Am westlichen Ende des Meerufers wurde das nagelneue, topmoderne **Museu da Baleia** (Walfangmuseum) errichtet, in dem Exponate des alten Museums sowie viele neue interaktive und packende Objekte gezeigt werden. Nach der Eröffnung 2012 oder 2013 soll es eine der Hauptattraktionen Madeiras werden, und viele hoffen, dass es die Tradition des alten Museums fortsetzt und die Grausamkeit und Unmenschlichkeit der Walfangindustrie aufzeigt, ohne die Fertigkeiten und den Mut der Walfänger herabzusetzen. Es handelte sich nämlich nicht um eine Industrie, bei der mechanische Harpunen und große, mit Stahl ummantelte Schnellboote benutzt wurden, sondern um einen primitiven Zweikampf zwischen Mensch und Wal, den der Mensch nicht immer gewonnen hat.

Caniçal ist eine geschäftige Hafenstadt

Sobald ein Beobachtungsposten auf dem Hügel über dem Dorf einen Pottwal sichtete, stachen die Walfänger in ihren wackeligen Holzbooten in See; eines davon kann man heute im Museum bewundern. Nachdem der Wal mit einer kurzen Harpune von Hand aufgespießt worden war, mussten die Walfänger kämpfen, um das verletzte Tier am Ende der 1000 Meter langen Leine zu halten, denn der Wal tauchte natürlich unter

Im Museu da Baleia erfahren Sie etwas über die Walfängervergangenheit von Caniçal

und versuchte zu entkommen, wobei er die Männer samt Boot mit sich zog.

Die Walfänger von Madeira töteten auf diese Weise 5885 Wale innerhalb von 40 Jahren. Grafiken zeigen, wie es nach dem Fang weiterging.

Von Jägern zu Tierschützern

Viele der Walfänger machen sich heute für den Walschutz stark und helfen mit ihren breiten Kenntnissen den Wissenschaftlern bei der Erforschung der Lebensgewohnheiten, Brutstätten und Migrationsrouten der Wale. So mancher ehemalige Walfänger fährt nun mit Touristen aufs Meer hinaus, damit sie die Pott-, Finn-, Buckel- und Blauwale sehen können, die die Küstengewässer Madeiras regelmäßig besuchen (siehe Kasten). Andere arbeiten als Aufseher und patrouillieren im Meeresnaturschutzgebiet, um sich zu vergewissern, dass es den Delphinen und Mönchsrobben auch gut geht.

KLEINE PAUSE

Die Lokale am Kai sind alle auf fangfrischen Fisch spezialisiert. Perfekt gegrillten Thunfisch isst man in der schlichten **Beira Mar**.

✚ 183 E3 ✉ 32km westlich von Funchal 🚌 SAM-Bus Nr. 113

Museu da Baleia
🕐 Voraussichtliche Eröffnung 2012 oder 2013

MEERESTIERE
Delphine ziehen von Mitte Mai bis Ende Oktober an der Küste entlang. **Albatroz Sailing Trips** (Tel. 291 223 366) mit der Hauptniederlassung in Funchal bietet Exkursionen an, auf denen man die Tiere in ihrem natürlichen Lebensraum zu sehen kriegt und mit etwas Glück auch noch Wale und Schildkröten.

CANIÇAL: INSIDER-INFO

Top-Tipp: Vor dem Aufbruch sollte im Touristenbüro in Funchal unbedingt geprüft werden, ob das Walfangmuseum inzwischen eröffnet hat. Ansonsten gibt es in Caniçal nicht viel zu sehen.

Muss nicht sein! Zwei ehemalige Walfänger verkaufen manchmal in einem Kiosk am Hafen **Muschelschnitzerei**. Diese Schnitzarbeiten – springende Wale und Delphine, Schiffsmodelle und sogar Ohrringe – werden aus den letzten Beständen von Walfischbein gemacht. Man sollte dergleichen keinesfalls kaufen, da der Handel mit Fischbein mittlerweile ebenso verboten ist wie die Ausfuhr.

Nach Lust und Laune!

❸ Santa Cruz

Santa Cruz liegt recht nahe beim Flughafen, und vielleicht ist das ja der Grund, weshalb die Touristen sich eine der schönsten Städte Madeiras nicht als Ferienziel aussuchen. Der elegante Hauptplatz (Praça Dr João Abel de Freitas) mit erhaltenem Pranger ist mit kleinen, vom Meer glatt gespülten Steinen gepflastert und träumt im Schatten von Olivenbäumen. An der Nordseite des Platzes ragt die große gotische Kirche São Salvador auf; sie stammt aus dem Jahr 1533 und wurde von dem Architekten und Steinmetzen erbaut, auf den auch die Kathedrale von Funchal (➤ 64) zurückgeht. Gegenüber weist das moderne Rathaus elegante Doppelbogenfenster im venezianischen Stil auf.

Zwei Blocks weiter in Richtung Süden gelangen Sie zur lebhaften Promenade am Meer mit Kieselstrand, einem Spielplatz und Palmen. Tatsächlich befindet sie sich am Ende der Flughafenlandebahn. So können von hier aus Kunstflieger beim Starten oder Landen oder bei ihren Flugbewegungen über dem Atlantik beobachtet werden. Am Strand mit seinen Palmen, Sonnenschirmen, Piers und farbenfrohen Fischerbooten auf grauem Kies lässt es sich in der Nachmittagssonne wunderbar entspannen.

Cafés und *pastelarias* (Konditoreien) ziehen sich am Wasser entlang. Unmittelbar nördlich davon liegt das hübsche Gerichtsgebäude aus dem 19. Jahrhundert.

Verlassen Sie die Stadt auf der Straße nach Gaula in Richtung Westen, gelangen Sie nach 1,6 Kilometern zum **Aquaparque** und zu einem Strandbad mit Pools und Wasserrutschen.

✚ 183 D2 ✉ 16 km nordöstlich von Funchal
🚌 SAM-Busse Nr. 20, 23, 53, 60, 78, 113 und 156

Aquaparque
✚ 183 D2 ☎ 291 524 412; www.aquaparque. com ✋ Mai–Okt tägl. 10–19.30 Uhr

❹ Ponta de São Lourenço

An diesem Fleckchen Erde können Sie die einsame Wildnis genießen und sich die Brise vom Meer um die Nase wehen lassen. Von Caniçal fahren Sie 5 Kilometer weit bis zu einem Kreisverkehr; die linke Straße führt zu einem *miradouro* mit schönem Panoramablick. Rechts erreichen Sie nach einem Kilometer einen Parkplatz; von dort führt ein Weg die übrigen zwei Kilometer zur äußersten östlichen Spitze der Insel, einer Landschaft mit einem Auf und Ab von Klippen und tiefen Einschnitten. Karminrot, orange, braun und violett leuchtet der vulkanische Kalktuff. Fähren Sie auf der schmalen Straße nach Caniçal zurück, kommen Sie an einem Hügel vorbei, »O Gordo« (»der Dicke«) genannt, auf dem die Kapelle Nossa Senhora da

Der elegante Gerichtshof in Santa Cruz, einer der schönsten Städte auf Madeira

Piedade thront. Der Weg unterhalb führt zu einem schmalen Strand mit schwarzem Sand.

✚ 183 E3 ✉ 32 km nordöstlich von Funchal 🚌 SAM-Bus Nr. 113 bis Baía d'Abra

5 Santo António da Serra

Obstgärten, Wiesen und grasende Kühe sind das Kennzeichen der Umgebung von Santo António da Serra. Rund um das Dorf liegen zwei Golfplätze und einige Herrschaftshäuser, außerdem neue Gebäude im Farmhausstil. Ein altes Landgut – die Quinta da Serra – steht in einem öffentlichen Park nicht weit vom Hauptplatz im Schatten von Tulpenbäumen und Eichen. Der von Kamelien und Azaleen gesäumte Hauptweg – sie blühen von Januar bis April – führt zu einem Aussichtspunkt, von dem aus Sie bis ans östliche Ende der Insel schauen können. Rechts vom Weg gibt es einen Kinderspielplatz und Gehege mit Tieren.

✚ 182 C3 ✉ 22 km nordwestlich von Funchal 🚌 Horários-do-Funchal-Bus Nr. 77

6 Camacha

Ein großes Denkmal im Park, der den Hauptplatz von Camacha ausfüllt, gedenkt des ersten Fußballspiels in Portugal. Es fand 1875 hier statt, nachdem der Sohn eines Einheimischen aus dem Internat in England einen Fußball mitgebracht hatte. Jetzt ist Madeira verrückt nach Fußball – und zwei Mannschaften spielen in Portugal in der ersten Liga (► 92).

O **Relógio** auf der Südseite des großen Hauptplatzes von Camacha

---

FÜR KINDER

- Besuch des **Forte de Nossa Senhora do Amparo** (► 139) in Machico, das im 18. Jahrhundert gegen Piratenüberfälle erbaut wurde.
- Fußballspielen im Park von **Camacha** (► 145f).
- Badespaß in der Badeanlage **Aquaparque** in Santa Cruz (► 144).
- Tiergehege und Spielplatz von **Santo António da Serra** (► 145).

---

ist auf Madeira die beste Adresse, um Korbwaren zu kaufen. Zwei Stockwerke sind mit Korbartikeln voll gestopft, von einfachen Platzdeckchen bis zu Sesseln mit Rückenlehne in Pfauenform und Sofas. Im Untergeschoss können Sie zusehen, wie Korbwaren gefertigt werden, und eine Arche Noah mit Korbtieren bewundern.

Von den Möbeln sind allerdings die wenigsten wirklich hier hergestellt. Da müsse Sie schon durch die Seitenstraßen des Dorfes bummeln, um zu sehen, wo die Arbeit wirklich getan wird: von kunstfertigen Korbflechtern nämlich, die auf niedrigen Stühlen im Schatten sitzen und die Weidenruten biegen und flechten. Diese Ruten werden im Januar und März geerntet, in Wasser eingeweicht und dann aus der Borke geschält und in der Sonne getrocknet. Bevor die Weiden dann

Die Korbflechter von Camacha fertigen aus Weidenruten kunstvolle Möbel

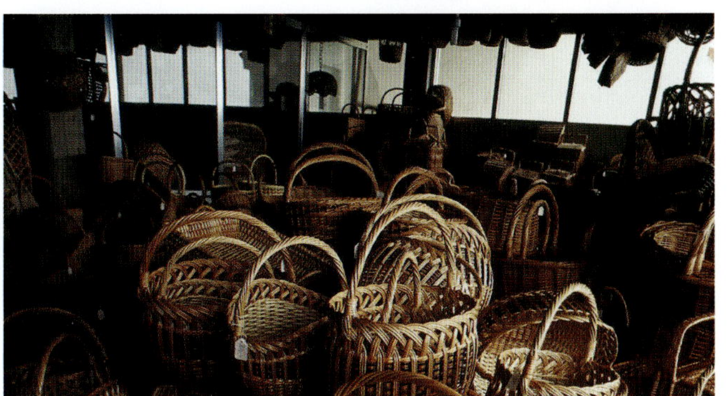

ABSEITS DER TOURISTENWEGE

Caniços unmittelbarer Nachbarort **Garajau** kann mit einer riesigen Hotelanlage an der Hauptstraße aufwarten, dazu mit vielen Cafés und Läden. Dieses geschäftige Viertel lässt man hinter sich, wenn man weiter gen Süden fährt, nämlich zum Parkplatz oben auf den Klippen der **Ponta do Garajau** (182 C1). Von hier ist es nur ein kurzer Spaziergang zur riesigen Christusstatue; der Erlöser steht mit ausgebreiteten Armen da wie die Figur über Rio de Janeiro. Das Monument hier wurde 1927 errichtet; Liebespaare kommen gern hierher, um sich den Sonnenuntergang anzusehen.

zu Körben oder Möbeln verarbeitet werden, müssen die Peddigrohre noch gekocht werden, um sie geschmeidig zu machen. Sie verändern dann ihre Farbe von Weißlich zu Braun.

Der untersetzte Turm, der O Relógio beherbergt, wird von einer Uhr gekrönt. Sie wurde 1896 von Michael Grabham gestiftet, einem Fachmann für alles – von Tropenfischen bis zum Elektromagnetismus. Als ihn jemand einmal fragte, wie er sich so kompetent zu so vielerlei Themen äußern könne, soll er gesagt haben: »Was ich nicht weiß, erfinde ich einfach!«

✚ 182 C2   ✉ 16km nordwestlich von Funchal

O Relógio
🕐 tägl. 12–16, 19–23 Uhr   🚌 Horários-do-Funchal-Bus Nr. 110 und 129   ✋ frei

7 Caniço

Die Altstadt liegt auf halber Höhe auf einem steilen Berg. Hier tummeln sich viele beim Einkaufen, angelockt von zwei großen Supermärkten. **Caniço de Baixo**, die Unterstadt, befindet sich dagegen am Meer. Hier gibt es Ferienhäuser und große Hotelanlagen. Ruhig und schattig ist es, und es gibt schöne Villen in blühenden Gärten. Am winzigen Strand hat sich eine Tauchschule niedergelassen, und die Uferpromenade führt im Osten bis Praia dos Reis Magos.

✚ 182 C1
✉ 8km westlich von Funchal
🚌 Autobus Caniço Nr. 155, SAM-Bus Nr. 20, 53, 60, 113, 156 und 208,

Christus der Erlöser auf einer abgelegenen Klippe der Ponta do Garajau

Wohin zum…
Essen und Trinken?

Preise
Die Preisangaben gelten pro Person für ein Essen, ohne Getränke und Service:
€ unter 20 €   €€ 20–40 €   €€€ über 40 €

MACHICO

Gonçalves €€

Dieses Lokal befindet sich direkt hinter dem Gebäude des Forum Machico und ist bei Einheimischen beliebt für seine beruhigend kurze Speisekarte. Hier können Sie sicher sein, dass nur frischester, wenige Stunden zuvor gefangener Fisch aus dem Atlantik verwendet wird.
✚ 183 D2 ✉ Rua do Ribeirinho ☎ 291 966 606 ⊕ tägl. 8–23 Uhr

Mercado Velho €€

Das vermutlich charismatischste Lokal Machicos ist der ehemalige Markt, ein reizender und entspannter Ort, an dem Sie bei Grillfisch und anderen Köstlichkeiten der Insel verweilen können. Nehmen Sie im sauberen Speisesaal Platz oder erholen sich draußen unter Jakaranda-Bäumen und zum Klang des plätschernden Brunnen.
✚ 183 D2 ✉ Rua do Mercado ☎ 291 965 926 ⊕ tägl. 11–23 Uhr

SANTA CRUZ

Boca de Panela €€

Santa Cruz zieht wenige Besucher an, daher der Mangel an Lokalen. Es lohnt sich, diesen Ort aufzusuchen, der einen kurzen Spaziergang vom Strand in Richtung Aquaparque entfernt ist. Der moderne Glasbau ist für dortige Strandpromenaden typisch und bietet eine unverstellte Sicht auf das Meer. Die Karte liest sich wie ein Verzeichnis traditioneller madeirischer Speisen; die Weinkarte ist beeindruckend und die Bedienung gastfreundlich.
✚ 183 D2 ✉ Ribeira Boa Ventura (Uferpromenade) ☎ 291 600 267 ⊕ tägl. 11–23 Uhr

CAMACHA

O Relógio €€

In diesem Restaurant kommen die üblichen Spezialitäten Madeiras auf den Tisch, dazu aber auch *espadarte fumado* (geräucherter Schwertfisch), gegrillte Shrimps in Chilisoße und gegrillter Thunfisch mit Mais. Freitags und samstags findet ab 21.30 Uhr eine Tanzvorführung der Grupo Folclórico statt, danach spielt eine Jazzband, und man kann tanzen.
✚ 182 C2 ✉ Largo da Achada ☎ 291 922 114 ⊕ tägl. 12–16, 19–23 Uhr

CANIÇO

The Gallery €€

Das Restaurant gehört zum Hotel Inn and Art (➤ 36) in Caniço de Baixo und ist eines der wenigen auf Madeira, das ein gutes Angebot für Vegetarier bereithält. Köstlich sind beispielsweise der Tomatensalat mit Ziegenkäse, angebratenes Gemüse mit Pinienkernen und Pasta-Gerichte. Natürlich steht auch frischer Fisch vom Grill auf der Karte, und die Auswahl an deutschen und portugiesischen Weinen ist beachtlich. .
✚ 182 C1 ✉ Rua Robert Baden Powell, Caniço de Baixo ☎ 291 938 200 ⊕ tägl. Mittag- und Abendessen

La Perla €€€

Das Restaurant ist im alten Herrenhaus des Hotels Quinta Spléndida untergebracht und gilt als eines der besten auf ganz Madeira. Es ist bekannt für Gemüse, Salate und Kräuter, die alle aus dem hoteleigenen Garten stammen oder bei Bauern auf der Insel gekauft werden.
✚ 182 C1 ✉ Sítio de Vargem ☎ 291 930 400 ⊕ tägl. 19–22 Uhr

Wohin zum… Einkaufen?

Wer seinen Spaß an unerwarteten Entdeckungen in den Geschäften Madeiras hat, der sollte in **Machico** und **Santa Cruz** einen Bummel machen. In den Läden auf dem Land bekommt man einen guten Eindruck von den alltäglichen Bedürfnissen, denn hier wird einfach alles verkauft, von getrockneten Bohnen und gesalzenem Kabeljau bis zu Büchsen mit Sardinen.

In Santa Cruz findet von Montag bis Samstag ein kleiner Markt statt, auf dem Fisch, Obst und Gemüse feilgeboten werden. Zwischen dem ehemaligen Markt von Machico (jetzt das Restaurant Mercado Velho ▶ 147) und dem Hafen gibt es mehrere kleine Andenkenläden; dort sind Reiseführer, Postkarten, Stickereien und Weine zu haben.

Camacha (▶ 145) ist nicht nur das Zentrum für Korbwaren, sondern es gibt auch einen großen Supermarkt und ein Einkaufszentrum am westlichen Stadtrand; wer in Richtung Funchal fährt, kann beides nicht verfehlen. In **Caniço** (▶ 146) finden Sie ebenfalls zwei gut bestückte Supermärkte, in denen Sie alles, was Sie so braucht, kaufen können.

In **Caniço de Baixo** kann man die üblichen Andenken erstehen, und zwar im kleinen Supermarkt an der Rua Robert Baden Powell; ein Stück weiter die Straße hinauf finden Sie im Inn and Art (▶ 36), einem Hotel mit Galerie, diverse Kunstwerke. In der Hotelbar, im Restaurant und im Eingangsbereich hängen die abstrakten Werke des deutschen Malers Siegwart Sprotte, der von chinesischer und japanischer Kunst beeinflusst ist und regelmäßig nach Madeira kommt, um die Landschaft und die Blumen zu malen. Seine Arbeiten sind wahrhaftig nicht billig. Deshalb stehen in der Galerie auch limitierte Drucke, Poster und zum Verkauf.

Wohin zum… Ausgehen?

Im Osten von Madeira befinden sich die beiden Golfclubs der Insel, die für ihre schöne landschaftliche Lage bekannt sind – lassen Sie sich davon nicht ablenken! Der **Clube de Golf Santo da Serra** (Tel. 291 550 100; www. santodaserragolf. com) liegt auf einem Hochplateau südlich von Santo António da Serra, 22 Kilometer nordöstlich von Funchal. Man kann den 18-Loch-Platz auf 27 erweitern, indem man auch den 9-Loch-Platz von Serra bespielt.

Nicht weit von hier befindet sich **Palheiro Golf** (Tel. 291 790 120, www.pacheirogolf.com), ein 18-Loch-Platz in einer herrlichen Parklandschaft mit Bäumen, die im 19. Jh. von der Familie Blandy (▶ 79f) gepflanzt wurden. Sie können hier als blutiger Anfänger Unterricht nehmen, doch eignet sich die Anlage auch für Fortgeschrittene.

Die geschützte Südküste bietet ideale Bedingungen zum Tauchen, vor allem im Meeresschutzgebiet bei Caniço. Mehrere Agenturen bieten Tauchgänge unter der Obhut von Profis an; zu sehen bekommen Sie unter anderem Barsche und Thunfische. Es gibt Kurse für Anfänger. Zur Anmeldung für Tageskurse wenden Sie sich bitte an **Atalaia Diving** (im Hotel Roca Mar in Caniço, Tel. 291 934 330), **Manta Diving Centre** (im Lido Hotel Galomar in Caniço de Baixo, Tel. 291 935 588, www.mantadiving.com) oder im **Diving Centre Baleia** (Dom Pedro Baia Hotel, Tel. : 291 969 500, www.dompedro.com/scuba).

Ausflug

Porto Santo 150

Porto Santo

Wer ein Fan von Stränden mit goldenem Sand und der dazu passenden Bräune ist, sollte mindestens zwei Tage auf dieser abgelegenen, unberührten Insel verbringen.

Porto Santo ist eine kleine Insel 43 Kilometer nordöstlich von Madeira und hat genau das zu bieten, was Madeira fehlt: Sand. Die ganze Südseite der Insel besteht aus zehn Kilometer Sandstrand mit Dünen, Feldern und Weinterrassen im Hinterland – ein schönes Fleckchen Erde. Es werden Tagesausflüge nach Porto Santo angeboten, doch macht ein solcher Kurztrip wenig Sinn. Besser ist es, sich in einem der Hotels am Meer einzumieten und ein oder zwei Tage hier zu verbringen.

Wie alles begann

Porto Santo war die erste Insel des Archipels, die Kapitän Zarco für Portugal 1419 als Kolonie in Besitz nahm. Matrosen aus Spanien und Portugal waren schon lange vorher auf die Insel gekommen, um Drachenblut zu sammeln, ein teures dunkelrotes Färbemittel, das aus dem harzhaltigen Saft des Drachenbaums gewonnen wird. Als Zarco 1420 Madeira kolonisierte, überließ er es seinem Kompagnon Bartolomeu Perestrelo, etwas aus Porto Santo zu machen.

Die ersten Siedler fällten zuerst einmal Bäume, um auf der Insel Platz für Häuser zu schaffen. Sie ließen auch ein trächtiges Kaninchen frei, dessen Nachfahren nun überall auf der Insel herumhüpfen. Das Ergebnis war für die Vegetation der Insel fatal. Heute müssen die dürren, von der Sonne verbrannten Pflanzen ums Überleben kämpfen, und die »braungelbe Insel« sieht total anders aus als das grüne Madeira nebenan. Wiederaufforstungsmaßnahmen greifen nur langsam. Wacholder, Lorbeer, Zypressen und Kiefern bedecken die oberen Berghänge und speichern die Feuchtigkeit, die die dünne, trockene Erdschicht bewässert und auch die Quellen speist, die für die Wasserversorgung der Insel sorgen; das meiste Wasser kommt heute allerdings aus Meeresentsalzungsanlagen.

Moderne Entwicklung

Bislang hat sich Porto Santo nicht groß entwickelt, doch ist die Insel sowohl bei Madeirensern als auch bei Portugiesen vom Festland beliebt. So entstehen an der Küste nun immer mehr Feriendörfer und Hotels. Auf der sandigen Erde wird noch immer Wein kultiviert, doch sind seine Tage wohl gezählt, wenn die Bautätigkeit in dieser Geschwindigkeit weitergeht. Was die Versorgung mit Lebensmitteln angeht, ist Porto Santo völlig von Madeira abhängig.

Seite 149: Barfuß im Sand von Porto Santo

Rechts: Ein Taucher nähert sich einem Schwarm Thunfische

Gegenüber: Auf der Insel haben sich traditionelle Produktionsmethoden erhalten

Unten: Die Lichter von Vila Baleira, der Hauptstadt von Porto Santo

Vila Baleira

Die Hauptstadt von Porto Santo liegt in einer Ebene zwischen den Zwillingsgipfeln der Insel. Das Durcheinander aus weiß getünchten Häusern rund um den **Largo do Pelourinho**, den Hauptplatz, hat sich wohl seit den Tagen, als Christoph Kolumbus 1478 herkam, kaum verändert; er war bei Bartolomeu Perestrelo II., dem Sohn des ersten Gouverneurs der Insel, zu Gast (➤ 153, Kasten), 14 Jahre bevor er nach Ostasien aufbrach. Porto Santo lag damals am Rand der Welt, hatte aber dennoch eine bedeutende Kirche, die 1446 fertig gestellt wurde. Wie erhaben dieses frühe Gebäude war, lässt sich noch an der verbliebenen Südkapelle mit gotischen Gewölben und Wasserspeiern in Form von grotesken Menschen- und Tierköpfen erkennen. Der Rest musste neu aufgebaut werden, nachdem Piraten das Gotteshaus 1667 in Brand gesteckt hatten.

Hinter der Kirche steht die Casa Museu Cristóvão Colombo, in der Kolumbus während seiner kurzen Ehe mit Filipa Moniz, der Tochter Perestrelos, gelebt haben soll. Im Museum sind Porträts von Kolumbus zu sehen – wobei eigentlich niemand genau weiß, wie er ausgesehen hat –, außerdem Landkarten von seinen Reisen, ein Modell seines Schiffes und Stiche. Das **Rathaus** südlich der Kirche weist eine schöne Doppeltreppe auf und einen Türrahmen aus dem 16. Jahrhundert.

Der Strand

Gleich südlich vom Rathaus führt eine von Palmen gesäumte Straße durch den Stadtgarten zum Strand hinunter. Er zieht sich nach Westen in einem Bogen über die ganze Länge der Insel hin und

Sonnenuntergang über den Ufern der Insel Porto Santo

LAND DES PROPHETEN
Im Jahr 1533 machten Fernão Nunes und seine Nichte Filipa einige Inselbewohner glauben, dass sie seherische Fähigkeiten hätten. Als die Behörden auf dem Festland erfuhren, dass Nunes Land und Geld forderte, wurden er und seine Nichte festgenommen und ins Gefängnis gesperrt. Bis heute sprechen die Madeirenser von den Leuten von Porto Santo scherzhaft als »Propheten«.

PORTO SANTO: INSIDER-INFO

Anreise: Die **Fähre** nach Porto Santo (Tel. 291 210 300; www.portosantoline.pt) fährt morgens am Hafen von Funchal ab und kehrt am frühen Abend zurück; die genauen Zeiten sind saisonabhängig. Die Fahrt dauert etwa zweieinhalb Stunden. Das einzige Fährschiff der Gesellschaft, die Lobo Marinho, ist sauber und mit einem Bordrestaurant, einem Café und einem Kino ausgestattet.

■ SATA (www.sata.pt) bietet teure, aber regelmäßige **Flüge** von 15 Minuten an; Tickets gibt es in den Reisebüros in Funchal oder direkt am Flughafen von Funchal.

Unterwegs auf Porto Santo: Wer mehrere Tage bleibt, tut gut daran, sich einen **Mietwagen** zu nehmen; bei einem Kurzaufenthalt lässt sich die Insel am besten zu Fuß, mit dem Rad oder Motorroller erkunden. **Moinho Rent-a-Car** (Tel. 291 982 141) veranstaltet täglich auch Busrundfahrten über die Insel. Sie starten um 14 Uhr am Busbahnhof an der Hauptstraße von Vila Baleira (Avenida Dr Manuel Gregório Pestana Júnior), allerdings erst bei mindestens vier Passagieren. Versichern Sie sich, dass der Bus tatsächlich fährt! Man kann sich aber auch einen halben Tag lang ein **Taxi** mieten, um die Insel zu erkunden; sie stehen in der Rua Dr. Nuno Silvestre Teixeira.

Übernachten: In den Sommermonaten sollte man reservieren. Wer einfach nur ein Dach über dem Kopf will, geht in die preiswerte **Pensão Central** (Rua A. Magno Vasconcelos, Vila Baleira, Tel. 291 982 226); sie ist sauber, freundlich und liegt – wie der Name schon sagt – zentral. Zu den Hotelanlagen mit Sportstätten und Schwimmbad zählen das preislich moderate **Hotel Torre Praia** (Rua Goulart Madeiros, Tel. 291 980 450, www.torre-praia.pt), zehn Minuten zu Fuß vom Stadtzentrum entfernt, das freundliche **Hotel Porto Santo** (Campo de Baixo, Tel. 291 980 140, www.hotelportosanto.com) und das luxuriöse **Hotel Vila Baleira** (Sítio do Cabeço da Ponta, Tel. 291 980 800, www.vilabaleira.com).

Im Restaurant: Das **Baiana** (Rua Dr. Nuno S. Teixera 9, Tel. 291 984 649, geöffnet tägl. Mittag- und Abendessen) am Hauptplatz hat sich auf Fisch spezialisiert. Es gibt aber auch eine breite Auswahl an Fleisch sowie an Salaten. Einen zehnminütigen Spaziergang vom Touristenbüro entfernt, liegt das **Péna Água** (Sítio das Pedras Pretas, Tel.: 291 983 114, täglich 11–23 Uhr), das im kleinen Speiseraum oder draußen auf den Dünen Steaks, Fischgerichte, Nudeln und Snacks serviert.

Top-Tipps: Die Einkaufsmöglichkeiten auf Porto Santo sind auf eine kleine **Einkaufszone** an der Avenida Dr. Manuel Gregório Pestana Júnior in Vila Baleira beschränkt; dort gibt es Muscheln, Wein von der Insel und T-Shirts, außerdem einen Supermarkt.

■ Das **Hipicenter** von Porto Santo's (Sítio da Ponta, tel: 291 983 258) bietet Reitkurse und organisiert Ausritte und Ponyreiten über die Insel.

■ Die großen Grünflächen westlich des Flughafens gehören zum Gelände des neuen **Porto Santo Golf Club** (Tel. 291 983 778, www.portosantogolfe.com). Seve Ballesteros hat die 18-Loch-Anlage entworfen.

■ Fast das ganze Jahr über beschränkt sich das Nachtleben von Porto Santo hauptsächlich auf die Bars. Das ändert sich nur im Juli und August, wenn plötzlich alle Bars und Restaurants am Ufer vor allem freitags und samstags die ganze Nacht über Partys veranstalten. Besonders angesagt sind das **Nikita** und **Dokaki** (beide in der Nähe des Fährhafens; tägl. ab 22 Uhr).

ist für die meisten Besucher die Hauptattraktion. Sie können den ganzen Tag schön am Strand entlangwandern, Sie man den südlichsten Punkt, die Ponta da Calheta, erreichen; Sie können man den Sonnenuntergang beobachten.

Bei dem Spaziergang sieht man auch die Tamarisken, die angepflanzt wurden, um den Sand zu stabilisieren; er besteht aus den erodierten Resten von Korallenriffen, die sich ausgebildet haben, als Porto Santo im Tertiär, also vor etwa 20 Millionen Jahren, von tropischem Meer umgeben war. Man sollte nicht überrascht sein, wenn man hier Leute vorfindet, die sich bis zum Kopf in den Sand eingebuddelt haben. Der warme Korallensand soll gegen Rheuma, Arthritis und Krampfadern helfen – was derzeit von Wissenschaftlern untersucht wird.

Zwillingsgipfel

Ambitionierte Besucher erklimmen gerne die zwei Berggruppen bildenden Vulkangipfel. In Richtung Südwesten gelangt man zum **Pico de Ana Ferreira** (283 Meter); hier sieht man Säulenbasaltformationen, die entstehen, wenn vulkanische Lava abkühlt und kristallisiert. Sie werden wegen ihrer Form gern als »Orgelpfeifen« bezeichnet.

Die Erhebungen im Nordosten sind erheblich wilder und eine Herausforderung. Außerdem sind sie die wahrsten Bilderbuch-Vulkankegel, wobei der **Pico Castelo** (437 Meter) die klarsten Linien aufweist. Folgt man der Straße von Vila Baleira über Pé de Pico den Berg hinauf, gelangt man auf einen Weg, der sich durch Kiefern, Agaven und Kaktusfeigen zum Gipfel schlängelt. Hier hört man nur die Vögel singen und jede Viertelstunde das Schlagen der Kirchturmuhr von Vila Baleira.

Wer den höchsten Berg von Porto Santo erklimmen möchte, wandert auf den **Pico do Facho** (516 Meter) und genießt von oben den weiten Blick über die unberührte Insel. Früher hat man hier oben Feuer entzündet, um die Madeirenser vor Piraten zu warnen; deshalb ist es ja vielleicht angemessen, dass heute unweit vom Gipfel zwei Fernmeldetürme aufragen.

Touristeninformation

✚ 185 D3　✉ Centro de Artesanato, Avenida Dr Manuel Gr. Pestana Junior　☎ 291 985 189　🕐 Mo–Fr 9–17.30, Sa 10–12.30 Uhr

Casa Museu Cristóvão Colombo

✚ 185 D3　✉ Travessa da Sacrista 2–4　☎ 291 952 598; www.museu colombo-portosanto.com　🕐 Juli–Sept Di–Sa 10–12.30, 14–19, So 10–13; Okt–Juni Di–Sa 10–12.30, 14–17.30, So 10–13 Uhr　🍴 Café (€)　✋ preiswert

Touren

1 FUNCHAL

Spaziergang

LÄNGE: 1 Kilometer **DAUER:** 30 Minuten, bis zu einem halben Tag mit Besichtigungen
START: Tourist Office, Avenida Arriaga 18 ✚ 186 B2
ZIEL: Adegas de São Francisco, Avenida Arriaga 28 ✚ 186 B2

Matrosen, die einst nach Funchal kamen, bezeichneten die Stadt wegen ihrer eleganten Architektur als »Klein-Lissabon«. Funchal bietet tatsächlich wie die portugiesische Kapitale Straßen mit Mosaikpflaster und Häuser mit schmiedeeisernen Balkonen. Die meisten stammen aus der Mitte des 18. Jahrhunderts; das Erdbeben, das Madeira 1748 heimsuchte, beschädigte viele Gebäude, die allesamt restauriert oder wieder aufgebaut werden mussten. Auf diesem kurzen Spaziergang lernen Sie die schönsten Bauwerke Funchals kennen.

1–2

Die Avenida Arriaga ist eine breite Straße, die durch eine Promenade mit phantasievoll verschnörkelten Mosaiken unter Schatten spendenden Bäumen zweigeteilt wird. Steht man mit dem Rücken in Richtung Touristeninformationsbüro, wendet man sich nach rechts und geht ein kurzes Stück zum **Jardim de São Francisco**. Sie überqueren nun die Avenida Arriaga, um sich das **Teatro Municipal Baltazar Diaz**

anzusehen, ein Kleinod von einem Theater; es wurde von 1884 bis 1888 erbaut und nach dem Dramatiker Baltazar Diaz benannt.

2–3

Bleiben Sie auf dieser Straßenseite, und biegen Sie rechts ab. Sie passieren nacheinander die elegante **Associação Comercial Português**, die Handelskammer, und ein **Autogeschäft** mit Kachelbildern aus den 1930er-Jahren, die das Transportwesen vergangener Zeiten darstellen. Dann ist der massive **Palácio de São Lourenço** aus dem Jahr 1520 erreicht; er ging nach

einem Piratenüberfall 1566 in Flammen auf und wurde 1654 neu aufgebaut. Als Militärzentrale ist der Palast nicht öffentlich zugänglich, Sie können sich aber die verzierten Steinportale und die Kanonen aus der Ferne ansehen. Die Avenida Arriaga endet an der Kreuzung mit der Avenida Zarco, an der sich eine recht romantisierende Statue von Zarco (▶ 12f) befindet, dem ersten Gouverneur von Funchal; sie wurde 1934 von dem auf Madeira geborenen Künstler Francisco Franco (▶ 62) entworfen.

3–4

Jetzt biegen Sie rechts in die Avenida Zarco ein und gelangen so zur Avenida das Comunidades Madeirenses (Avenida do Mar), an der einige Pavillons im maurischen Stil stehen, in denen Snacks und Zeitungen verkauft werden. Nach Überquerung der Straße geht es am Wellenbrecher entlang, der den Cais da Cidade Marina im Osten schützt. Wirft man vom äußersten Ende

der Mauer am Meer einen Blick zurück, hat man eine ähnliche Sicht auf den Hafen von Funchal wie die Passagiere der Kreuzschiffe, die hier von Bord gehen.

4–5

Zurück auf der Avenida das Comunidades Madeirenses (Avenida do Mar), überqueren Sie die Straße und biegen rechts ab. Zu sehen ist nun der fensterlose, kreisförmige Sitzungssaal des **Regionalparlaments**, ein Gebäude, das die Einheimischen wegen seiner Farbe und Form gern als »Stück Camembert« bezeichnen.

5–6

Direkt hinter dem Sitzungssaal geht man an der **Alfândega Velha**, dem alten Zollhaus aus dem Jahr 1477, vorbei, dem Sitz der Inselregierung, dann hat man einen schönen Blick auf die **Kathedrale** (▶ 64) mit ihrem Turm und Fialen. Biegen Sie bei der Kathedrale rechts

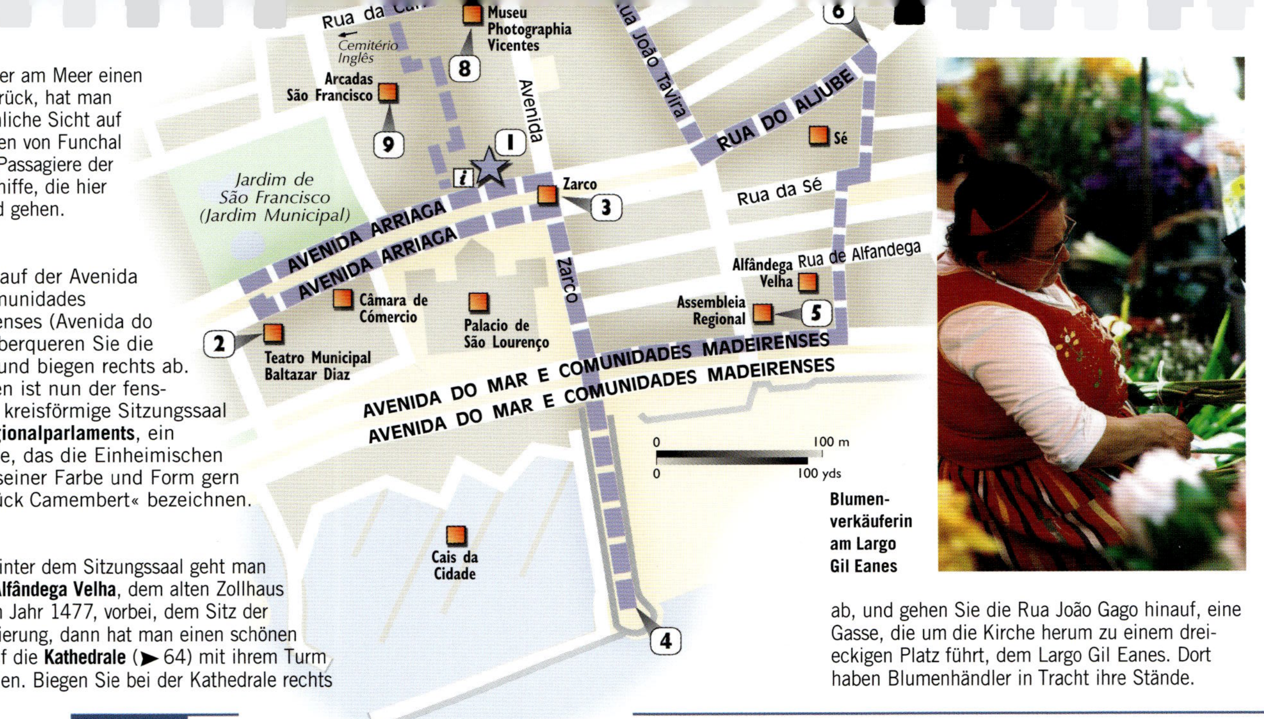

Blumen-
verkäuferin
am Largo
Gil Eanes

ab, und gehen Sie die Rua João Gago hinauf, eine Gasse, die um die Kirche herum zu einem dreieckigen Platz führt, dem Largo Gil Eanes. Dort haben Blumenhändler in Tracht ihre Stände.

6–7

Mit dem Rücken zu den Ständen überqueren Sie jetzt die Rua do Aljube, dann biegen Sie links ein und die erste rechts (Rua João Tavira). Nun geht es rechts die Rua Câmara Pestana hinauf, die zur Praça do Município, einem weitläufigen Platz mit einem Brunnen in der Mitte und Fischmosaiken führt. Rechter Hand ragt der Bischofspalast (1586–1608) mit Arkade und einem hohen Turm in der Mitte auf, in dem das **Museu de Arte Sacra** (➤ 54ff) untergebracht ist. Auf der linken Seite ist die Fassade der **Igreja do Colégio** (➤ 61) mit Jesuitenheiligen verziert, die wie wild gestikulieren. Es lohnt sich, alle Gebäude genauer zu betrachten, bevor es weiter zur **Câmara Municipal** (Rathaus) direkt gegenüber geht. Das Gebäude war ursprünglich als Stadtdomizil für den Grafen von Carvalhal (➤ 78) vorgesehen; es weist ein kunstvolles Treppenhaus auf. Im Hof sind ein Brunnen und die sinnliche Statue von Leda und dem Schwan (1880) zu bewundern, die vom **Mercado dos Lavradores** (➤ 51) hierher gebracht wurden.

Grüne Holzläden und ein eleganter Eisenbalkon schmücken dieses Haus in Funchal

Das Igreja do Colégio ist bekannt für seine Fliesenarbeiten und flämischen Gemälde

KLEINE PAUSE
Von dem Straßencafés **Snack Bar O Leque** hat man einen schönen Blick über die Praça do Município.

7–8

Sie verlassen den Platz an der Nordwestecke und spazieren die Rua Câmara Pestana hinunter, bis Sie an den Anfang der **Rua da Carreira** (siehe Kasten) gelangen; sie war früher die Hauptausfallstraße der Stadt. Gehen Sie bei der Hausnummer 43 nach oben, kommen Sie zu einem reizenden Gebäude aus den Sechzigerjahren des 19. Jahrhunderts mit einem Innenhof und einem Balkon aus phantasievoll gestaltetem Schmiedeeisen. Im Obergeschoss ist das **Museu Photographia Vicentes** (▶ 65) untergebracht; es wurde 1865 ins Leben gerufen und beherbergt heute an die 800 000 Fotos, die insgesamt 150 Jahre Inselgeschichte dokumentieren.

8–9

Weiter geht es auf der Rua da Carreira. Rechter Hand hat das Haus Nummer 62–64 einen hohen Turm in der Mitte, von dem aus Sie die Schiffe auf dem Meer beobachten können. Gegenüber liegt der Eingang zu den **Arcadas de São Francisco,**

Die Statue *Leda und der Schwan* im Hof der Câmera Municipal

RUA DA CARREIRA
Die Rua da Carreira ist an beiden Seiten von typischen Stadthäusern gesäumt: Es gibt Fensterläden und Balkone, die sich über die ganze Fassade erstrecken; einige haben eine Fahnenstange, denn an Feiertagen wird die Flagge gehisst. Die Fenster sind mit grauem Basalt gerahmt, und die Dachtraufen sorgen dafür, dass bei Regen das Wasser weit genug von der Fassade entfernt herunterkommt. Weiße Mauern herrschen vor, dazu graue Türen und Fensterrahmen und ein tiefes Blaugrün für Türen und Schmiedeeisen. Einige Gebäude leuchten allerdings in Ocker, Kaffeebraun und Rosa. Besonders schöne Exemplare sind die Hausnummern 77–91 und 155.

einer Einkaufspassage (▶ 70). Durch die Arkaden erreicht man wieder die Avenida Arriaga. Wer weiterlaufen möchte, folge der Rua da Carreira bis zum British Cemetery, der im Jahre 1770 angelegt wurde. Einlass wird dem gewährt, der an der Tür in der Mauer hinter dem Hauptportal klingelt. Vor 1770 wurden alle Nicht-Katholiken seebestattet.

2 VON DEN GÄRTEN DA PALHEIRO BIS MONTE

Wanderung

LÄNGE: 7.5 Kilometer **ZEIT:** 3–4 Stunden ohne Mittagessen und Besichtigung; geht man nur einzelne Abschnitte der Route, reduziert sich die Zeit (➤ Kasten, unten)
START: Jardins da Palheiro (✚ 182 C1, ➤ 78–80), zu erreichen mit den Bussen Nr. 36 und 37
ENDE: Monte ✚ 182 B2, ➤ 81–83), mit Funchal durch eine Seilbahn und die Busse Nr. 20 und 21

Wer nach Madeira reist und nicht an einer *levada* entlangläuft, bringt sich um ein einzigartiges Erlebnis. Es gibt kaum etwas Schöneres, als über von Blumen gesäumte Wege durch duftende Wälder zu spazieren, über felsige Abhänge mit bunten Flechten zu steigen – und das alles zum Gezwitscher von Vögeln und dem sanften Plätschern des Wassers. Diese Wanderung verbindet zwei der Hauptattraktionen im Großraum Funchal. Wer sie einmal gemacht hat, wird regelrecht süchtig nach noch mehr *levadas.*

1–2

Vor dem Eingang der Gärten von Palheiro (➤ 78ff) biegen Sie rechts ab. Über den Caminho do Palheiro Ferreiro geht es 250 Meter bergauf, wobei die Mauer des Landguts immer rechter Hand verläuft. So kommt man ins Dorf **Palheiro Ferreiro** (für Dinge des täglichen Bedarfs gibt es zwei Läden und eine Kneipe). Im Dorf biegen Sie links ab und spazieren 100 Meter zu einer Autowerkstatt links hinauf. Dort

Watsonia borbonica ardernei wächst auf den Klippen

KURZE SPAZIERGÄNGE

■ **1**: Sie spazieren von den Gärten von Palheiro zum Jasmin Tea House (45 Min./1,5 km) oder weiter zum Hortensia Gardens Tea House (1 Std./2 km). Um nach Funchal zurückzukehren, nehmen Sie den Bus Nr. 47, der an beiden Teehäusern vorbeifährt.

■ **2**: Man nimmt den Bus Nr. 47 zum Jasmin Tea House oder zum Hortensia Gardens Tea House und beginnt hier einen Spaziergang nach Romeiros (1 Std. 45 Min.) oder den gesamten Weg nach Monte (zusätzlich 1 Std. 15 Min.).

■ **3**: Sie fahren mit dem Bus Nr. 29 von Funchal zum Dorf Romeiros, etwa 2 Kilometer östlich von Monte, um nur den letzten Teil (1 Std. 15 Minuten) zu gehen.

Funchal. Der Weg an der *levada* führt in ein Tal – durch weitere Wälder, aber auch an Neubauwohnungen und Gemüsegärten vorbei. Nach 45 Minuten ist der Wegweiser

zum Jasmin Tea House erreicht; hier gibt es 50 verschiedene Teesorten, köstliches Gebäck und Honigkuchen sowie stets frische Gemüsesuppe. Sie können hier zum Mittagessen bleiben oder noch 15 Minuten zum Hortensia Gardens Tea House weitergehen. Wer sich für die zweite Möglichkeit entscheidet, wandert an der *levada* entlang, überquert nach 8 Minuten eine Hauptstraße und biegt um eine Kurve, die den Blick auf Funchal auf der anderen Seite eines Hanges freigibt; dort hat eine Orangenplantage den Eukalyptuswald ersetzt. Das Teehaus erreichen Sie dann nach der nächsten Biegung.

sehen Sie einen Wegweiser, der links auf einen Pfad zur Levada dos Tornos und auf das Jasmin Tea House hinweist. Nach 100 Metern ist die *levada* erreicht: Folgen Sie der Beschilderung nach Monte.

2–3

Sobald Sie auf dem Weg sind, haben Sie einen schönen Blick zur Linken auf die Gärten von Palheiro mit ihrem Golfplatz. Nach 100 Metern ist eine Teerstraße zu überqueren; weiter geht es im Wald. Links sehen Sie unterhalb den Hafen von

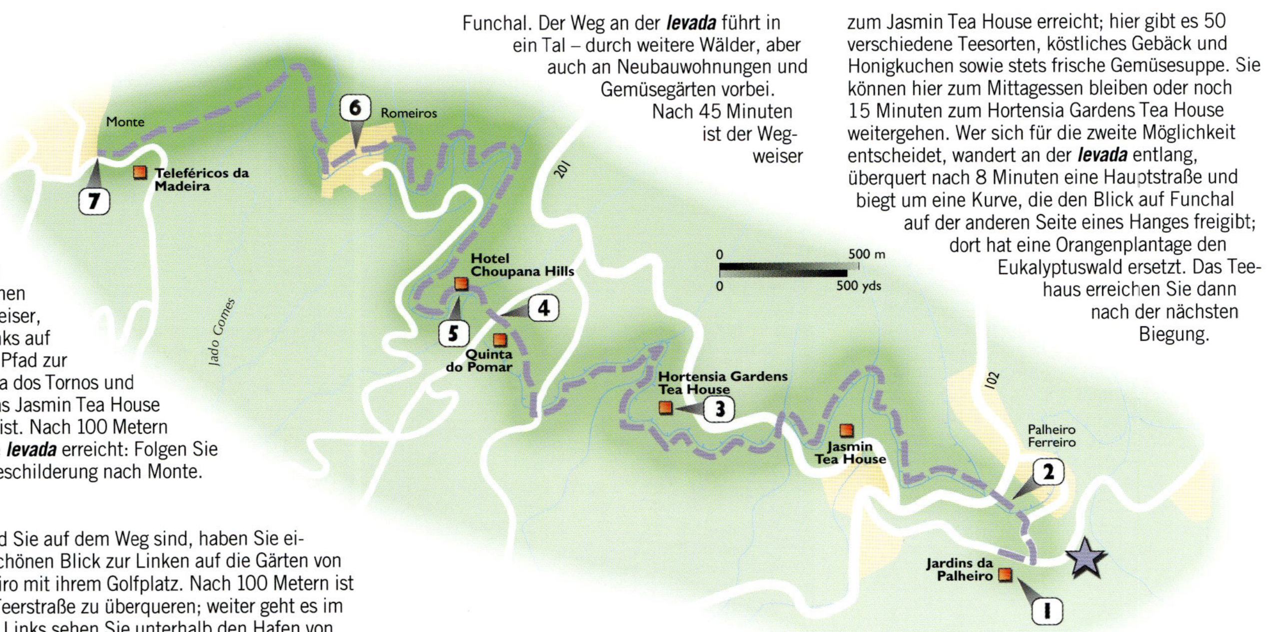

Hecken und Formschnitte in den Gärten von Palheiro

5–6

Jenseits des Hotels führt der Weg durch schöne, feuchte Wälder, in die einige Sonnenstrahlen sickern. Die meisten Bäume sind Arten, die es nur auf Madeira gibt, in vielen Grüntönen, mit hübsch gemaserter Borke und bauschigen Formen. Hier in der Feuchtigkeit gedeihen auch Moose und Flechten. Der Pfad schlängelt sich entlang der Talbiegungen, und es gilt, drei seichte Bäche zu überqueren, die jedoch nach Regenfällen angestiegen sein können. Seien Sie also vorsichtig oder kehren Sie um, wenn Sie den Weg für riskant halten. Nach etwa 45 Minuten (1,5 km) vom Hotel verschwindet die *levada* in einem Betonkanal, auf dem man 30 Meter weitergeht, bis ein paar Treppen zu einem Feldsteinweg hinunterführen.

6–7

Nun ist das kleine Dorf **Romeiros** erreicht, in dem sich mehrere Wege kreuzen; passen Sie auf, dass Sie sich nicht verirren. Folgen Sie dem Feldsteinweg (ausgeschildert: Levada do Bom Successo/Monte), und ignorieren Sie den Pfad rechts (ausgeschildert: Levada dos Tornos). Nach 100 Metern teilt sich der Weg;

3–4

Nun kommt ein besonders herrliches Stück **Levada**: Gehen Sie den Weg weiter durch Wälder, in denen gelbe und weiße Mimosen von Dezember bis April und im Sommer blaue Lilien bunte Akzente setzen. Etwa 20 Minuten hinter den Hortensia Gardens gelangen Sie wieder an eine Straße; die überqueren Sie und folgen dem Pfad am Wasserlauf weiter, bis Sie zu einem großen runden Becken kommen, in dem sich das Wasser der *Levada* sammelt. Gleich dahinter gehen Sie an der umzäunten **Quinta do Pomar** entlang, einer Adelsresidenz mit wunderschön angelegten Gärten, bis der *Levada*-Pfad direkt hinter der Kapelle der *Quinta* in die Straße Caminho do Meio mündet.

4–5

Überqueren Sie die Straße und spazieren Sie über das Gelände des Resort-Hotels Choupana Hills (▶ 35); Sie folgen dabei einfach der *levada* bis zum Ausgang auf der anderen Seite der Gartenanlagen. Manche zögern hier zunächst, aber dies ist wirklich ein öffentlicher Fußweg, und das Hotel ist an Wanderer gewöhnt. Der hübsche Garten und die Architektur der Bungalows sind auf jeden Fall einen Blick wert.

der rechte Feldsteinpfad führt nach Monte. Fast augenblicklich führt der Weg in ein malerisches Tal (**Ribeira de João Gomes**). Hier sehen Sie auf der anderen Seite die Bergbahnstation – Teleféricos do Jardim Botânico – hoch oben auf den blanken Felsen eines cañonartigen Tals. Nach dem 30-minütigen steilen Abstieg können Sie bei einer Brücke mit herrlichem Blick über die Felsen, Bäche und Teiche Rast machen. Dann bleiben noch 20 Minuten, bis man auf dem anstrengenden Zickzackweg Monte erreicht.

TIPPS

- Diese Wanderung ist relativ einfach, dennoch sollten Sie bequeme und wasserdichte Wanderschuhe tragen, da der Weg oft matschig und glitschig ist, vor allem natürlich nach Regenfällen und im Winter.
- Wer einen ganzen Tag Zeit hat, kann die Gärten von Palheiro (▶78ff) am Morgen besuchen und die Wanderung gegen 12 Uhr beginnen; nach einer Mittagspause erreicht man Monte dann zum Nachmittagstee. So bleibt noch viel Zeit, sich das Dorf anzusehen, bevor es zurück geht.

KLEINE PAUSE

Das **Jasmin Tea House** und das **Hortensia Gardens Tea House** sind hervorragend geeignet, etwas zu trinken und zu essen; beide liegen nur 15 Minuten voneinander entfernt. In beiden Lokalen bekommt man eine gute Auswahl an Leckereien. Das Hortensia Gardens Tea House bietet Suppen, Salate, belegte Brote, Waffeln und madeirischen Käsekuchen an. Darüber hinaus können Sie regionale Produkte erstehen, die Einheimische in Straßenständen auslegen. Zum Bezahlen werfen Sie einfach ein paar Münzen in die Kasse des Vertrauens..

Die Palheiro-Gärten, angelegt nach englischem Vorbild, sind seit 1885 im Besitz der Familie Blandy

3 PICO RUIVO

Wanderung

LÄNGE: 5 Kilometer
ZEIT: 90 Minuten, plus Zeit zum Rasten und zum Betrachten des Panoramas
START/ZIEL: Achada do Teixeira im Gebiet um den Pico das Pedras Forest Park, 10 Kilometer südwestlich von Santana ✚ 182 B3.

Der höchste Berg Madeiras mag es auf 1861 Meter bringen, dennoch ist eine Wanderung auf den Gipfel viel einfacher, als man meint, und für alle geeignet, die halbwegs fit sind – auch für Kinder. Gelangt man oben auf dem Gipfel an, wird man mit einem herrlichen Panoramablick über die gesamte Insel belohnt.

ZUM ACHADA DO TEIXEIRA

Folgen Sie von Santana aus der ausgeschilderten Straße nach Pico Ruivo. Sie schlängelt sich auf einer Strecke von etwa 10 km durch die wunderschöne Landschaft – vorbei an einigen wunderbaren *miradouro* (Aussichtspunkt) – nach oben und erreicht schließlich einen großen Parkplatz (1590 m), von dem ein befestigter Weg zum Gipfel führt.

Ein Schild weist den Weg

1–2

Das Gebiet um den **Pico das Pedras** ist eine herrliche Wildnis unweit von Santana. Vom Parkplatz gehen Sie vor dem ehemaligen Rasthaus über einen steilen Abhang hinunter; dabei haben Sie einen schönen Blick auf die Felsformation **Homem em Pé**. Den Kindern Madeiras erzählt man, dass dieser Basaltklumpen ein versteinerter Riese sei. Geologen halten ihn für einen vulkanischen Gangstock, für Lava, die durch einen Riss im Vulkan nach oben gedrungen ist. Der Regen hat den Tuff außen herum weggewaschen, und so ist nur der vom Wind geformte Steinblock geblieben.

2–3

Geht man wieder zum Parkplatz zurück, sieht man noch mehr Gangstöcke links an den Berghängen. Sie gelangen über den Parkplatz sogleich zum Wegweiser Richtung Pico Ruivo. Von hier führt ein befestigter Pfad über Weiden, auf denen Schafe grasen, bergauf und wird bald zu einem mit Basaltsteinen gepflasterten Weg. Die ersten Minuten geht es steil nach oben, zur ersten von drei steinernen Schutzhütten. Von hier haben Sie einen schönen Panoramablick links über den zerklüfteten Grat des **Pico das Torres**, den zweithöchsten Berg der Insel mit 1851 Metern. Unterhalb liegt in einer Senke der **Pico do Gato** (1780 Meter). Er wirkt aus dieser Perspektive eher wie ein Zahn, von anderen Stellen aus gesehen jedoch durchaus wie der Kopf einer Katze. Es folgen der **Pico do Cidrão** (1718 Meter)

und dann der oben abgeflachte **Pico do Arieiro** (1818 Meter, ➤ 104f) mit seinem auffälligen Fernmeldemast.

3–4
Der Pfad führt nun an der Nordseite des Berges nach unten – im willkommenen Schatten von

Bäumen. Nach fünf Minuten erreicht man eine andere Schutzhütte gleich bei einer Quelle. Von hier schaut man auf die blanken Felsen der spektakulären **Ribeira da Fonte do Louro** und nebenan auf die

Ribeira Grande hinunter; beide Flüsse sind von dichtem Lorbeerwald umgeben.

4–5
Über einen Weg geht es nun gemächlich zu einem Sattel hinunter, auf dem eine dritte Schutzhütte einen herrlichen Bergblick gewährt; das Spiel von Licht und Schatten durch die Sonne lässt alles umso dramatischer wirken.

5–6
Riesige, knorrige Bäume säumen den Weg, der stetig zu einer Gabelung hinaufführt.

Ein Spaziergang über den Wolken

WANDER-TIPPS UND HINWEISE

- Vergewissern Sie sich, dass Sie eine gute Karte haben.
- Je früher am Tag Sie die Wanderung machen, desto besser ist die Sicht, da sich ab etwa 10.30 Uhr immer mehr Wolken zusammenballen. Sie befinden sich zwar über der Wolkendecke, dennoch wird dadurch die Sicht auf die höchsten Berggipfel beeinträchtigt.
- Auf dieser Höhe kann es windig sein, und es kommt einem kälter vor als in Funchal. Deshalb ist es ratsam, warme, wasserdichte Kleidung mitzunehmen. Da es unterwegs nur wenig Schatten gibt, ist ein guter Sonnenschutz wichtig.
- Auch wenn man in dem Rasthaus beim Gipfel etwas zu trinken bekommt, sollten Sie ausreichend Wasser dabeihaben; außerdem ist das Rasthaus manchmal geschlossen.

6–7

Folgen Sie dem Pfad rechts; der Weg links durch das Zentralmassiv windet sich zum Pico do Arieiro hinauf. Auf dem Pfad gelangt man zu einem Rasthaus aus dem Jahr 1939. Hier gibt es Getränke und Snacks zu kaufen.

7–8

Durch die purpurroten Kalktufffelsen, die dem **Pico Ruivo** (1861 Meter) seinen Namen verliehen haben – »fuchsrote Spitze« –, geht es links vom Rasthaus im Zickzack berauf. Vermutlich erreichen Sie die Plattform auf dem Gipfel atemlos und erschöpft; sicher aber werden Sie den im wahrsten Sinn des Wortes erhabenen Panoramablick genießen. Verweilen Sie, um die Aussicht zu genießen und Atem zu holen. Zurück zum Parkplatz geht es über denselben Weg, wobei Sie die beeindruckende Natur aus einer anderen Perspektive erleben.

4 QUEIMADAS UND CALDEIRÃO VERDE

Wanderung

Diese Route führt an der Levada do Caldeirão Verde entlang und endet an der Caldeirão Verde; hier stürzt ein Wasserfall in einen Teich, der dann die *levada* speist. Da einige Streckenabschnitte schwierig zu begehen sind, eignet sich die Tour nicht für Kinder oder Ungeübte.

ZUM RASTHAUS QUEIMADAS

Von Santana aus geht es zunächst nach Westen (in Richtung São Vicente); am Ortsrand kommt links eine Abzweigung, die mit »Queimadas« beschildert ist. Folgen Sie dieser Beschilderung an allen Kreuzungen. Die lange Straße wird dann zu einer sehr steilen, einspurigen Fahrbahn; sie ist gepflastert und mit Beton ausgebessert. Fahren Sie vorsichtig, und stellen Sie Ihr Auto auf dem Parkplatz beim Rasthaus ab.

LÄNGE: 13 Kilometer
ZEIT: 5 Stunden
START/ZIEL: Rasthaus Queimadas, 5 Kilometer südlich von Santana ✚ 182 B4

Das Rasthaus Queimadas ist der Ausgangspunkt dieser Wanderung

1–2

Vom Parkplatz geht man vor das Rasthaus, überquert den Bach über eine baufällige Brücke und biegt rechts an einem Wegweiser mit der Aufschrift »Caldeirão Verde 6,5 km, Caldeirão do Inferno 8 km« in den *levada*-Weg ein, der von Lorbeerbäumen, Eichen und Zypressen gesäumt ist. Da es bei Nässe glitschig werden kann, sollten Sie möglichst auf

Moos treten, um etwas mehr Halt zu haben. Nach fünf Minuten gabelt sich der Pfad: Bleiben Sie auf der *levada*, und lassen Sie die Abzweigungen außer Acht. Nach 15 Minuten kommt man durch ein Tor.

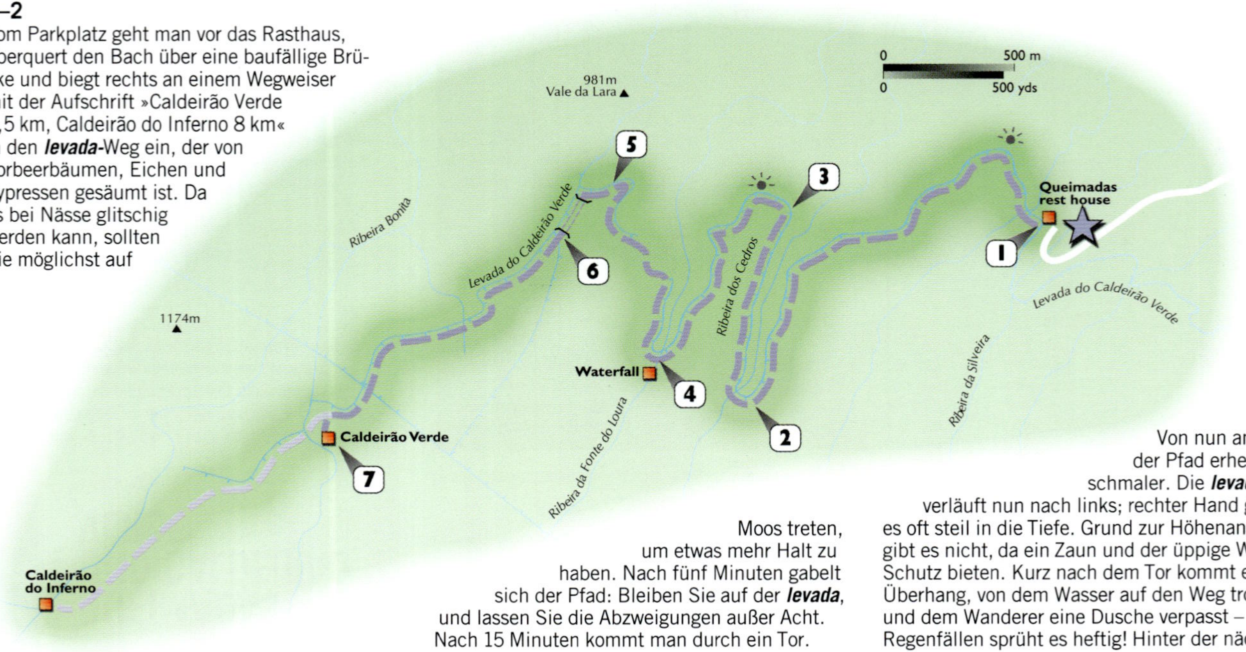

Von nun an ist der Pfad erheblich schmaler. Die *levada* verläuft nun nach links; rechter Hand geht es oft steil in die Tiefe. Grund zur Höhenangst gibt es nicht, da ein Zaun und der üppige Wald Schutz bieten. Kurz nach dem Tor kommt ein Überhang, von dem Wasser auf den Weg tropft und dem Wanderer eine Dusche verpasst – nach Regenfällen sprüht es heftig! Hinter der nächsten Kurve müssen Sie dann die *levada* für ein kleines Stück verlassen. Über den steinigen Weg geht es bergab und dann wieder nach oben. Gleich danach gilt es, ein Bachbett zu überqueren. Hier können Sie eine Pause machen, um sich die *caldeirinha* anzusehen mit einem kleinen Wasserfall, der zwischen Farnen und Leberblümchen in die Tiefe plätschert.

2–3

Der Weg folgt nun der Tallinie bis zu einer Brücke an der schmalsten Stelle des Tals der **Ribeira dos Cedros**. Hier kann man eine weitere hübsche *caldeirinha* erkunden. Mit etwas Glück bekommen Sie ein paar leuchtend gelbe Schmetterlinge zu sehen. Nur das Rauschen der Bäume und das Plätschern des Wassers ist zu vernehmen.

3–4

Nach einer Kurve gelangen Sie ins Tal der **Ribeira da Fonte do Louro** mit herrlichem Blick über klaffende Schluchten bis zum **Pico Alto** (846 Meter). Viele fragen sich jetzt bestimmt, wie sie diese Schlucht überqueren sollen, doch der Weg macht das Unterfangen recht einfach. In nicht einmal zehn Minuten steht man neben einem Wasserfall im Schatten eines grünen Tales.

Im Zentrum des von Farnkraut bewachsenen Caldeirão Verde

4–5

An dieser Stelle sollten sich Wanderer, die schon müde sind oder keine gute Ausrüstung haben, überlegen, eine Pause zu machen und dann umzukehren. Die Strecke zum Caldeirão Verde ist nämlich gerade einmal zur Hälfte geschafft; es liegen zwei lange Tunnels und ein überaus schmaler Pfad vor Ihnen. Wer weitergeht, erreicht nach zehn Minuten den ersten kurzen Tunnel.

5–6

Gehen Sie durch diesen Tunnel, dem ein längerer folgt – den Weg, der rechts am Tunneleingang abzweigt, ignorieren Sie. Der Tunnel ist in etwa fünf Minuten bewältigt, aber Achtung vor den tiefen Pfützen am Ende; wer größer ist, muss hier auch den Kopf einziehen. Gleich anschließend kommt ein dritter Tunnel von fünf Minuten Gehzeit; er windet sich durchs Gestein, sodass man das Ende erst sehen kann, wenn man schon fast da ist.

6–7

Wieder an der Sonne, folgen Sie dem schmalen, in die Felsen gehauenen Weg; rechts geht es steil in die Tiefe. Man kann den Zaun nutzen, um das Gleichgewicht besser zu halten, aufstützen sollte man sich aber nicht. Wer dieses Stück bewältigt hat, der erreicht nach 20 Minuten den **Caldeirão**

Verde. Um den »grünen Kessel« zu betreten, müssen Sie durch einen Spalt im Gestein das Tal bergauf gehen, dann ist unvermittelt das Herzstück des Naturphänomens in seiner ganzen Erhabenheit zu sehen. Reiseführer übertreiben oft die Höhe des Wasserfalls – 300 Meter sind es wohl nicht –, aber man hat doch seine Mühe, von ihm ein Gesamtfoto zu machen. Wenn Sie sich ein wenig ausgeruht und vielleicht Ihre Zehen in den grünblauen Teich am Fuß des Wasserfalls getaucht haben, ist es Zeit, sich auf den Rückweg nach Queimadas zu machen. Wer allerdings noch überschüssige Energie hat, der kann an der gleichen *levada* weitere 1,5 Kilometer entlanggehen bis zum **Caldeirão do Inferno**. So dramatisch, wie der Name vermuten lässt, ist der Kessel zwar nicht, doch bietet der Weg einige Felsspalten und tosende Wasserfälle tief im grünen Herzen der Insel.

KLEINE PAUSE

Das **Rasthaus Queimadas**, der Ausgangspunkt der Wanderung, ist ein hübscher Ort für ein Picknick vor oder nach der Wanderung – vor allem direkt am Bach, in dem sich Forellen tummeln. Enten watscheln herum, und es kommen auch Buchfinken herbei, um die Krümel aufzupicken. Neben Grillplätzen und Tischen gibt es hier auch Toiletten.

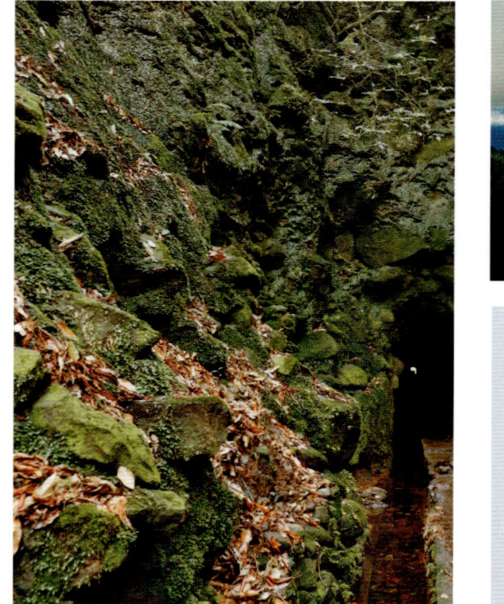

Auf der Wanderung vom Caldeirão Verde zum Caldeirão do Inferno (oben und rechts) muss man viele Schluchten passieren

WANDER-TIPPS UND HINWEISE

- Nehmen Sie Wasser, Proviant und eine gute Karte mit.
- Empfehlenswert sind rutschfeste, wasserdichte Schuhe, wenn Sie die Wanderung nach Regenfällen machen. Der Lehmweg kann am Anfang recht glitschig sein, auch wird man mit Sicherheit an den zwei Stellen nass, an denen die Bergbäche herunterrauschen.
- Da es auf der Strecke drei Tunnels gibt, sollten Sie eine Taschenlampe mitnehmen.
- Das Wegstück nach den Tunnels ist überaus schmal und deshalb für Kinder und unsichere Wanderer nicht geeignet.

Praktisches

REISEVORBEREITUNG

WICHTIGE PAPIERE

● Erforderlich
○ Empfohlen
▲ Nicht erforderlich

Einige Länder verlangen zum Zeitpunkt der Buchung einen über eine Mindestlaufzeit von mehreren Monaten (meist sechs Monate) gültigen Pass. Vor Buchung prüfen!

	Deutschland	Österreich	Schweiz
Pass/Personalausweis	●	●	●
Visum (Regelungen können sich kurzfristig ändern – vorher informieren)	▲	▲	▲
Weiter- oder Rückflugticket	▲	▲	▲
Impfungen	○	○	○
Krankenversicherung (➤ 176, Gesundheit)	○	○	○
Reiseversicherung	○	○	○
Führerschein (national)	●	●	●
Kfz-Haftpflichtversicherung (eigenes Auto)	●	●	●
Fahrzeugschein (eigenes Auto)	●	●	●

REISEZEIT

Hauptsaison   Nebensaison

JAN	FEB	MÄRZ	APRIL	MAI	JUNI	JULI	AUG	SEPT	OKT	NOV	DEZ
19°C	20°C	21°C	22°C	23°C	24°C	25°C	25°C	24°C	23°C	20°C	19°C

☀ Sonnig   ☁ Bedeckt   🌧 Regnerisch   ⛅ Wechselhaft

Die Temperaturangaben beziehen sich auf die **durchschnittliche Tageshöchsttemperatur** in jedem Monat. Auf Madeira ist es selbst im Winter warm; im Sommer wird es nicht zu heiß, doch kann es von Juli bis September schwül sein. Von November bis April ist es oft zu kalt, um abends im Freien zu essen; von Mai bis Oktober sind die Nächte manchmal ebenso warm wie die Tage. Plötzliche Stürme fegen oft von Oktober bis April über die Insel. Madeira hat mehrere Mikroklimate. Das Wetter hängt von Tageszeit, Geografie und Höhe ab. Es kann deshalb morgens sonnig sein, am Nachmittag regnen und abends wieder aufklaren. Im Süden der Insel scheint die Sonne häufiger als im Norden. Regenwolken ziehen auf 800 bis 1000 Meter Höhe auf; darüber ist es meist frisch, aber klar.

INFORMATION VORAB

Websites

www.madeiratourism.org
www.madeiraonline.com
www.madeira-island.com

www.madeira-live.com
www.madeirarural.com

In Deutschland
Portuguese National Tourist Office,
Zimmerstrasse 56,
10117 Berlin
☎ 030/2541060

ANREISE

Mit dem Flugzeug: Madeira wird nicht von Fähren angefahren, Touristen kommen deshalb mit dem Flugzeug. Der umgebaute Flughafen von Madeira wurde im November 2000 eröffnet und hat nun eine Startbahn von 3,5 Kilometern Länge; er kann jetzt auch von großen Jets angeflogen werden.

Regelmäßige Flugverbindungen unterhält die portugiesische Fluglinie TAP Air Portugal mit täglichen Flügen von Lissabon, easyjet mit täglichen Direktflügen von Gatwick, Bristol und Stansted nach Funchal. Charterflüge nach Madeira gibt es von den meisten deutschen Verkehrsflughäfen, außerdem von österreichischen und schweizerischen Flughäfen. Wer keinen Charterflug bucht, der muss zuerst nach Lissabon reisen – Linienflüge bieten TAP Air Portugal sowie Lufthansa und Austrian Airlines an – und von dort aus einen Inlandsflug nach Funchal nehmen. Charterflüge sind besonders im Sommer und in den Schulferien frühzeitig ausgebucht. Über Einzelheiten informiert Ihr Reisebüro.

Von Januar bis März müssen die Flüge wegen starker Winde und Regens bisweilen umgeleitet werden, nämlich nach Porto Santo (15 Minuten nördlich), auf die Kanarischen Inseln (eine Stunde weiter südlich) oder gar nach Lissabon (1,5 Stunden nördlich), wo man dann ein oder zwei Tage warten muss, bis das Wetter besser ist.

Die **Flugzeit** nach Madeira beträgt 1,5 Stunden von Lissabon und vier Stunden von Frankfurt. Starker Wind kann für eine Differenz von einer halben Stunde mehr oder weniger sorgen.

ZEIT

Auf Madeira, wie in ganz Portugal, gilt die so genannte Greenwich Mean Time (GMT), also von Deutschland aus gesehen minus eine Stunde. Von Ende März bis Ende Oktober wird die Uhr zur Sommerzeit eine Stunde vorgestellt.

WÄHRUNG

Währung: Die offizielle Währung ist der Euro (€).
Bei Münzen erhalten Sie Stücke zu 1, 2, 5, 10, 20 und 50 Cents sowie 1 und 2 Euros.
Scheine gibt es zu 5, 10, 20, 50, 100, 200 und 500 Euros.

Kreditkarten: Größere Hotels und etwas teurere Lokale und Geschäfte akzeptieren die gängigen Kreditkarten, dennoch beruht der Zahlungsverkehr auf Madeira überwiegend auf Bargeld. So kann es auch vorkommen, dass selbst Geschäfte, die eigentlich Kreditkarten akzeptieren, vorgeben, es gäbe Probleme, und um Barzahlung bitten.
Bargeld: Banken und Wechselstuben tauschen Fremdwährungen und Reiseschecks; sie finden sich in Funchal an der Avenida Arriaga und in größeren Orten wie Ribeira Brava, Santana, Machico und Caniço. Mit der EC-Karte bekommt man auch an den Bankautomaten Euro, sodass man nicht unbedingt viel Bargeld mit sich herumtragen muss.

In Österreich	In der Schweiz	Auf Madeira
ICEP Portugiesisches Verkehrsbüro	ICEP Portugiesisches Verkehrsbüro	Touristeninformationsbüro
Opernring 1 / 2.OG	Badenerstr. 15	Avenida Arriaga 18
1010 Wien	8004 Zürich	9004-519 Funchal
☎ 01/5854450	☎ 01/2410001	☎ 0291/211900

DAS WICHTIGSTE VOR ORT

FEIERTAGE

1. Januar	Neujahr
Februar/März	Faschingsdienstag & Aschermittwoch
März/April	Karfreitag & Ostermontag
25. April	Tag der Revolution
1. Mai	Tag der Arbeit
Juni	Fronleichnam
10. Juni	Nationalfeiertag
1. Juli	Madeira-Tag
15. August	Mariä Himmelfahrt
21. August	Funchal-Tag
5. Oktober	Tag der Republik
1. November	Allerheiligen
1. Dezember	Befreiungstag
25./26. Dezember	Weihnachten

ELEKTRIZITÄT

Die Stromspannung beträgt auf Madeira 220 Volt Wechselstrom. Die Stecker sind rund und zweipolig; eventuell benötigen Sie einen Adapter.

ÖFFNUNGSZEITEN

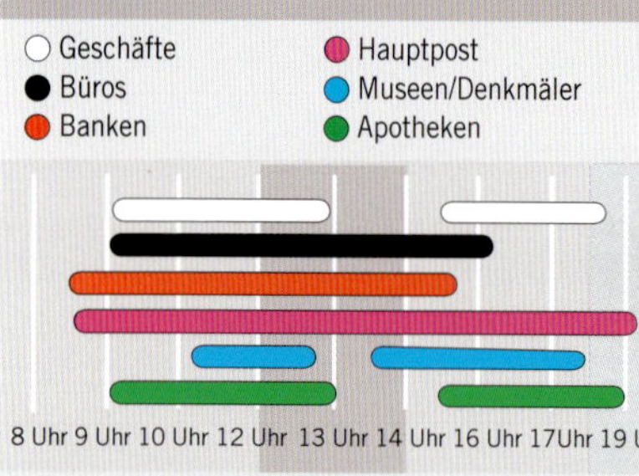

Läden Einige Läden schließen noch immer über Mittag von 13 - 15.30 Uhr, haben aber täglich bis 19 oder 20, sonntags bis 17 Uhr geöffnet.
Post Postämter in Dörfern haben kürzere Öffnungszeiten; Hauptpostämter sind auch an Samstagen geöffnet.
Museen Die meisten Museen öffnen Dienstag bis Samstag.
Kirchen schließen oft von 12:30–16 und 19–7 Uhr.

TRINKGELD

Ein Trinkgeld wird immer gern gesehen, ist jedoch in Portugal nicht erforderlich. Als Faustregel gilt:

Restaurants	10 Prozent
Kneipen	Wechselgeld
Taxis	10 Prozent
Reiseleiter	5 Euro
Zimmermädchen	nicht erwartet
Gepäckträger	1,5 Euro
Toiletten	nicht erwartet

MADEIRACARD

Diese Rabattkarte (www.madeiracard.com) gilt bis Ende des laufenden Jahres und kostet €12.50 pro Person. Damit erhalten Sie für Hunderte von Restaurants, Bars, Läden, Veranstaltungen, Autovermietungen etc. Rabatte (meist 10%).

ZEITUNTERSCHIED

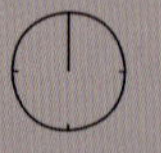
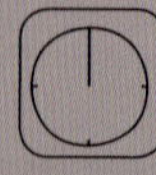
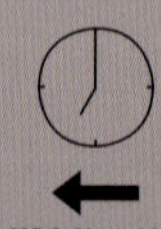

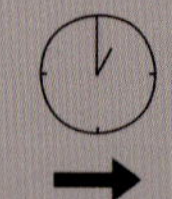
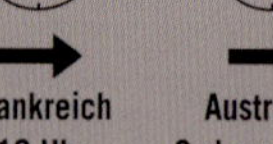

IN KONTAKT BLEIBEN

Post Postämter *(Correios)* gibt es in den großen Städten. In Funchal befindet sich in der Innenstadt eine Zweigstelle in der Avenida Zarco. Postlagernde Sendungen bewahrt die Hauptpost in der Rua Dr. João Brito Camâra auf. Briefmarken erhält man auch am Kiosk.

Telefonieren Telefone gibt es in Cafés und in größeren Städten auf der Straße. Für manche Apparate benötigt man eine Telefonkarte, die im Postamt, an Kiosken und in Cafés erhältlich ist. Um vom Ausland aus Madeira oder Porto Santo anzurufen, wählen Sie 00 351 (internationale Vorwahl für Portugal).

Internationale Vorwahlen:

Deutschland	00 49
Österreich	00 43
Schweiz	00 41

Mobiltelefone Das Mobilfunknetz auf Madeira ist trotz des schwierigen Geländes ausnehmend gut. Besucher aus der EU können ihre Handys benutzen, als seien sie zu Hause. Andere Gäste sollten sich bei ihrem Anbieter erkundigen.

Internetzugang Die Mehrheit der Hotels auf Madeira (mit Ausnahme der Pensionen im Stadtzentrum) verfügen nun über W-LAN, das in allen Gästezimmern und Aufenthaltsbereichen anwählbar ist. Zuweilen gibt es auch einen öffentlich nutzbaren Computer, doch das wird seltener, da die meisten Gäste mit Lap-Tops und 3G-Handys reisen. Unterwegs kann an einigen Spots auf der Insel schon das von Wi-Fi Madeira (www.wifi-madeira.com) bereitgestellte Wi-Fi genutzt werden, es funktioniert aber oft nicht richtig.

SICHERHEIT

Auf Madeira passiert extrem wenig. Wenn Sie wirklich Opfer eines Diebstahls werden, melden Sie den Vorfall in der Hauptpolizei in der Rua Dr. João de Deus 7; lassen Sie sich eine Kopie des Protokolls als Nachweis für die Versicherung geben. Einige Vorsichtsmaßnahmen:

- Nicht zu viel Bargeld mitnehmen und Wertsachen im Hotelsafe lassen.
- Keine Wertsachen im Auto lassen.
- Keine Wertsachen unbeaufsichtigt am Strand lassen.
- Auf Märkten und in Straßen auf Taschendiebe achten.

Madeira erlitt im Februar 2010 verheerende Überschwemmungen, die viele Wege und Straßen verwüsteten. Gelangen Sie an ein Hindernis, das riskant scheint, kehren Sie um!

Polizei:
☎ **112** von jedem Telefon

POLIZEI 112

FEUERWEHR 112

KRANKENWAGEN 112

GESUNDHEIT

 **Krankenversicherung:** Bürger aus EU-Ländern erhalten auf Madeira kostenlose oder kostenreduzierte medizinische Behandlung mit der Europäischen Versichertenkarte (EHIC). Eine zusätzliche Privatversicherung ist dennoch empfehlenswert und für Besucher aus anderen Ländern unabdingbar.

 **Zahnarzt:** Die zahnärztliche Behandlung ist auf Madeira hervorragend. Zahnärzte bieten ihre Dienste in den deutschen und englischen Zeitschriften an, die in den meisten Hotels sowie im Touristeninformationsbüro von Funchal (➤ 30) ausliegen.

 **Sonneneinstrahlung:** Die Sonne ist auf Madeira zu jeder Jahreszeit intensiv, sodass man schon nach nicht einmal einer Stunde am Strand einen Sonnenbrand bekommen kann. Auch wer in den Bergen wandert, sollte Nacken, Arme und Beine schützen.

 **Medikamente:** In jeder Apotheke *(farmácia)* sind frei verkäufliche und verschreibungspflichtige Medikamente erhältlich. Wer regelmäßig etwas einnehmen muss, sollte jedoch die entsprechende Menge mitnehmen, da es keine Garantie gibt, dass das entsprechende Medikament auch erhältlich ist.

 **Trinkwasser:** Das Leitungswasser kann man auf der ganzen Insel trinken. Mineralwasser ist überall erhältlich; wer es mit Kohlensäure möchte *(água com gás)*, bekommt es meist mit natürlicher Kohlensäure.

ERMÄSSIGUNGEN

Studenten/Jugendliche: In den Museen zahlen Studenten weniger, Kinder keinen Eintritt (bis 14). Als Nachweis muss man seinen Pass oder Studentenausweis vorzeigen.

Senioren: Viele Senioren kommen in den Wintermonaten nach Madeira, denn hier ist es warm, die Lebenshaltungskosten sind niedrig, und es gibt in der Nebensaison günstige Angebote. Informationen halten Reisebüros, die sich auf Madeira spezialisiert haben, bereit.

EINRICHTUNGEN FÜR BEHINDERTE

Für Menschen mit eingeschränkter Bewegungsfreiheit gibt es kaum Einrichtungen, selbst in Luxushotels nicht. Hotelpersonal und Reiseleiter helfen jedoch gern. Behinderte haben dennoch Probleme, sich ohne Hilfe auf steilen oder gepflasterten Wegen fortzubewegen.

KINDER

Die Madeirenser lieben Kinder – besonders die blonden. Eltern, die mit Kleinkindern unterwegs sind, werden feststellen, dass man in Hotels, Restaurants und Kneipen sehr zuvorkommend ist.

TOILETTEN

Saubere Toiletten findet man in Museen, besseren Lokalen und Einkaufszentren sowie in Supermärkten. In Cafés findet man unterschiedliche Standards. Da es nicht überall Toilettenpapier gibt, sollte man welches dabei haben.

ZOLL

Als Teil von Portugal hat Madeira die selben Zollbestimmungen wie die EU. Ist Ihr Heimatland kein Mitgliedsstaat der EU, sollten Sie den geltenden Zollgesetzen folgen und keine Orchideen, andere Pflanzen oder bestimmte Lebensmittel einführen.

BOTSCHAFTEN UND KONSULATE

 **Deutschland**
☎ 291 220 338

 **Österreich**
☎ 291 206 103

 **Schweiz**
☎ 291 206 103

Im Portugiesischen gibt es zwei ganz charakteristische Laute: Da sind zuerst einmal die nasalen Vokale mit einer Tilde: Pão (Brot) beispielsweise wird stark nasaliert wie »pau« ausgesprochen; »s« und »z« werden am Silbenende als weiches »sch« gesprochen..

IMMER ZU GEBRAUCHEN

Ja / Nein **Sim / Não**
Bitte **Se faz favor**
Danke **Obrigado** *(Mann)* / **obrigada** *(Frau)*
Keine Ursache / Gern geschehen
  De nada / Foi um prazer
Hallo / Auf Wiedersehen **Olá / Adeus**
Herzlich willkommen **Bem vindo/a**
Guten Morgen **Bom dia**
Guten Abend / Gute Nacht **Boa noite**
Wie geht's? **Como está?**
Danke, gut **Bem, obrigado/a**
Verzeihung **Perdão**
Entschuldigung, könnten Sie mir
  helfen? **Desculpe, podia ajudar-me?**
Ich heiße … **Chamo-me …**
Sprechen Sie Deutsch? **Fala alemão?**
Ich verstehe nicht **Não percebo**
Ich spreche kein Portugiesisch
  Não falo português

IM NOTFALL

Hilfe! **Socorro!**
Halt! **Pare!**
Polizei! **Polícia!**
Feuer! **Fogo!**
Lassen Sie mich in Ruhe! **Deixe-me
  em paz!**
Ich habe meine Geldbörse / meine

Brieftasche verloren **Perdi o meu
porta-moedas / a minha carteira**
Man hat mir den Pass gestoh-
  len **Roubaram-me o passaporte**
Könnten Sie einen Arzt rufen? **Podia
  chamar um médico depressa?**

NACH DEM WEG FRAGEN/REISE

Auto **automóvel**
Bahnhof **estação**
Bus **autocarro**
Fahrkarte **bilhete**
  einfache Fahrt **bilhete de ida**
  Hin- und Rückfahrkarte **ida e volta**
Flughafen **aeroporto**
geradeaus **em frente**
hier / dort **aqui / ali**
Kirche **igreja**
Krankenhaus **hospital**
links / rechts **à esquerda / à direita**
Markt **mercado**
Museum **museu**
Platz **praça**
Schiff **barco**
Straße **rua**
Taxistand **praça de táxis**
Wie viele Kilometer sind es bis …?
  **Quantos quilómetros faltam ainda
  para chegar a …?**
Zug **comboio**

ZAHLEN

0	**zero**	16	**dezasseis**
1	**um**	17	**dezassete**
2	**dois**	18	**dezoito**
3	**três**	19	**dezanove**
4	**quatro**	20	**vinte**
5	**cinco**	21	**vinte e um**
6	**seis**	30	**trinta**
7	**sete**	40	**quarenta**
8	**oito**	50	**cinquenta**
9	**nove**	60	**sessenta**
10	**dez**	70	**setenta**
11	**onze**	80	**oitenta**
12	**doze**	90	**noventa**
13	**treze**	100	**cem**
14	**catorze**	101	**cento e um**
15	**quinze**	500	**quinhentos**

TAGE

Heute	**Hoje**
Morgen	**Amanhã**
Gestern	**Ontem**
Heute Abend	**Esta noite**
Gestern Abend	**Ontem à noite**
Morgens	**De manhã**
Nachmittags	**De tarde**
Später	**Logo / Mais tarde**
Diese Woche	**Esta semana**
Montag	**Segunda-feira**
Dienstag	**Terça-feira**
Mittwoch	**Quarta-feira**
Donnerstag	**Quinta-feira**
Freitag	**Sexta-feira**
Samstag	**Sábado**
Sonntag	**Domingo**

GELD

Bank **banco**
Geldschein **nota**
Kasse **caixa**
Wechselgeld **troco**
Scheck **cheque**
Münze **moeda**
Kreditkarte **cartão de crédito**
Geldwechsel **câmbio**
Wechselkurs **câmbio**
ausländisch **estrangeiro**
Post **correio**
Postamt **agência do correio**
Reisescheck **cheque de viagem**
Könnten Sie mir auch Kleingeld geben?
   **Podia dar-me também dinheiro troca-
   do, se faz favor?**

ÜBERNACHTEN

Gibt es …? **Há …?**
Ich hätte gern ein Zimmer mit Meer-
   blick **Queria um quarto com vista para
   o mar**
Wo ist der Notausgang / Nottrep-
   pe? **Onde fica a saída de emergéncia
   / escada de salvação?**
Ist das Frühstück dabei? **Está incluído
   o pequeno almoço?**
Gibt es einen Zimmerservice? **O hotel
   tem serviço de quarto?**
Ich habe reserviert **Reservei um lugar**
Klimaanlage **ar condicionado**
Balkon **varanda**
Badezimmer **casa de banho**
Zimmermädchen **camareira**
heißes Wasser **água quente**
Hotel **hotel**
Schlüssel **chave**
Lift **elevador**
Nacht **noite**
Zimmer **quarto**
Zimmerservice **serviço de quarto**
Dusche **duche**
Telefon **telefone**
Handtuch **toalha**
Wasser **água**

IM RESTAURANT

Ich würde gern einen Tisch reservie-
   ren **Posso reservar uma mesa?**
Einen Tisch für zwei Personen, bitte **Uma
   mesa para duas pessoas, se faz favor**
Könnten wir bitte eine Speisekarte haben?
   Poderia dar-nos a ementa, se faz favor
Wo finde ich die Toilette? **Onde é o
   banheiro, se faz favor?**

Was ist das? **O que é isto?**
Eine Flasche … **Uma garrafa de …**
Frühstück **pequeno almoço**
Mittagessen **almoço**
Abendessen **jantar**
Rechnung **conta**
Speisekarte **menú / ementa**
Tagesgericht **prato do dia**
Tisch **mesa**
Ober / Kellnerin **empregado /
   empregada**

SPEISEKARTE

Alkohol **alcool**
Bier **cerveja**
Brot **pão**
Degenfisch **espada**
Eintopf **caldeirada**
Fleisch **carne**
Fisch **peixe**
Geflügel **aves**
Gemüse **legumes**
Kaffee mit Milch **chinesa**
Kaffee (schwarz) **bica**
Kartoffeln **batadas**
Käse **queijo**
Meeresfrüchte **mariscos**
Milch **leite**
Mineralwasser **água mineral**
   mit / ohne Kohlensäure **sem / com gás**
Pfeffer **pimenta**
Salz **sal**
Suppen **sopas**
Tee **chá**
Wein **vinho**
   Rotwein **vinho tinto**
   Weißwein **vinho branco**
Wild **caça**

EINKAUFEN

Geschäft **loja**
Wo bekomme ich …? **Em que loja
   posso arranjar …?**
Könnten Sie mir helfen? **Pode
   atender-me?**
Ich suche nach… **Estou a procura de …**
Ich hätte gern … **Queria …**
Ich möchte mich nur umsehen
   Só estou a ver
Wie viel kostet? **Quanto custa?**
Das ist zu teuer **Acho demasiado caro**
Ich nehme dieses / diese
Levo este /estes
größer **maior**
kleiner **mais pequeno**
offen / geschlossen **aberto / fechado**
Haben Sie einen Beutel? **Tem um saco?**

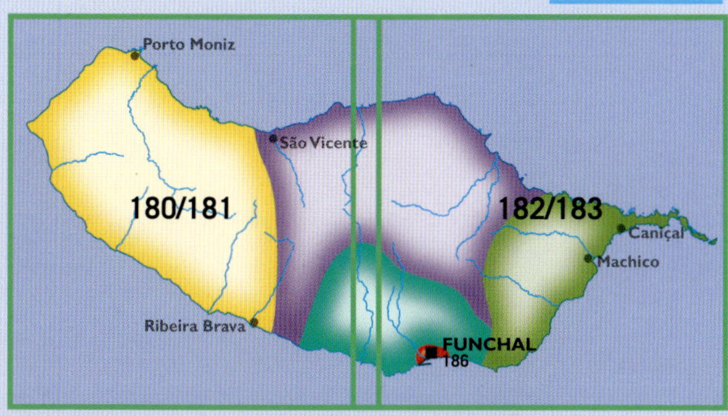

Kapiteleinteilung: Siehe Übersichtskarte auf der Umschlaginnenseite

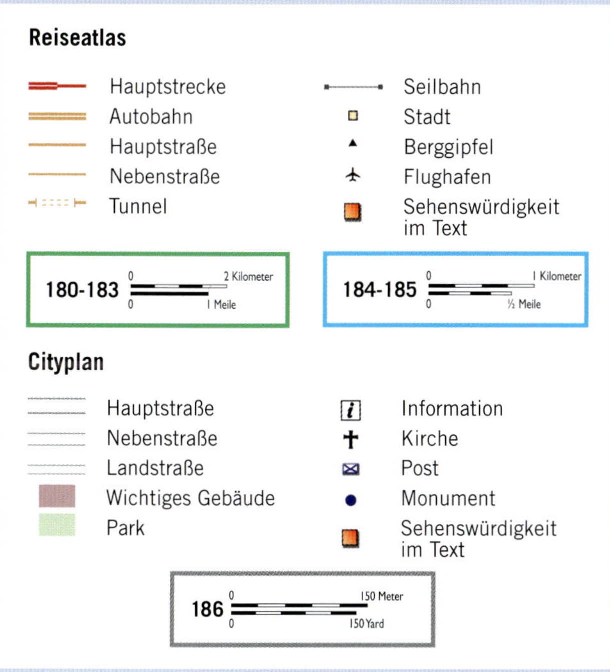

Reiseatlas

Hauptstrecke	Seilbahn
Autobahn	Stadt
Hauptstraße	Berggipfel
Nebenstraße	Flughafen
Tunnel	Sehenswürdigkeit im Text

180-183   0 — 2 Kilometer   0 — 1 Meile

184-185   0 — 1 Kilometer   0 — ½ Meile

Cityplan

Hauptstraße	Information
Nebenstraße	Kirche
Landstraße	Post
Wichtiges Gebäude	Monument
Park	Sehenswürdigkeit im Text

186   0 — 150 Meter   0 — 150 Yard

Reiseatlas

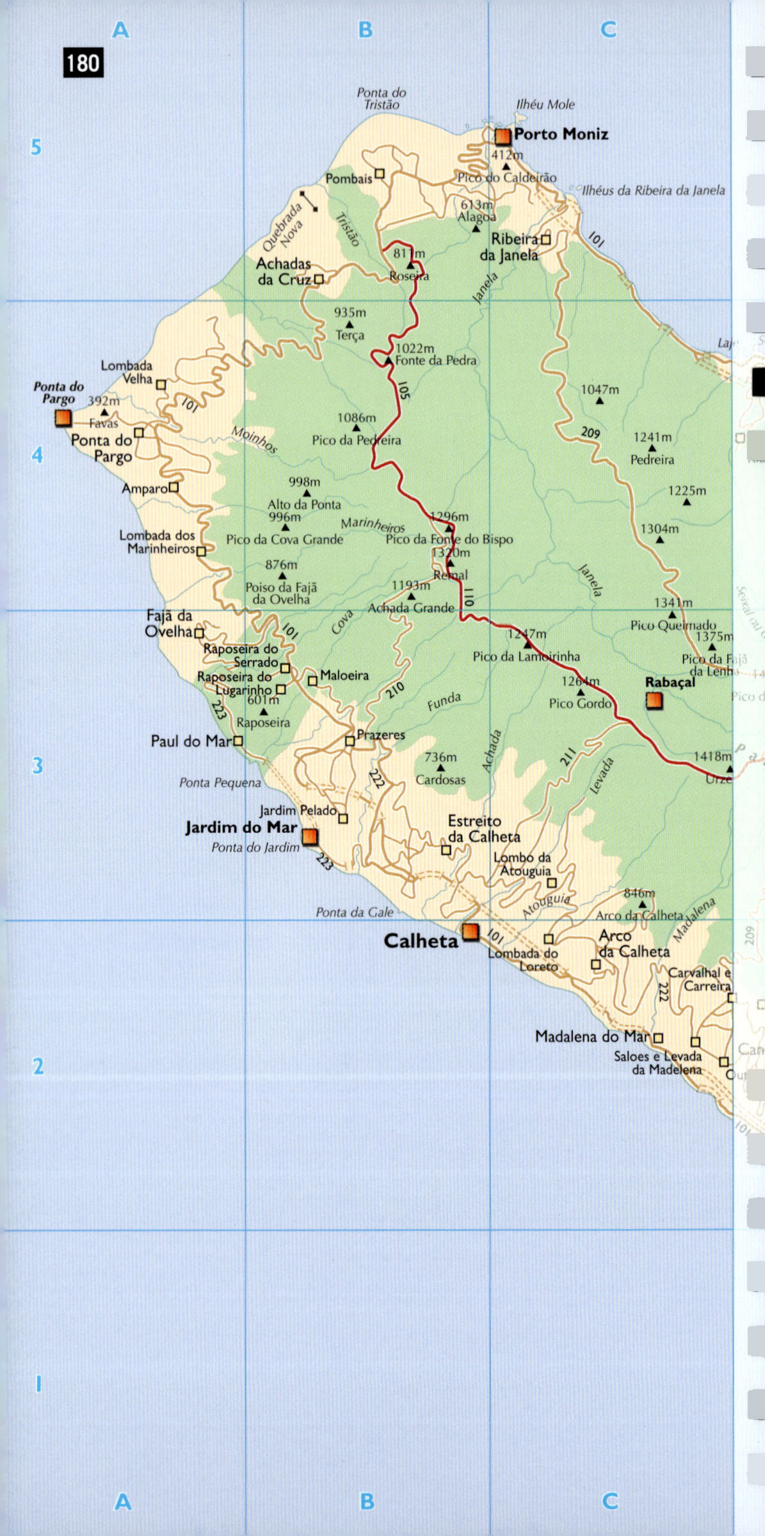
A
B
C
Ponta do Tristão
Ilhéu Mole
Porto Moniz
412m
Pombais
Pico do Caldeirão
613m
Alagoa
Ilhéus da Ribeira da Janela
Quebrada Nova
Tristão
811m
Roseira
Ribeira da Janela
101
Janela
935m
Terça
1022m
Fonte da Pedra
105
1047m
209
Lombada Velha
101
1086m
Pico da Pedreira
1241m
Pedreira
Ponta do Pargo
392m
Favas
Moinhos
Ponta do Pargo
1225m
Amparo
998m
Alto da Ponta
996m
Marinheiros
1304m
Lombada dos Marinheiros
Pico da Cova Grande
Pico da Fonte do Bispo
1296m
1320m
876m
Poiso da Fajã da Ovelha
Remal
1193m
Achada Grande
110
1341m
Pico Queimado
Fajã da Ovelha
Cova
1375m
Pico da Fajã da Lenha
101
Raposeira do Serrado
1247m
Pico da Lamoirinha
Janela
Raposeira do Lugarinho
601m
Maloeira
Rabaçal
210
1264m
Pico Gordo
223
Raposeira
Funda
211
Paul do Mar
Prazeres
736m
Cardosas
Achada
Levada
1418m
Urze
3
Ponta Pequena
222
Jardim Pelado
Estreito da Calheta
Jardim do Mar
Ponta do Jardim
223
Lombo da Atouguia
Ponta da Gale
Atouguia
846m
Arco da Calheta
Madalena
Calheta
101
Lombada do Loreto
Arco da Calheta
209
222
Carvalhal e Carreira
Madalena do Mar
Saloes e Levada da Madelena
2
A
B
C

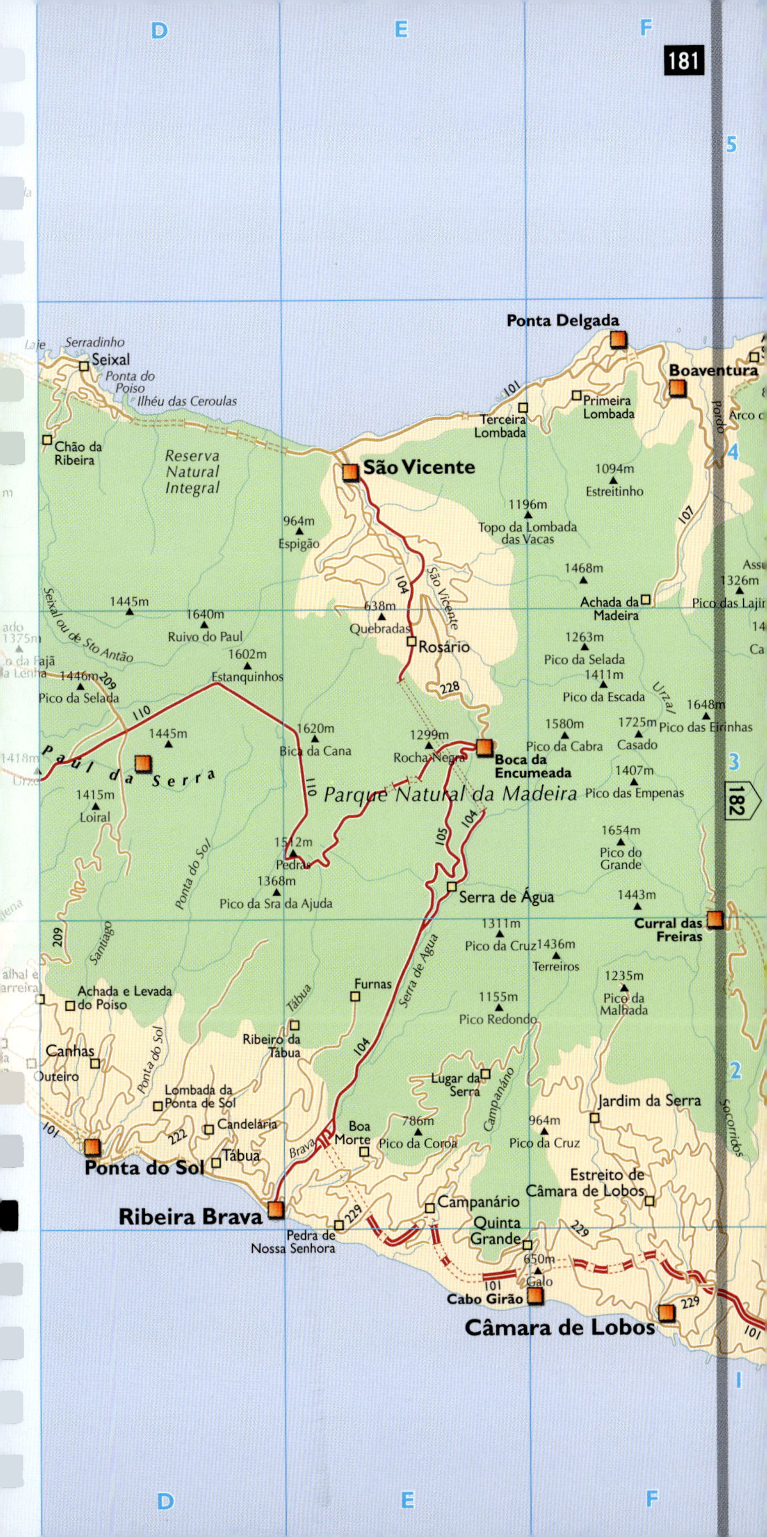

181
182
Laje
Serradinho
Seixal
Ponta do Poiso
Ilhéu das Ceroulas
Chão da Ribeira
Reserva Natural Integral
Ponta Delgada
Boaventura
Arco c
pordo
Primeira Lombada
Terceira Lombada
101
São Vicente
1094m
Estreitinho
1196m
Topo da Lombada das Vacas
107
964m
Espigão
1468m
Achada da Madeira
1326m
Pico das Lajir
Assu
1445m
1640m
Ruivo do Paul
638m
Quebradas
104
São Vicente
1263m
Pico da Selada
14
Ca
Seixal ou de Sto Antão
1375m
ado
o da Fajã
a Lenha
1602m
Estanquinhos
Rosário
1411m
Pico da Escada
Uzal
1648m
1446m
209
Pico da Selada
110
1445m
1620m
Bica da Cana
228
1299m
Rocha Negra
1580m
Pico da Cabra
1725m Pico das Eirinhas
Casado
1725m
Boca da Encumeada
Paul   da   Serra
1418m
Urze
110
1415m
Loiral
110
Parque Natural da Madeira
1407m
Pico das Empenas
1654m
Pico do Grande
1512m
Pedras
105
104
105
104
Ponta do Sol
1368m
Pico da Sra da Ajuda
Serra de Água
1443m
Curral das Freiras
Santiago
1311m
Pico da Cruz 1436m
Terreiros
1235m
Pico da Malhada
209
Achada e Levada do Poiso
Tábua
Furnas
Serra de Água
1155m
Pico Redondo
alhal e
arreira
Canhas
Outeiro
Ponta do Sol
Ribeiro da Tábua
104
Lugar da Serra
786m
Pico da Coroa
Campanáno
964m
Pico da Cruz
Jardim da Serra
Socorridos
lena
Lombada da Ponta de Sol
222
Candelária
Tábua
Boa Morte
Brava
Campanário
Quinta Grande
Estreito de Câmara de Lobos
229
101
Ponta do Sol
Ribeira Brava
Pedra de Nossa Senhora
229
650m
Galo
229
101
Cabo Girão
Câmara de Lobos
101

Ponta de São Jorge
Arco de São Jorge
São Jorge
Achada da Cruz
Boaventura
507m
Ribeira Funda
818m
Rainha
346m
Arco de São Jorge
Ilha
Pinheiro
Santana
Ilhéu da Viúva ou da Rocha do Navio
Ponta do Clérigo
529m
Cortado
1184m
Assumadouros
981m
Vale da Lapa
638m
Garajoa
Faial
590m
Porto da Cruz
1326m
Pico das Lajinhas
865m
Redondo
Penha de Aguia
São Roque do Faial
1491m
Canario
Reserva Natural Integral
1302m
Pico das Pedras
494m
Cruzinhas
Ribeira Tem-te Não Caias
Maiada
1592m
Achada do Teixeira
1407m
Chiceiros da Queimada
713m
Pedreiro
Portela
669m
Cabeço do Cura
1648m
das Eirinhas
1861m
Pico Ruivo de Santana
Seca
1028m
Pico do Suna
Ribeira de Machico
1847m
Pico das Torres
878m
Pico da Nogueira
Ribeiro Frio
1172m
Santo António da Serra
1805m
Pico do Arieiro
1476m
Cabeço da Lenha
Poço do Bezerra
1759m
Cedro
202
1306m
João do Prado
Serra do Agua
752m
Santo da Ser
1482m
Chão dos Balcões
1413m
202
956m
Pico dos Porcos
Ribeira João Goncalves
1344m
Esteios
Porto Novo
João Ferino
Boaventura
Santa Cru
1111m
Pico da Silva
102
764m
Eiroses
Reg
Monte
201
944m
Infante
Camacha
206
São Roque
Ribeirinha
Achada de Cima
Santo Antonio
Jardim Botânico
Jardim dos Loiros
Jardins da Palheiro
582m
Pico do Arvoredo
Fazen
233
São Gonçalo
Ribeira dos Pretetes
205
204
Caniço
São Martinho
101
261m
Ponta da Cruz
FUNCHAL
307m
Garajau
Ponta da Atalaia
Garajau
Ponta da Oliveira
Ponta Gorda
Ponta do Garajau
101
103
107
181
229
217
218

183
D
E
F
5
4
3
2
1
o da
aial
Maiada
669m
abeço
Cura
Ponta do
Espigão
Amarelo
743m
Pico da Coroa
710m
Larano
374m
Pico das Roçadas
Ponta do Bode
Ilhéu do
Guincho
Ponta do Castelo
Calhau dos
Barreiros
Ponta do
Rosto
163m
Estreito
Pedras Brancas
589m
Castanho
101
214
Ponta de São
Lourenço
Porta da
Abra
Ponta do
Buraco
Ponta do Furado
Ilhéu da
Cevada
Maroços
Ribeira Seca
214
Caniçal
Ponta das
Gaivotas
Desembarcadouro
Ilhéu do
Farol
108
Machico
322m
Pico do Facho
470m
Rocha Alta
Machico
752m
Santo
da Serra
207
239
142m
Queimado
Ponta Queimada
Água de Pena
Achada
do Moreno
Aeroporto do
Funchal
Rego
Santa Cruz
Gaula
Fazenda
Santa Cruz
gcalves
da
ia
da

Porto Santo

Ilhéu da Fonte da Areia
Rocha do Gasparão
Ponta do Varadouro
Urnal Grande
227m
Barbara Gomes
138m
Cochino
Tabaqueira
Campo de Cima
São Sebastião
Salgado
Campo de Baixo
Ponta da Canaveira
283m
Ponta de Oeste
270m
Pico de Ana Ferreira
Éspigão
115m
Ilhéu de Ferro
Ponta da Cabra
Focinho do Urso
Ponta
Ponta do Gabriel
184m
Boqueirão de Baixo
Ponta da Calheta
Pedra Branca
179m
Moledo Ruivo
Ilhéu de Baixo ou da Cal
167m
Ponta Isabel
Ponta da Patacho
Ponta do Ilhéu
Far
Tar

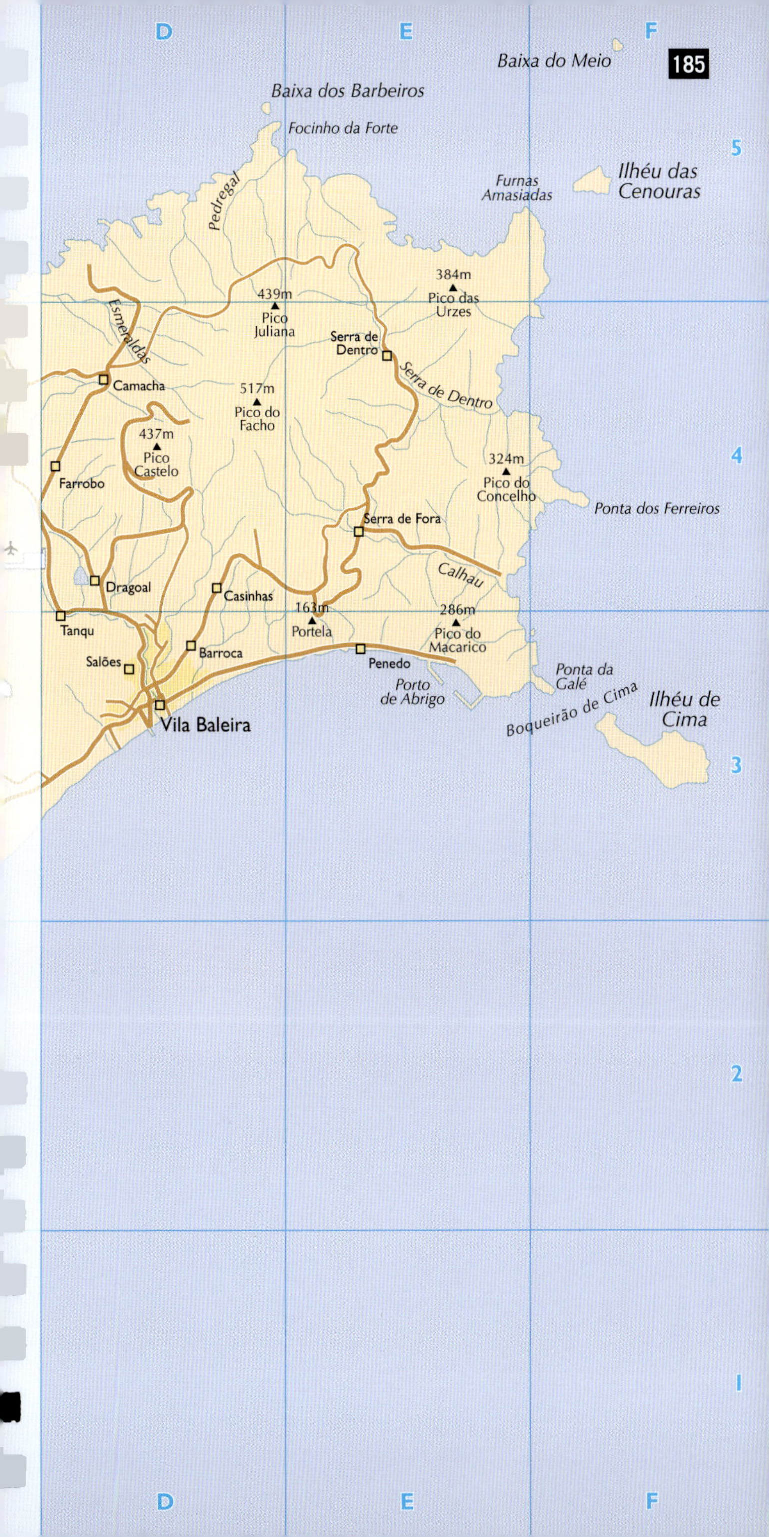
185
Baixa do Meio
Baixa dos Barbeiros
Focinho da Forte
Furnas Amasiadas
Ilhéu das Cenouras
Pedregal
384m
Pico das Urzes
439m
Pico Juliana
Serra de Dentro
Serra de Dentro
Esmeraldas
Camacha
517m
Pico do Facho
437m
Pico Castelo
324m
Pico do Concelho
Farrobo
Ponta dos Ferreiros
Serra de Fora
Calhau
Dragoal
Casinhas
163m
Portela
286m
Pico do Macarico
Tanqu
Barroca
Salões
Penedo
Porto de Abrigo
Ponta da Galé
Boqueirão de Cima
Ilhéu de Cima
Vila Baleira
D
E
F
5
4
3
2
1

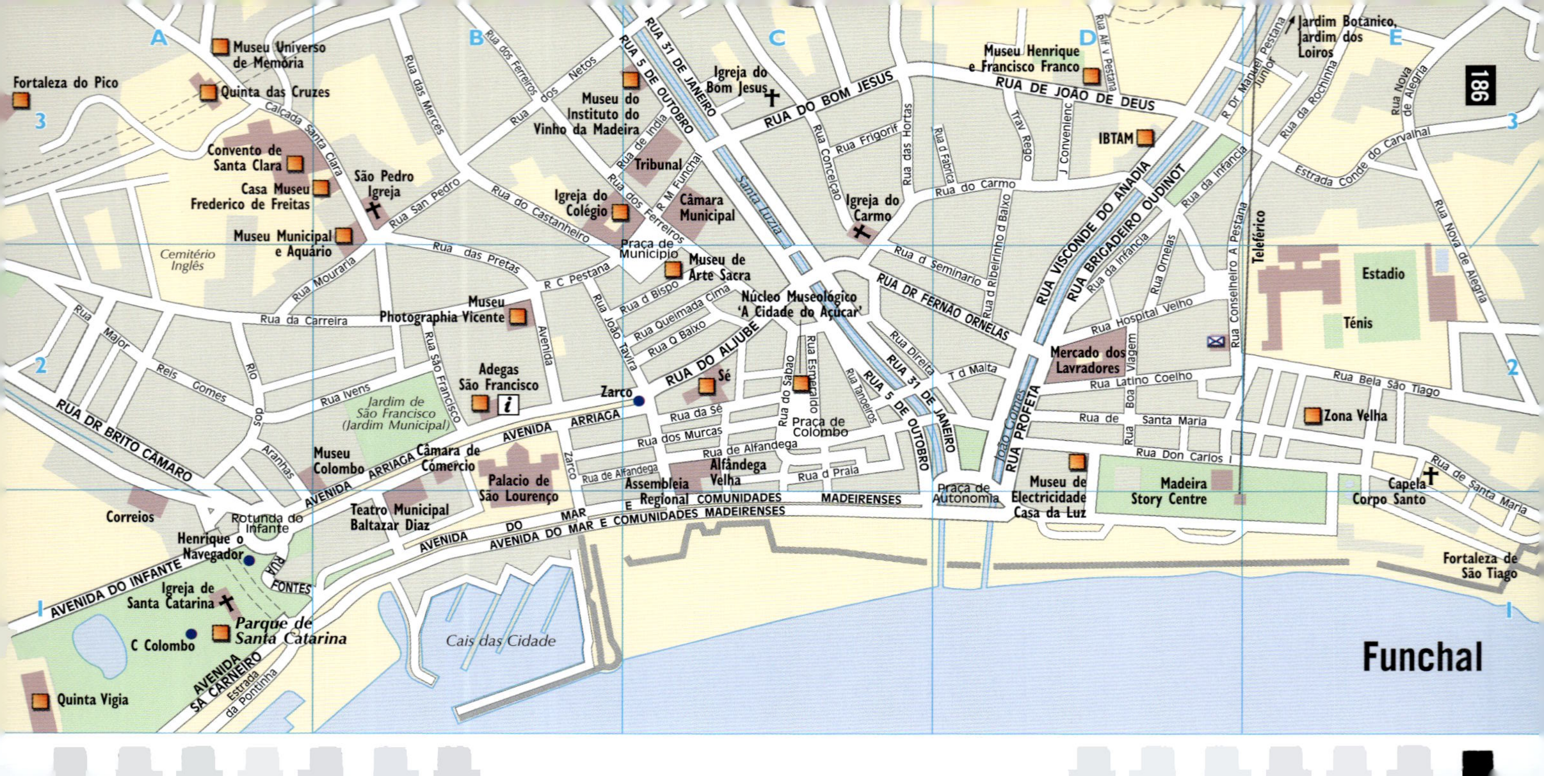

186
Funchal
A   B   C   D   E
3   2   1
Fortaleza do Pico
Museu Universo de Memória
Quinta das Cruzes
Convento de Santa Clara
Casa Museu Frederico de Freitas
São Pedro Igreja
Museu Municipal e Aquário
Cemitério Inglês
Calçada Santa Clara
Rua San Pedro
Rua das Merces
Rua dos Ferreiros
Rua dos Netos
Rua
Rua Mouraria
Rua da Carreira
Rua das Pretas
R C Pestana
Rua do Castanheiro
Museu do Instituto do Vinho da Madeira
Museu Henrique e Francisco Franco
Jardim Botanico, Jardim dos Loiros
Igreja do Bom Jesus
RUA DO BOM JESUS
RUA 5 DE OUTOBRO
RUA 31 DE JANEIRO
Tribunal
R M Funchal
Igreja do Colégio
Rua dos Ferreiros
Câmara Municipal
Praça de Municipio
Museu de Arte Sacra
Rua d Bispo
Santa Luzia
Rua Concelcao
Rua Frigorif
Rua das Hortas
Rua d Fabrica
Rua do Carmo
Igreja do Carmo
Rua d Seminario
Rua d Ribeirinho d Baixo
Trav Rego
J Convenienc
RUA DE JOAO DE DEUS
RUA VISCONDE DO ANADIA
RUA BRIGADEIRO OUDINOT
R Dr Manuel Pestana Junior
Rua Alf v Pestana
IBTAM
Rua da Rochinha
Rua Nova de Alegria
Estrada Conde do Carvalhal
RUA DR FERNAO ORNELAS
Rua Direita
Rua da Infancia
Rua Hospital Velho
Rua Conselheiro A Pestana
Teleférico
Estadio
Ténis
Núcleo Museológico 'A Cidade do Açucar'
Rua Esmeraldo
Rua do Sabao
Rua Tanoeiros
RUA 5 DE OUTOBRO
RUA 31 DE JANEIRO
João Gomes
RUA PROFETA
T d Malta
Mercado dos Lavradores
Rua Ornelas
Rua Boa Viagem
Rua Latino Coelho
Rua de
Rua Santa Maria
Rua Don Carlos I
Rua de Santa Maria
Rua Bela São Tiago
Zona Velha
Capela
Corpo Santo
Madeira Story Centre
Museu de Electricidade Casa da Luz
Praça de Autonomia
Museu Photographia Vicente
Adegas São Francisco
i
Rua Queimada Cima
Rua Q Baixo
Rua João Tavira
RUA DO ALIUBE
Sé
Rua da Sé
Rua dos Murcas
Zarco
Zarco
AVENIDA ARRIAGA
Praça de Colombo
Rua de Alfandega
Rua d Praia
Alfândega Velha
Assembleia Regional
E Regional COMUNIDADES MADEIRENSES
COMUNIDADES MADEIRENSES
AVENIDA DO MAR E COMUNIDADES MADEIRENSES
AVENIDA DO MAR
Museu Colombo
Câmara de Comercio
Palacio de São Lourenço
Teatro Municipal Baltazar Diaz
Rua São Francisco
Jardim de São Francisco (Jardim Municipal)
Rua Ivens
Rua d Bispo
Avenida
RUA DR BRITO CAMARO
Rua Major
Reis   Gomes
Rio
dos
Aranhas
Correios
Rotunda do Infante
Henrique o Navegador
AVENIDA DO INFANTE
Igreja de Santa Catarina
Parque de Santa Catarina
C Colombo
RUA FONTES
AVENIDA SA CARNEIRO
Estrada da Pontinha
Quinta Vigia
Cais das Cidade
Fortaleza de São Tiago

ABBILDUNGSNACHWEIS

Die Automobile Association dankt den folgenden Fotografen, Agenturen und Bilderarchiven für ihre Unterstützung bei der Erstellung dieses Buches.

Abkürzungen: (o) oben; (u) unten; (l) links; (r) rechts; (m) Mitte; (h/g) Hintergrund; (AA) AA World Travel Library.

Umschlag: (o) AA/C Sawyer; (u) AA/J Wyand

2i AA/J Wyand; 2ii AA/C Sawyer; 2iii AA/C Sawyer; 2iv AA/C Saywer; 2v AA/J Wyand; 3i AA/C Sawyer; 3ii AA/C Sawyer; 3iii AA/J Wyand; 3iv AA/J Wyand; 5l AA/J Wyand; 5ul AA/C Sawyer; 5ur AA/C Sawyer; 6 AA/C Sawyer; 7 AA/C Sawyer; 9 AA/J Wyand; 10ul AA/J Wyand; 10ur AA/C Sawyer; 11 AA/C Sawyer; 12 AA/C Sawyer; 13 Hulton Archive/Getty Images; 14 AA/C Sawyer; 15 AA/C Sawyer; 16/17 AA/J Wyand; 17ur Mary Evans Picture Library/Weimar Archive; 19o AA/C Sawyer; 19m AA/P Baker; 20 AA/C Sawyer; 21 AA/J Wyand; 22 Photolibrary Group; 23o AA/J Wyand; 23u AA/J Wyand; 24 AA/C Sawyer; 25 Photolibrary Group; 26 Photolibrary Group; 27 Hans Peter Merten/Robert Harding; 28 AA/C Sawyer; 29l AA/C Sawyer; 29ul AA/C Sawyer; 29ur AA/C Sawyer; 41l AA/C Sawyer; 41ul AA/C Sawyer; 41ur AA/C Sawyer; 42 AA/C Sawyer; 43 AA/C Sawyer; 44 AA/C Sawyer; 45o AA/J Wyand; 45u AA/C Sawyer; 46 AA/C Sawyer; 47 AA/C Sawyer; 48o AA/C Sawyer; 48u AA/C Sawyer; 49m © Content Mine International/Alamy; 49u © Content Mine International/Alamy; 50 AA/J Wyand; 51 AA/C Sawyer; 52m AA/C Sawyer; 52u AA/P Baker; 53 AA/C Sawyer; 54 AA/J Wyand; 55 AA/J Wyand; 56 AA/J Wyand; 57 AA/C Sawyer; 58 AA/C Sawyer; 59 AA/C Sawyer; 60 AA/C Sawyer; 61 AA/C Sawyer; 62 AA/J Wyand; 63 AA/C Sawyer; 64 AA/C Sawyer; 65 AA/C Sawyer; 73l AA/C Sawyer; 73ul AA/C Sawyer; 73ur AA/C Sawyer; 74 AA/C Sawyer; 75o AA/C Sawyer; 75u AA/C Sawyer; 76m AA/C Sawyer; 76u AA/C Sawyer; 77o AA/C Sawyer; 77u AA/C Sawyer; 78 AA/C Sawyer; 79o AA/C Sawyer; 79u AA/C Sawyer; 80 Tony Souter/Dorling Kindersley/Getty Images; 81o AA/C Sawyer; 81u AA/C Sawyer; 82 AA/C Sawyer; 83 AA/C Sawyer; 84 AA/C Sawyer; 85 AA/C Sawyer; 86 AA/J Wyand; 88o AA/C Sawyer; 88u AA/C Sawyer; 93l AA/J Wyand; 93ul AA/C Sawyer; 93ur AA/C Sawyer; 95ol AA/C Sawyer; 95or AA/C Sawyer; 96 AA/C Sawyer; 97 AA/J Wyand; 98 AA/C Sawyer; 99 Steve Allen/the Image Bank/Getty Images; 100 AA/C Sawyer; 101 AA/C Sawyer; 102 AA/C Sawyer; 103 AA/C Sawyer; 104 AA/C Sawyer; 105 AA/C Sawyer; 106 AA/C Sawyer; 107 AA/C Sawyer 108 AA/J Wyand; 109 AA/C Sawyer; 113l AA/C Sawyer; 113ul AA/C Sawyer; 113ur AA/C Sawyer; 114 AA/C Sawyer; 115 AA/C Sawyer; 116 AA/J Wyand; 117 AA/C Sawyer; 118 AA/C Sawyer; 119 AA/P Baker; 120 AA/C Sawyer; 121m Panoramic Images/Getty Images; 121u AA/C Sawyer; 122 Simeone Huber/Getty Images; 123 AA/C Sawyer; 124 AA/C Sawyer 125 AA/C Sawyer; 126o AA/C Sawyer; 126u AA/C Sawyer; 127 AA/J Wyand; 128 AA/C Sawyer; 129 AA/J Wyand; 133l AA/C Sawyer; 133ul AA/C Sawyer; 133ur AA/C Sawyer; 134 © Eric James/Alamy; 135 © fstop2/Alamy; 136 AA/C Sawyer; 137 AA/P Baker; 138m © Werner Otto/Alamy; 138u AA/C Sawyer; 139 AA/C Sawyer; 140 Travel Ink/Gallo Images/Getty Images; 141 © Content Mine International/Alamy; 142m AA/C Sawyer; 142u © allOver Photography/Alamy; 143 © imagebroker/Alamy; 144 AA/J Wyand; 145 AA/J Wyand; 146 AA/J Wyand; 149l AA/J Wyand; 149ol AA/J Wyand; 149or AA/J Wyand; 150 © PCL/Alamy; 151o PSDC; 151u Simeone Huber/Photographer's Choice/Getty Images; 152 Photolibrary; 153 Paulo Magalhaes/The Image Bank/Getty Images; 155l AA/J Wyand; 155ol AA/C Sawyer; 155or AA/C Sawyer; 157 AA/C Sawyer; 158ul AA/C Sawyer; 158ur AA/C Sawyer; 159 AA/J Wyand; 160 Photolibrary Group; 162 AA/C Sawyer; 163 Photolibrary Group; 164 AA/C Sawyer; 166 © Fabienne Fossez/Alamy; 167 © CW Images/Alamy; 169 © Jef Maion/Nomads' Land – www.maion.com/Alamy; 170m © imagebroker/Alamy; 170or © Pepbaix/Alamy; 171l AA/J Wyand; 171ol AA/P Baker; 171or AA/C Sawyer; 175o AA/J Wyand; 175m AA/P Baker; 175mr AA/P Baker

Der Verlag hat keine Mühen gescheut, die Copyright-Inhaber zu ermitteln, möchte sich aber dennoch für unbeabsichtigte Fehler entschuldigen. Hinweise und Korrekturen werden dankbar angenommen und in die nächste Ausgabe aufgenommen..

Leserbefragung

Ihre Ratschläge, Urteile und Empfehlungen sind für uns sehr wichtig. Wir bemühen uns, unsere Reiseführer ständig zu verbessern. Wenn Sie sich ein paar Minuten Zeit nehmen, diesen kleinen Fragebogen auszufüllen, könnten Sie uns sehr dabei helfen.

Wenn Sie diese Seite nicht herausreißen möchten, können Sie uns auch eine Kopie schicken, oder Sie notieren Ihre Hinweise einfach auf einem separaten Blatt.

Bitte senden Sie Ihre Antwort an:
NATIONAL GEOGRAPHIC SPIRALLO-REISEFÜHRER, MAIRDUMONT GmbH & CO. KG,
Postfach 31 51, D-73751 Ostfildern
E-Mail: spirallo@nationalgeographic.de

Über dieses Buch ...
NATIONAL GEOGRAPHIC SPIRALLO-REISEFÜHRER **MADEIRA**

Wo haben Sie das Buch gekauft? _______________________________

Wann? Monat / Jahr _______

Warum haben Sie sich für einen Titel dieser Reihe entschieden? _______

____

____

____

____

____

____

____

Wie fanden Sie das Buch ?

Hervorragend ☐   Genau richtig ☐   Weitgehend gelungen ☐   Enttäuschend ☐

Können Sie uns Gründe angeben?

____

____

____

____

____

____

Bitte umblättern ...

Hat Ihnen etwas an diesem Führer ganz besonders gut gefallen?

Was hätten wir besser machen können?

Persönliche Angaben

Name

Adresse

Zu welcher Altersgruppe gehören Sie?
Unter 25 ☐   25–34 ☐   35–44 ☐   45–54 ☐   55–64 ☐   Über 65 ☐

Wie oft im Jahr fahren Sie in Urlaub?
Seltener als einmal ☐   Einmal ☐   Zweimal ☐   Dreimal oder öfter ☐

Wie sind Sie verreist?
Allein ☐   Mit Partner ☐   Mit Freunden ☐   Mit Familie ☐

Wie alt sind Ihre Kinder? _____

Über Ihre Reise ...

Wann haben Sie die Reise gebucht? Monat / Jahr

Wann sind Sie verreist? Monat / Jahr

Wie lange waren Sie verreist?

War es eine Urlaubsreise oder ein beruflicher Aufenthalt?

Haben Sie noch weitere Reiseführer gekauft? ☐ Ja ☐ Nein

Wenn ja, welche?

Herzlichen Dank dafür, dass Sie sich die Zeit genommen haben, diesen Fragebogen
auszufüllen.